수집가의
철학

수집가의 철학

휴대전화 컬렉터가
세계 유일의 폰박물관을
만들기까지

이병철 지음

천년의상상

한 생애에 산업혁명을 두 번이나 겪으며

어떤 물건이 이다음에 문화유산이 될지 당대에는 모른다. 세월이 흐른 뒤 그 물건이 지닌 역사적 의미와 가치를 판단하는 것은 수집가의 몫이다. 수집가가 수집하지 않은 물건은, 역사에 기록되지 못한 사건처럼 후세에 전해지지 못한다. 수집가의 안목이 역사가 된다—이것이 나의 신념이고, 그 결과물이 휴대전화 박물관이다. 이 책은 세계 최초이자 유일한 휴대전화 전문 박물관인 여주 시립 폰박물관 World's First & Only/ Mobile Museum The Phone을 소재로 삼았다. 폰박물관의 대표적인 유물을 연대순으로 추리고 스토리텔링을 입힘으로써 오늘날의 정보혁명을 앞장서 이끌어온 이동통신(Mobile) 역사를 휴대전화 중심으로 기록했다.

내 생애에 인류는 산업혁명을 벌써 두 번째 겪고 있다. 첫 번째는 1980년대에 컴퓨터와 인터넷이 주도한 지식정보혁명(3차 산업혁명)이었다. 지금 진행되는 이른바 4차 산업혁명은 AI·SW+빅데이터·사물인터넷·클라우드가 대표하는 지능정보혁명이다. 3차, 4차 산업혁명은 디지털 기기들을 네트워크로 통합한 정보통신기술(ICT) 덕분에 가능했다. 그 선봉은 이동통신이다.

이동통신이 산업혁명의 기반으로 기능하면서 휴대전화는 어느덧 이 시대를 대표하는 문화유산으로 자리매김했다. 20년 전은 달랐다. 휴대전화란 쓰고 버리는 물건이었다. 문명사 관점에서 눈여겨보는 사람은 없었다. 그 시절, 전화에 관심조차 없었던 내가 한 사건을 계기로 휴대전화를 모으게 되었고, 10년 전 박물관을 세워 지금의 여주 시립 폰박물관에 이르렀다. 근대화 이후 산업 문화유산의 45%가 사라진 나라의 부끄러운 국민이던 나는 휴대전화를 수집함으로써 문화유산 멸실滅失의 화禍를 막고자 했던 뜻을 이루었다. 나 같은 범인凡人에게도 天生我材必有用(하늘이 나를 내심은 반드시 쓰일 곳 있음이려니)은 헛말이 아니었다.

수집할 때 제일 아쉬웠던 것은, 휴대진화 역사를 다룬 책이 없다는 점이었다. 역사가 일천日淺한 데다 공산품이다 보니 그 통사通史를 다룬 학문적 성과가 없었다. 수집을 일단락지은 나의 두 번째 목표는 당연히 기록을 남기는 일이 되었다. 그런데 막상 쓰려니 망설여졌다. 내가 저어한 것은 두 가지였다. 그 하나는, 소박하다 못해 초보 수준이라고 할지라도 후학後學에게 전거典據가 되고 기준이 되고 사례가 될 수도 있어 신중해야 한다는 점이다.

또 하나는, 휴대전화의 역사가 현재진행형이어서 내일이라도 바뀔 수 있다는 점이다. 책을 내자마자 패러다임을 바꿀 만한 혁신적 제품이 나온다면? 그것이 아이폰iPhone처럼 역사에 한 획을 긋는 제품이라면? 내 책의 전도前途는 암울해질 것이다. 미루적대던 끝에 대한민국이 휴대전화 서비스 30주년을 맞는 2018년을 앞두고 나는 결단했다. 이 책이 다루는 범위를 아이폰까지 하기로. 통신 기기가 만능 기기로 탈바꿈한 시작이 스마트폰이라는 점에서, 그 스마트폰이 널리 쓰이도록 아이폰이 결정적으

수집가의 철학

로 공헌했다는 점에서, 그리하여 통신의 역사를 아이폰 이전과 이후로 나눌 수 있겠다고 판단했기 때문이다. 그렇다면 이 책은 앞으로 전개될 상황과 상관없이 한 시대를, 즉 통신사史의 전반기를 정리하는 셈이다.

일단 저지르고 보자는 심정으로 글을 썼다. 오류를 범할까봐 두려웠지만 곧 망팔望八(일흔한 살)이니 완벽을 욕심 내기에는 남은 해가 짧았다. 나는 나그네가 잰걸음으로 길을 줄이듯 글쓰기를 재촉했다. 2017년 연말부터 서른여덟 편을 썼다. 10년 전 쓴 열네 편을 보태니 요즘 관점에서 흘러간 유행가처럼 된 내용이 더러 있지만, 어차피 오늘 쓴 글도 내일이면 옛글이 되는 세상인데 어쩌랴. 그에 대비해 내가 마련한 방안은 글마다 맨 끝에 글 쓴 날짜를 밝힌 것이 고작이다. 독자께서는 글 읽는 시점이 아니라 글이 쓰인 시점에서 내용을 음미하는 아량을 베푸시기 바란다. 그 시절에는 그랬구나 하는 재미를 발견하리라고 본다.

120년에 걸친 정보통신 역사에서 디지털 역사는 30년이 채 안 된다. 90년이 넘는 아날로그 통신의 역사를 짚어 가면서 아련해진 독자의 아날로그 감성을 일깨우되 디지털 시대의 숨가쁜 변화에 적응하려는 인식도 공유하고 싶다. 하루가 다르게 편해지는 디지털 세상에서 우리가 소중히 간직했던 아날로그 시절의 '불편하지만 사람 사는 세상'의 추억은 스마트폰에 저장한 사진 수백 장이 한순간에 날아가듯이 사라졌다. 내가 이 책에서 유난히 옛날 얘기를 많이 하고 영화 얘기를 자주 다룬 것은, 우리가 사는 세상이 겉만 디지털일 뿐 사실은 아날로그라는 점을 새삼 환기하고 싶어서이다.

하루 종일 디지털 기기들에 의존해 살고 있는 듯하지만, 사실 우리는 변함없이 태곳적부터의 아날로그 삶을 살고 있다. 아날로그 세상은 자연 그 자체이다. 인간에게 전달되는 자연으로부터의 정보- 보는 것, 듣는 것, 냄새 맡는 것, 느끼는 것, 맛보는 것-는 다 아날로그 정보이다. 이에 비해 디지털은 컴퓨터만이 알아듣고 알아보는 세상이다. 우리는 아날로그 정보를 디지털 방식으로 주고받은 뒤 다시 아날로그로 변환해 받아들인다. 디지털은 아날로그 정보를 운반하는 심부름꾼일 뿐이다.

산봉우리가 아름답다. 아날로그이다. 사진을 찍는 것, 친구 휴대전화에 전송하는 것은 디지털 몫이다. 그런데 디지털 방식으로 전송된 뒤 친구 눈에 보이는 사진은 0과 1의 조합이 아니다. 아름다운 아날로그 형태의 산봉우리이다. 통신도 마찬가지이다. 아날로그 목소리를 디지털이 이진법으로 조합해 부호로 전송하면 우리는 다시 아날로그로 바꾸어 사람의 목소리를 듣는다. 이처럼 우리 삶의 본질은 아날로그이다. 그러므로 아날로그 감성을 잊지 않아야 점점 심화하는 디지털 세상에서 '외로운 늑대'가 되지 않고 마주앉아 대화하고 미소 지으며 다정함을 나누는 삶을 지켜갈 수 있다고 생각한다.

과거에도 정보는 지금 못지않게 중요했다. 그래서 예전에는 노인을 존중했다. 경험과 지식을 세월과 함께 쌓아온 연륜은 곧 정보 곳간이었다. 그러나 이 시대에 이르러 기계가 노인의 연륜을 대체한 3차, 4차 정보혁명을 목도하면서 나는 어느덧 노인이 되었다. 내가 이제껏 간직해온 작은 정보 곳간을 유용하게 쓰자

수집가의 철학

면 무엇을 해야 할까. 그래서 나는 미래의 사람들이 경험할 수 없는 이 시대의 삶- 아날로그 시절의 마지막 추억과 감성을 이 책에 기록하고자 했다. 그것이 먼 훗날 제 나름의 가치를 갖게 되기를 기대하면서.

이 책의 제1, 2, 3장은 테마 에세이로서 유선전화, 휴대전화, 박물관 이야기와 함께 내가 휴대전화를 수집해 폰박물관을 세우고 나라에 기증한 사연을 썼다. 제4, 5, 6장은 폰박물관 전시 유물 3천여 점 중 37점을 가려 뽑아 이동통신의 역사를 연대순으로 구성하면서 기기 하나하나의 애기를 다루었다. 인터넷에서 쉽게 얻는 정보는 되도록 피하고 해당 휴대전화의 문명사적 위상과 거기에 얽힌 과학기술 이야기, 수집한 뒷이야기, 일상에서의 추억 위주로 썼다. 전혀 새로운 시도여서 나로서는 불안하면서도 영화, 맞춤법, 한시漢詩 등 휴대전화에 얽힌 생뚱하고 다양한 이야기가 색다른 느낌을 주지 않을까 하는 바람도 살짝 품어본다.

무선 전신에서 스마트폰까지 120년

이동통신의 역사는 본문에 따로 다루지 않았으므로 이 지면에서 요약해 소개하고자 한다. 통신의 역사는 1845년 새뮤얼 모스가 전기를 이용해 모스 부호로 메시지를 송신함으로써 시작되었지만, 전신주를 세우고 전선을 연결해 신호를 보내는 유선有線 방식이어서 육지에서만 가능한 통신이었다. 바다와 하늘까지 아우르는 진정한 통신의 역사는 마르코니가 영국과 캐나다 사이에 전파를 송수신한 1901년에 시작되었다. 마주보는 두 금속

봉에 전류를 흘리면 방전이 되면서 스파크가 일어난다. 마르코니가 스파크 갭Spark-gap이 발생시킨 불꽃에서 얻어낸 것이 전파이다. 그러나 여전히 사람의 말이 아니라 부호로 이루어지는 통신이었다. 1910년 마침내 전파에 사람의 목소리를 실어 보내려는 꿈이 이루어졌다. 리 디 포리스트가 진공관으로 전파를 증폭해 목소리를 바다의 선박에서 육지로 보내는 데 성공했다.

혁명은 계속되었다. 한자리에 붙박여 통신을 주고받던 인류가 이동하면서 통신을 하게 된 것이다. 1921년부터 시도된 이동통신은, 차량이나 말에 크고 무거운 통신기기를 싣고 다니던 시기를 거쳐 작고 가벼운 기기를 사람이 휴대하는 데까지 이르렀다. 군용軍用으로 개발된 1938년의 배낭형 워키토키와 1941년의 휴대용 핸디토키이다. 1970년대에는 전파를 릴레이함으로써 전 세계를 통화권으로 하는 동시에 가입자를 세계 인구 전체로 늘릴 수 있는 셀룰러cellular 방식이 개발되었다. 그리하여 1981년 탄생한 아날로그 차량전화와 1983년 출시된 아날로그 휴대전화는 인류에게 '꿈 같은' 휴대전화 시대를 열어 주었다.

1992년에는 디지털 시대가 열렸다. 디지털 통신이 제일 처음 구현한 것은 문자 메시지였다. 그것은 휴대전화로 사람의 목소리 외에 문자와 데이터와 영상을 주고받게 됨을 의미했다. 이때부터 '통신'은 '정보통신'으로 탈바꿈했다. 통신 속도 또한 세대를 거칠수록 빨라져 지금 우리는 영화 한 편을 1초에 내려받을 수 있는 5세대에 들어섰다.

이러한 통신의 역사 말고 또 하나의 역사가 있다. 휴대전화가 다른 분야와 융합해 새로운 기기로 거듭난 일이다. 그 시작은

1994년 휴대전화가 컴퓨터와 결합해 탄생한 PDA폰(스마트폰)이다. 이후 휴대전화는 카메라·MP3·TV 등 통신 외 분야를 닥치는 대로 흡수하는 모바일 컨버전스Mobile Convergence 시대를 열었다. 그리고 더 나아가 지금은 모바일이 모든 디지털 환경의 중심이 되는 디지털 컨버전스 시대이다. 오늘날 사물인터넷을 비롯해 4차 산업혁명을 이끌어 가는 과학기술은 모두가 디지털 광대역 통신 네트워크를 기반으로 상호 융합하고 있다. 이러한 디지털 컨버전스 환경에서 사람들은 모바일(휴대용) 만능 기계(스마트폰)로 자기 주변은 물론 멀리 떨어져 있는 디지털 기기들을 원격 조종하게 되었다.

나 혼자서는 이룰 수 없었다

이제는 고마운 마음을 전할 차례이다. 후손을 위해 좋은 일을 하자는 나의 감언이설에 넘어가 시도 때도 없이 부대끼며 휴대전화 수집에 시간과 수고를 나누어준 사람들. 박물관을 세우는 영광은 내가 독차지했지만, 그들이야말로 진정 오늘의 폰박물관을 세우고 이 시대의 문화유산을 후손에게 전할 수 있게 한 공로자이다. 李仁淑, 李始勳 John Lee, 琴東起가 그 주인공이다. 교환기를 구하고 싶어 애면글면할 때 큰돈을 쾌척한 權亨周의 고마움도 잊을 수 없다. 또한 경제적 어려움을 감내하며 격려하고 뒷바라지한 내 아내 朴蓮花, 맏딸 東恩 Dong-eun Alice Lee, 막내 高恩에게 이 책을 바친다. 최병식 교수의 조언과 격려도 큰 힘이 되었다. 어찌 이들뿐이랴. 참으로 많은 이가 나를 도왔는데 일일이 거명하지 못할 뿐이다.

천년의상상 선완규 대표가 폰박물관을 찾은 2018년 9월22일을 두고두고 잊을 수 없다. 출판에 관한 견해들이 모두 일치했을 뿐만 아니라 선대표 부부와의 저녁 식사는 근래 가장 화기애애하고 유쾌한 자리였다. 안혜련·홍보람 편집자에게도 감사하고 싶다. 끝으로, 이 원고를 읽고 부부가 함께 폰박물관을 찾아주었을 뿐만 아니라 멋진 출판인까지 소개한 정민 교수야말로 내가 가장 감사를 드려야 할 이 책의 산파이다.

1957년 4월 '새 나라의 어린이'를
풍금 반주에 맞추어 불렀던 이병철이
2019년 7월 3일 那皁居에서 쓰다

차례

1장

그까짓 것
뭐하러
모으냐고?

세상에서 제일 착한 휴대전화

박물관을 찾은 노인들은 대체로 피처폰이나 스마트폰보다 옛날 유선 전화기를 더 선호한다. 그 중에서도 예외 없이 그들의 얼굴에서 미소를 자아내는 것이 있다. 바로 국산 전화 1호인 1960년대 탁상용 자석식 전화기(**19쪽 위 사진**) 이다. 이 시커먼 전화를 보면 그냥 지나치는 사람이 없다.

"아! 이거 옛날에 이장 집에 있던 거야. 동네에 한 대씩 있었는데, 전화 오면 나무 꼭대기에 매단 스피커로 '누구네 전화 왔어요' 하고 알려줬지. 동네가 왕왕 울릴 정도로 소리가 컸어. 그러면 밥 먹다 말고도 전화 받으러 이장 집으로 뛰어갔었는데… 허- 그거 참!"

이 내용에서 크게 벗어나는 말을 한 노인을 본 적이 없다. 이것 하나 본 것만으로도 박물관 와서 볼 것 다 본 것처럼 만족해들 하신다.

예전에는 시골에 전화 있는 집이 아예 없었다. 1961년 전국 읍·면 가운데 전기 통신시설 없는 곳이 절반을 넘고, 통신시설이 있는 읍·면에서도 개인이 전화를 놓으려면 전봇대 설치 비용을 내야 했다. 1971년부터 비로소 전국 1만6천여 리·동里洞에 전화가 가설되기 시작했다. 이장 집에 한 대씩 놓았으니 그 전화는 사실상 마을의 공동재산이었다.

도시는 어땠을까. 1인당 국민소득이 연간 85달러이던 1961년 우리나라 전화 보급률은 100명당 0.4대, 250명에 한 대꼴이었다. 그래서 궁여지책으로 공동전화·집단전화(**19쪽 아래 사진**) 가

수집가의 철학

국산 전화 1호인 탁상용 자석식 전화기

자석과 이어진 핸들을 돌리면 전기가 일어나 전화국에 신호가 전달되고 교환원이
응답했다.

집단전화 개통식(1970년 서울 상계동)

자동식 다이얼 전화 회선이 부족한 곳은 공전식 교환기를 설치해 적은 회선으로
여러 가구가 썼다.

있었다. 공동전화는 두 가구가 한 전화선을 쓰거나, 혹은 열 가구 이내 가입자가 한 전화선을 공동으로 썼는데 그것을 편조編組라고 했다. 한 사람이 통화하는 동안 다른 사람은 쓸 수 없고, 한 전화선에 연결되었으므로 통화 비밀이 보장되지 않았다.

얼마나 불편했을까. 아마도 전화 수요가 폭증한 시기를 거친 나라라면 엇비슷하게 겪은 일일 듯싶다. 마천루가 즐비하고 멋진 세단이 거리를 메운 뉴욕에서도 두 집이 전화번호 하나를 같이 쓴 시절이 있었다. 영화 〈필로우 토크〉(1959년)에 나오는 공유共有 전화이다. 재택근무자인 독신녀 도리스 데이와 전화선을 공유한 이웃은 바람둥이 록 허드슨이다. 그는 아침마다 여러 여자와 전화하면서 은밀한 대화(pillow talk)를 나눈다. 도리스 데이는 그때마다 급한 전화를 걸거나 받지 못해 애를 태운다. 어느 날 그녀(A)가 허드슨(B)과 상대 여성(C) 간 대화를 띄엄띄엄 들으며 기다리다가 통화에 끼어들면서 말다툼이 벌어졌다.

A; "방해해서 미안한데 그만 끊어 주세요, 벌써 삼십 분째에요. 나도 중요한 전화가 있어요."
B; "나한테는 이게 중요한 전홥니다."
A; "나도 전화 좀 쓰자고요."
C; "이 여자 누구야?"
B; "나하고 전화선을 공유하는 여잔데, 언제나 내 통화를 엿들어."

이런 궁색한 시절을 거쳐 전화(선)를 한 집에 하나씩 가지게

수집가의 철학

되었나 싶더니 어느 틈에 한 사람이 하나씩 들고 다니게 되었다. 그런데 만약 개인이 마음대로 가지고 다닐 수 있는 휴대전화 하나를 온 마을 사람이 함께 쓴다면 어떨까? 그 불편함이란 〈필로우 토크〉 정도가 아닐 게다. 도무지 상상이 되지 않는다. 그러나 실제로 몇 년 전까지 아프리카에서는 그런 일이 흔했다. 미처 유선 전화를 써보기 전에 휴대전화 세상을 맞았기 때문이다.

불편함은 공동으로 쓴다는 점만이 아니다. 통신 인프라가 형편없으니 휴대전화가 언제 어디서나 잘 터져주지 않는다. 전기가 자주 끊기거나 아예 전기가 안 들어가는 곳도 많다. 그런 데서는 여러 가지 기발한 방법이 동원되는데, 그 중 자동차 배터리로 충전하는 방법이 널리 쓰인다고 한다. 이 대목에서는 내가 중학생 때 겪었던 일이 생각난다.

1965년 합천 해인사에 수학여행 갔을 때 일이다. 밤이 되자 여관에서 방마다 큰 방과 마루를 터놓고 노래자랑을 했는데, 이상하게도 백열등 전깃불이 밝아졌다 어두워졌다 했다. 한참을 그렇게 보내다가 화장실에 가려고 여관 밖으로 나갔더니 계곡 물소리에 섞여 이상한 소리가 들려왔다. 슬쩍 엿보니 저 아래 계곡에 어른 세 사람이 종아리가 다 잠긴 물속에서 전등불을 켜놓고 큰 기계에 바께쓰(양동이) 물을 들이붓고 있었다. 물을 부으면 기계가 쿵쿵쿵쿵 힘차게 돌아가다가 좀 지나면 소리가 사그라졌다. 그러면 어른들은 다시 양동이로 물을 퍼서 부었다. 가만히 지켜보니 물을 부을 때마다 기계 옆 막대기에 매달린 전깃불도 밝아졌다가 좀 지나면 점점 어두워졌다. 아하! 그들은 발동기(모터)로 우리 여관에 전기를 공급하고 있었다.

마을 전체가 휴대전화 하나 마련하는 일이라지만 전화기 구입과 통화료 부담을 아프리카 시골 사람들이 감당하기란 만만치 않다. 그들이 전화 요금을 아끼려고 머리를 짜내는 모습은 참으로 애처롭다. '어떤 아프리카 전화회사는 통화 시작 후 3초가 지날 때부터 요금을 부과하는데, 이용자들이 이 사실을 알고 서로 전화를 번갈아 걸면서 3초 이내로 말하다가 끊고 다시 거는 방식으로 통화한다고 한다.' (김찬호 〈휴대폰이 말하다〉에서)

그렇게까지 할 정도라면 안 쓰고 말지. 그들은 전화 없이도 수천 년을 살아오지 않았나. 〈오래된 미래〉에서 라다크 사람들이 문명에 오염되기 전 욕심 없이 살았던 것처럼 살면 되지 않을까라고도 생각할 수 있다. 그러나 너그럽지 않은 자연에서 사는 그곳 주민들에게 전화란 이미 생존이 달린 문제가 되어버렸다. 위 책에 소개된 일화 하나.

'케냐의 시골에서 염소를 키우던 사람들은 오랫동안 중간상들이 부르는 값대로 염소를 팔았다. 도시에서 얼마에 팔리는지 몰랐기 때문이다. 그런데 열네 마을이 공동으로 휴대전화를 사가지고 나이로비에 전화해 보니, 중간상들이 엄청난 이득을 얻고 있었다. 그때 이후로 염소치기들은 전화로 염소 시세를 알아내 다시는 헐값으로 염소를 넘기지 않게 되었다.'

2000년대 들어 정보화 시대의 이면에 드리운 이같은 어두운 그림자를 벗겨 주려고 한 단체가 발 벗고 나섰다. 유럽 GSM(Global System for Mobile Communication) 통신 방식을 표준화하려고 1995년에 설립된 GSM협회(GSMA)였다. 이 협회는 아프리카, 남아메리카, 중동과 아시아 일부의 가난한 주민 수억 명에게 이동 통신을 이용하게 함으로써 삶의 질을 높여 주고자 했다. 30 달러(약 3만5천원) 아래 값으로 휴대전화를 보급해 저개발국에서 휴대전화 사용을 늘리는 디딤돌로 삼으려는 그 시도에 재능을 기부한 업체는 모토로라였다. 1983년 세계 최초 휴대전화를 3천995 달러에 팔고, 1989년 마이크로택 9800X를 3천 달러, 1996년 스타택을 1천 달러, 2004년 레이저 V3를 800 달러에 판 이 회사가 30 달러 미만 프로젝트에 팔을 걷어붙이고 나섰다. 그리하여 2006년에 태어난 폰이 C113a(아래 사진)이다.

폰박물관 전시품 ©

20 달러짜리 휴대전화
C113a는 가장 싼값으로 가난한 사람 수억
명에게 이동통신을 이용하게 해주었다.

미국 사람들이 역사에 기억될 휴대전화를 꼽을 때 다른 나라 사람들의 고개를 갸우뚱하게 하는 폰이 몇 가지 들어 있다. 그 중 하나가 C113a다. 이 폰은 대단한 신기술로 혁신을 이룬 폰이 아니다. 통화 시간에만 신경을 써서 만들었는지 통화 11시간 40분, 대기 450시간으로 꽤 긴 편이다. 그밖에는 흔한 크기(101.3×45.7×21.5mm)에 흔한 무게(95g)이고, 흑백 화면에 색상도 블랙 한 가지이다. 카메라도 없는 2G 폰이다. 그러나 다른 어떤 폰도 하지 못한 일을 해냄으로써 미국인에게 자부심을 안겨 주었다. 휴내전화 역사상 가장 싸게 팔린 기록(보다폰 통신사가 이집트에서 기록한 20달러)을 세운 C113a는 전세계 가난한 이들에게 무엇보다 값진 선물이었다. 이렇게 착한 폰도 있었다. (2017.11.7.)

수집가의 철학

영화의 고증과 소품을 박물관이 도우면

치마를 가랑이 틈에 끼워 넣고 선 채로 대야의 물을 발등에 쫙 끼얹는 것까지 끝냈건만 내가 입을 열지 않자, 언니는 한쪽 발씩 번갈아가며 고무신 코를 발끝에 걸어서 몇 번 흔들어 신 안의 물을 빼낸 다음 마침내 양장점 쪽으로 발을 옮겨놓는다. 고무신 안에 남아 있던 물이 찌걱찌걱 소리를 낸다.

— 〈은희경 장편 소설 〈새의 선물〉에서〉

흔하디흔했던 모습. 그러나 우물과 펌프가 사라진 뒤로 누구의 기억에도 남아 있지 않은 풍경. 정겹다 못해 코끝이 찡해오는 이 글을 읽었을 때 사라진 무형 문화재를 다시 보는 듯했다. 〈내 마음의 풍금〉에서 전도연이 이 모습을 재현했다면 관객들이 얼마나 자지러졌을까. 나에게 〈새의 선물〉은 전율을 느낄 만큼 정확히 묘사된 이 한 대목으로 기억된다.

영화계 사람들이 소품을 빌려 달라며 찾아오기 시작한 때가 2009년이다. 휴대전화를 주제로 영화를 만들겠다면서 제작자와 감독이 온 적도 있지만, 거개는 조감독 명함을 내미는 소품 담당자였다. 휴대전화를 빌려주어 결과가 좋았던 예로 가장 기억에 남는 것은 TV 드라마 〈응답하라 1997〉이다. 성사되지 않은 적도 몇 차례 있는데, 다 까닭이 있었다.

소품 담당자 A "1930년대에 일본군과 싸우는 독립군이 만주의 한 동굴에서 통신하는 장면이 있습니다. 거

폰박물관 관장	"무전기는 1941년에 나왔으니 1930년대와는 맞지 않아요. 게다가 일본군도 없었던 무전기를 독립군이 어떻게 쓸 수 있었겠소? 시나리오를 고쳐 쓰는 편이 낫겠습니다."
소품 담당자 B	"우리나라에서 최초로 쓰인 휴대전화를 빌려 주십시오."
폰박물관 관장	"유물이 파손될 경우를 대비해 보증금 ○○만 원을 맡기십시오."
소품 담당자 B	"소품 예산이 부족해 맡길 돈이 없습니다."

2017년 상영된 〈군함도軍艦島〉에 내 통신기가 출연하지 못한 사연은 좀 별나다. 모스 수신기를 빌려 달라기에, 기계가 작동할 때 유명 배우가 나오는 장면을 박물관에서 쓰고 싶다고 했다. 수신기 진열대 앞에 모니터를 설치해 수신기가 작동하는 영상을 관람객에게 보여주고 싶었다. 소품 담당자는, 그 배우의 매니저가 초상권 침해로 고소할 수 있는데 자기는 매니저를 설득할 자신이 없다면서 (내 느낌으로는 귀하지 아니 해서) 수신기를 빌려가지 않았다.

나도 할리우드 키드다. 내 기억의 실타래에서 실마리는 1955년 남대문 시장의 천막 극장에 닿아 있다. 앞의 몇 줄 관객은 땅바닥 가마니 위에 앉고, 뒷사람들은 등받이 없는 긴 나무 걸상, 일명 복덕방 의자에 앉았다. 서서 보는 사람도 많았다. '비 내리는' 화면이 이어지다가 필름이 끊기면 휘파람과 야유가 난무하

수집가의 철학

고, 여기저기서 담배 연기가 자욱자욱 피어올랐다. '그'가 '그녀'를 구하려고 말을 달리면 나도 남들 따라서 힘껏 박수를 쳤다. 그 뒤로 아버지를 따라 드나든 동화극장(신세계백화점 꼭대기층), 화신극장(화신백화점 꼭대기층), 경남극장, 천일극장 들에서 무엇을 보았는지 거의 다 기억한다. 중학교 2학년 때에는 부자 친구 덕분에 한 해에 영화를 30편 가까이 보기도 했다(거의가 개봉관이었다).

신기하게도 그 무렵부터 나는 배우나 스토리보다 고증과 소품에 신경을 썼다. 나이 들어서는 고교 동창인 김종학 PD가 드라마 대작들을 히트시킨 것이 그런 성향을 더욱 부채질했다. 〈여명의 눈동자〉에 나오는 일본군 세균실험실 수도꼭지가 옛날의 일자형이 아니고 사각형이었다. 그런 사례 몇 가지를 김PD에게 얘기한 뒤로 소품에 더 눈길이 갔다.

고증이 틀린 영화는 의외로 많다. 세실 B. 데밀이 감독한 〈정복되지 않는 사람들〉에는 미국 동부에서 세네카 인디언이 말 타는 모습이 나온다. 서부 평원지대 인디언만이 말을 탄 것이 상식인데도 범한 잘못이다. 그나마 이것은 수준 높은 실수이고, 예전의 할리우드는 몰상식한 짓을 빵 먹듯이 했다. 펄 벅 원작 〈대지〉에 중국인인 주인공 부부를 서양인이 연기하고, 〈윈체스터 73〉에서는 인디언 추장이 백인 미남 록 허드슨이다.

한국 영화는? 〈포화 속으로〉에서 학도병들이 탄약 상자에 아무렇게나 쌓인 총알을 한 움큼씩 집어서 교복 주머니에 넣는 장면을 차마 볼 수 없어 외면했다. M1 개런드 소총은 클립 삽입형이다. 총알을 하나씩 장전하지 않고 여덟 발을 채운 클립을 통

노벨상 작품에 엉터리 배역
노벨문학상을 받은 〈대지〉의
중국인 부부 역을 미국인
폴 무디와 독일 출신 루이제
라이너가 맡았다. 라이너는
아카데미 여우주연상도
받았다.

째로 소총에 끼워 넣는 반자동식이므로 처음부터 총알을 채운
클립이 공급된다. 작전에 나설 때 소지하는 탄약 분량도 한 움
큼이 아니라 1기수이다. M1의 경우 1기수는 176발이다. 여덟 발
씩 든 클립 22개를 따로 연결된 작은 주머니들(탄띠)에 넣어 허
리에 차고 어깨에 두른다.

　〈태극기 휘날리며〉는 스토리에서의 엉터리 고증 말고도, 난
리 북새통에 피란민 입성이나 군인의 군복이나 어쩌면 그렇게
깨끗한지! 내가 최전방에 근무했던 1973년까지도 우리 소대 사
병들은 평소에 군화를 신지 못했고, 수요일마다 침상 3선에 정
렬해 앉아서 구멍 난 통일화와 해진 군복을 꿰맸다. 소대에 하나
뿐인 새 야전 점퍼는 휴가 가는 병사만 숯불 다리미로 다려 입

　　　　　　　　　　　　　　　　　수집가의 철학

었다. 독일의 패션 브랜드 휴고 보스가 디자인한 군복이 있다. 유태인 영화감독 브라이언 싱어가 〈작전명 발키리〉를 만들면서 '그 멋스러움에 도취했다'고 고백한 나치 군복이다. 그 수준은 아니더라도 내 소대원들이 겪었던 거지꼴은 면해야 한다. 그렇다고 해서 적당히 지저분한 군복을 입혀 리얼리티를 살리지 못하면 어떡하나.

사극에서 지위 높은 사람이 이마에 비단 띠를 동여매고 나오는 국적 불명 패션도 나를 슬프게 한다. 한 술 더 떠 그 띠에 금박 문양이 더해지자 그 뒤로 모든 사극이 따라하고 있다. 물론 흥행에 성공한 작품의 디테일을 따라하는 행태는 어느 나라에나 있다. 〈셰인〉에 악당 잭 팰런스가 검은 옷을 입고 나온 뒤로 웨스턴 무비에서 악당은 늘 검은 옷을 입고 나왔다. 〈역마차〉 이래로 '질주하는 마차와 뒤쫓는 인디언'도 정형定型이 되었다. 홍콩 무협 영화에서 첫 히트작은 1966년 우리나라에서 〈방랑의 결투〉라는 제목으로 을지극장에서 상영되어 단체 관람을 하던 우리 학년 전체의 얼을 빼놓았던 〈대취협大醉俠〉이다. 발레리나를 스카우트해 처음으로 여성 검객을 등장시킨 이 영화에서 정페이페이鄭佩佩가 산적들과 무공을 겨룬 곳은 음식점과 숙박업을 겸하는 객잔客棧이다. 이 영화가 히트하자 무협 영화를 '객잔 영화'라고 할 정도로 객잔 결투가 일반화했다.

과거를 다룬 영화는 역사 교과서 노릇도 한다. 그럴수록 리얼리티를 살린 디테일이 중요하다. 디테일은 고증에서 출발해 소품으로 완성된다. 그런 점에서 나는 2014년 11월25일 절친인 둘째 딸과 여주 시내 월드시네마 극장에서 본 영화를 잊지 못한다. 자잘한 것에서부터 거대한 두 주인공 셔먼과 티거에 이르기까지 모든 고증이 완벽에 가까웠다. 셔먼은 미국제 M4A2E8 전차이고, 티거는 독일제 6호 전차 1형이다. 영화에 나온 티거는 세계에서 유일하게 기동機動이 가능한 실물이다. 티거와 셔먼의 전차전은 이 영화의 백미이다. 영국 보빙턴에 있는 전차 박물관(The Tank Museum)이 외부 반출을 막던 금기를 깨고 셔먼과 티거를 빌려주어 전세계 영화 팬이 안복眼福을 누렸다. 그 영화는 〈퓨리〉다. (〈퓨리〉의 모티브는, 사실은 널리 알려지지 않은 한국전쟁 영웅의 무용담이다. 미군 72선차대대 M62 퍼싱 전차장인 어니스트 코우마 중사는 1950년 8월31일 왜관의 아곡 전투에서 전차 한 대를 지휘해 북한군 1개 대대를 물리쳤다. 아군이 퇴각한 뒤 교차로에 홀로 남아 밤새워 아홉 시간을 버티며 적군 250명을 사살했다. 포탄과 기관총탄이 떨어져 권총을 쓰면서까지 적에게 포위될 뻔한 국군 1사단과 미군 제1 기병사단을 구하고 낙동강 방어선을 지켜낸 일이 2차 세계대전 버전으로 〈퓨리〉에 그려졌다.)

한국 영화 〈고지전高地戰〉에도 경의를 표한다. 소품만큼은 스태프의 뜨거운 열정을 느끼게 했다. 서울 용산에 있는 전쟁기념관 전시물은 세계적 수준이다. 〈퓨리〉에 나온 셔먼 전차도 있고, 〈고지전〉 수준의 영화를 얼마든지 만들 콘텐츠이다. 그런데도 왜 고증에 충실치 못한 영화가 나오는가. 〈퓨리〉나 〈고지전〉 같은 영화를 만들기 위해서라면 영화인들은 어느 박물관이라도 설득할 프로 의식을 가져야 한다. 단지 발품이나 제작비를 줄이려고 영화에 꼭 필요한 소품을 포기하는 일이 없었으면 좋겠다. (2017.9.25.)

옛날 영화에서 통신 역사를 발굴하다

향가의 이두吏讀를 처음 풀어낸 고 양주동 선생이 1919년 고향에서 영어를 독학할 때 일. 〈무선생 영어 자통無先生英語自通〉이라는 자습서에서 '3인칭'과 맞닥뜨렸다. 3인칭? '세 사람을 일컫다'라니 대관절 무슨 뜻인가? 며칠을 궁리해도 못 풀자 열여덟 살 청년은 겨울날 아침 눈길 20리를 걸어가 일본인 초등학교 교사로부터 기어이 알아냈다. '내가 1인칭, 네가 2인칭, 나와 너 외에는 우수마발牛溲馬勃(소오줌과 말똥)이 다 3인칭야也라!'

양주동은 궁금증을 못 참아 왕복 16km 눈길을 걸었다. 그런데 나는 로마군이 나오는 영화를 처음 본 열 살 때부터의 궁금증을 45년이나 품고 살았다. 로마군의 칼은 왜 짧을까? 또래들과 전쟁놀이를 하던 나에게 긴 칼이 유리하다는 것은 진리였다. 시오노 나나미가 쓴 〈로마인 이야기〉에 따르면, 로마군도 애초에는 가늘고 긴 칼을 썼다. 기원전 205년 한니발과 맞서던 스키피오가 양날 단검을 도입했다. 방패로 빈틈없이 가린 채 네모꼴 진(方陣)을 이루고 싸우는 중무장 보병에게는 긴 칼이 비효율적이었기 때문이다. 크게 휘두르면 방패가 걸리고 옆의 동료를 벨 수도 있다. 반면 길이 60cm 안팎에 무게 1kg도 안 되는 단검은 바짝 붙은 적을 찌르기 좋고 양날이어서 좁은 공간에서도 위아래로 벨 수 있다.

로마 군단의 뛰어난 전투력은 바로 짧은 칼과 긴 방패- 글라디우스Gladius와 스쿠툼Scutum의 기막힌 조화가 밀집 대형과 연합해 이룬 것이다. 2006년 방영된 TV 시리즈 〈로마〉 제1부에는 열두 편을 통틀어 전투 장면이 딱 한 번 나온다. 스크럼을 짠 듯한 로마 보병은 백인대장百人隊長(centurio) 지휘에 따라 부상자가 생기면 재빨리 빈자리를 채워 대형을 유지하면서 단검을 능숙하게 사용해 적을 물리쳤다. 그때까지 어떤 영화에서도 보지 못했던 제대로 고증된 연출이었다.

하염없이 느린 내 궁금증 풀기가 20리 우수마발 못지않게 급발진 스타일로 일변한 것은 박물관을 하고부터이다. SCH와 SPH, SD와 LP, 즉 셀룰러와 PCS도 구별하지 못하던 내가 자나 깨나 휴대전화를 만지면서 모델명을 많이 알게 되었다. 어느덧 천여 개. '저건 KH-5000, 월드컵 때 선보인 거고, 저 SPH-V6900은 블루투스 붐을 일으켰지' 하면서 척 보고 줄줄 읊어대어 사람들을 감탄시키는 재미가 쏠쏠했다. 그것이 급발진의 원인遠因이라면, 근인近因은 전문가연하던 자존심에 찍힌 오점이다. 어느 날 TV 시추에이션 드라마 〈CSI 과학수사대〉. 사건 현장에 떨어져 있는 휴대전화를 본 적이 있다는 생각이 드는 순간 우리나라 회사 로고가 언뜻 비쳤다. 그러나 너무 뜻밖이어서 어, 어, 하다가 장면이 바뀌는 바람에 어떤 기종인지 모르는 채 넘어가고 말았다. 허를 찔린 듯한 당혹감과 기종에 대한 궁금증으로 내 마음은 한동안 뒤숭숭했다. 그 뒤로 나는 영화나 드라마를 볼 때 스토리보다 전화기의 출몰에 더 긴장하고 집중하게 되었다.

대개는 얼른 알아보고 맞혔다. 리처드 기어가 줄리아 로버츠를 데리고 패션 거리로 가는데 흰색 전화기를 든 사람들이 나타나는 순간 다이나택 8000X임을 알아보는 정도는 기본. 별명이나 별칭으로만 알려진 휴대전화를 보고 모델명을 맞힐 때는 어린애처럼 우쭐하기도 했다. 송일국과 장진영이 주연한 드라마 〈로비스트〉에 자주 등장한 프라다폰을 보고 SB-310 아니면 KE-850일 것이라고 했다든가, 할리우드의 히트작 〈매트릭스 2〉에 나오는 매트릭스폰을 보고 "에스피에이치 엔 이백칠십(SPH-N270)이다!"라고 재빨리 말했을 때 말이다. 우리나라에서는 실물을 볼 수 없다고 알려졌던 희귀 폰 매트릭스를 내가 어렵사리 구해서 전시하는 것도 이런 사연이 없었다면 아예 포기했을 일이다.

〈오션스 13〉에서는 카지노 오너인 앨 파치노가 한정 발매된 금장金裝 폰(아래 사진)을 가지고 싶어 끌탕을 하다가 비서를 닦달한다. 우리나라 회사 로고가 새겨진 금빛 폰을 손에 넣고 황홀

〈매트릭스 2〉에 이어 또다시 할리우드 영화에 화려하게 등장한 삼성 폰.
그러나 〈오션스 13〉의 황금 폰은 실재하는 않는 모형(mock-up)이었다.

해 하는 파치노가 내 자긍심을 한껏 부추겼다. 한국 동포를 미국 사회에 기생하는 열등인이나 범죄자로 묘사했던 할리우드의 지난날을 떠올리게 하는 장면. 그러니 내가 얼마나 그 폰을 구하고 싶었겠는가. 어찌어찌 제조사 간부에게 알아보았더니 〈오션스 13〉만을 위해 만든 하나뿐인 모형 전화기란다. 실망이 컸지만, 목업mock-up이라는 사실을 안 것만도 프로페셔널 근성이라고 스스로를 위안했다. 전후가 이러하니 어쩌다 모델명을 알아보지 못하면 바로 뒤지고 물어보고 틀어보고 알아내야 직성이 풀릴 수밖에.

잠깐 스쳐가는 것의 모델을 알아맞히는 '게임'은 어느덧 희귀한 전화기를 찾는 '발굴'로 발전했다. 시대 배경이 오랠수록 영화는 미시사微視史의 보고였다. 심봤다! 정도의 횡재가 어쩌다 한 번씩 터졌다. 장 클로드 반담의 〈퀘스트〉. 20세기 초가 배경인데, 미국 여기자한테 본사로부터 전신電信으로 지시가 온다. 그 대목에서 아! 티커테커 인자기印字機(printer)가 불쑥 등장하더니 종이 테이프에 모스 부호를 탁탁탁탁 찍어내는 것이 아닌가. 우리 박물관의 인자기는 모두 1860~1879년대 것이다. 인류가 처음으로 실용화한 통신기기가 모스인데, 발신용 전건電鍵(key)은 어쩌다 볼 수 있지만, 수신용 인자기는 우리 박물관이 소유한 4대를 빼면 국내에 '한두 대 있거나 혹은 없거나'라고 나는 추정한다. 그것이 작동되는 것을 보다니!

옛날에 보았던 〈사브리나〉를 다시 본 날은 더 큰 행운을 잡았다. 1954년 오드리 헵번이 주연한 이 흑백 영화에서 자가용을 타고 가던 신사가 뒷좌석에서 카폰으로 통화하는 장면. 아으!

수집가의 철학

0세대 신사

상류사회를 다룬 영화답게 〈사브리나〉에는 1950년대 첨단 이동통신인 MTS방식
0세대 차량전화가 등장한다.

그것은 셀룰러 시대 이전의 0세대 이동전화였다. 무전기처럼 이
쪽 말이 끝나야 상대가 말할 수 있고, 교환수를 거쳐야 하며, 특
정 지역을 벗어나면 통화가 안 된다. 하지만 모바일 텔레커뮤니
케이션 역사에서는 당당히 MTS(Mobile Telephone Service) 방식이
라는 높고 귀한 지위를 갖는다.

　사람들은 이 영화에서 퐁트넬 남작이 사브리나에게 들려
준 말을 잊지 못할 것이다. "행복한 사랑에 빠진 여인은 수플레
를 태우고, 불행한 사랑에 빠진 여인은 오븐 켜는 것을 잊지." 그
러나 내게는 라이너스 래러비(험프리 보가트)가 교환수에게 한
색깔 없는 말이 더 환상적이다. "볼링그린 91099 대주시오." 비
록 영화에서지만, 내가 목도한 최초의 차량 이동전화 통화 내용

이 아니던가. 영화 속 전화와는 다른 기종이지만, 그 뒤로 나는 1950년대 카폰을 구하고야 말았다.

영화를 통한 나의 산업고고학 발굴 작업에서 대미大尾는 무엇이 장식하게 될까. 철 들고 나서 내가 본 한국 영화 중에서 제일 오래된 것은 〈자유부인〉(1956년)이다. 그보다 더 오래된 영화를 보다가 한국 영화 사상 제일 먼저 전화가 등장하는 장면과 조우하기를 두 손 모아 빈다. 역사의 현장음을 듣고 싶으니 무성영화가 아니면 좋겠고, 남은 생을 감안해 45년이나 걸리지 않기를. (2008.12.15.)

수집가의 철학

남의 아이디어라도 쓰기 나름

런던이나 파리 같은 곳을 여행하면 떼를 지어 다니는 중국인을 자주 보게 된다. 사드 문제로 중국과 갈등하기 전 우리나라 명동이나 강남에서도 마찬가지였다. 시끄러운 소리가 나서 고개를 돌려 보면 예외 없이 중국인이다. 혼자이거나 두셋이면 거의가 스마트폰을 수평으로 눕히고 송화구가 있는 쪽을 입에 바짝 댄 채 쏼라쏼라 수다를 떨다가 화면을 보고, 또 쏼라쏼라 하다가 화면 보기를 되풀이한다. 알고 보니 문자를 주고받는 모습이었다. 전화기가 사람의 말을 문자로 바꾸어 전송하고, 상대가 말하는 것도 문자로 바꾸어 보여준다. 중국인들은 이제 문자로 소통하고 싶을 때 예전처럼 화면을 보면서 여러 단계를 거쳐 어렵게어렵게 한자漢字를 불러내지 않는다.

그것은 삼성전자가 2004년 미국에 수출한 MM-A700(**38쪽 사진**) 폴더폰을 통해 처음 선보인 음성 인식(음성 명령) 기술과, 2005년 미국에 수출한 SPH-A800(유럽 쪽은 SGH-P207)을 통해 최초로 선보인 '음성-문자 변환' 기술 덕분이다. 음성 인식이란 사람의 말을 알아들어 간단한 명령을 수행하는 것을 말하고, 그것을 더 발전시켜 사람의 말을 문자로 바꾸어 전송하는 것이 음성-문자 변환이다. 이 두 가지 기술의 혜택을 중국인이 제일 많이 보고 있다는 말이다.

문자 메시지 통신이 마치 한국 청소년을 위해 발명된 듯이 우리나라에서 널리 쓰인 현상은 한글의 우수성과 통신 요금 절약이 맞아떨어져 나온 결과인데, 음성-문자 변환 기능이 왜 우

폰박물관 전시품 ⓒ

문자 전송 담당 비서

MM-A700(맨위 사진); 음성 인식(Voice Signal) 기능. 사용자가 문자를 친 뒤
"이 문자를 존에게 보내줘"라고 명령하면 그대로 실행한다. SPH-A800(위 사진
왼쪽) SGH-P207(위 사진 오른쪽); 음성-문자 변환(STT·Speech To Text)기능.
사용자가 "존, 잘있었니?"라고 말하면 그것을 문자로 바꾸어 존에게 보낸다.

수집가의 철학

리나라에서 널리 쓰이지 못하고 중국인들 좋은 일만 했을까? 그때는 기술적으로 완벽하지 못했기 때문이겠지만, 사실 문자 쓸일 많은 청소년들의 타자 속도가 굳이 음성-문자 변환 기능을 필요로 하지 않을 만큼 빨랐던 점도 있다. 거기에 내 나름의 해석을 한 가지 덧붙인다면, 바로 '몰래' 할 수 있기 때문이었다. 어쩌면 그것이 가장 큰 이유일 수 있다.

2007년 집사람과 함께 음성군에 있는 골동품 가게들에 자주 들를 때였다. 그 중 한 단골집 주인은 골동품 판매를 주말 부업으로 하는 교사였는데, 어느 날 점심을 함께하게 되었다. 그의 제자인 고등학생도 합석했다. 그런데 자리를 잡고부터 식사를 마칠 때까지 학생이 식탁 밑에서 쉴새없이 문자 메시지를 주고받은 것을 나는 까맣게 몰랐다가 나중에야 알았다. 수업 시간에 선생님을 빤히 쳐다보면서 몰래 문자를 주고받는다는 말을 듣기는 했는데 정말(!)이었다. 어쨌든 그런 상황에서 음성-문자 변환 기능을 이용할 수는 없었으리라.

문명사에서 남의 것을 가져다 잘 써먹거나 더 발전시킨 사례는 수없이 많다. 우리와 관련된 것을 찾자면, 임진왜란 때 조선군을 괴롭힌 일본의 조총이다. 일본이 대국 명나라를 치겠다고 했을 정도로 조총의 위력이 대단했음을 잘 보여준 영화가 있다. 본격적인 사무라이 영화로 정식 수입된 첫 번째 영화라고 내가 기억하는 구로사와 아키라 감독의 〈가게무샤 かげむしゃ〉다. 나는 서울 스카라 극장에서 그 무렵 일본 문화에 관심을 쏟던 둘째 딸과 함께 보았다.

〈가게무샤〉에는 440여 년 전에 벌어진 나가시노 전투가 제대로 된 고증으로 재현되었다. 말 탄 사무라이가 긴 칼을 휘두르고 보병 졸개들은 우스꽝스러울 정도로 긴 죽창을 앞으로 내지르는 전투가 아니었다. 보병 조총부대의 사격 장면이 압권인데, 18~19세기를 시대 배경으로 한 영화에서 많이 보아온 유럽 군대의 전투 장면과 흡사했다. 1879년 남아프리카에서 벌어진 영국군과 줄루족의 전투를 다룬 영화 〈줄루〉에서 영국군 100여 명이 맞선 상대는 아프리카 최강인 줄루족 전사 4천 명이었다. 영국군은 앞 1열이 한쪽 무릎을 꿇고 총알을 장전하는 동안 뒤 2열이 서서 사격하고, 2열이 앞으로 나와 장전할 때 1열은 뒤에서 사격하는 횡렬 대형으로 싸웠다. 사정이 급박하자 2열 대형이 3열로 바뀌었는데, 기관총을 쏘듯 상대를 거꾸러뜨렸다.

〈가게무샤〉를 보면서 나는 일본이 1543년에 처음 포르투갈인에게서 총을 구했으니 전투 방식도 유럽에서 배웠으리라고 생각했다. 그러나 아니었다. 도요토미 히데요시豐臣秀吉의 주군이던 오다 노부나가織田信長가 창안한 전술이었다.

'오다 노부나가는 머스켓 총 사수들이 열을 지어 한 줄이 발사하고 나면 그동안 장전을 마친 다음 줄이 발사하는 식의 연속 발사 방식을 1560년대에 실험했다. 정작 유럽에서는 1590년에 가서야 개발되었다. 이 기술이 극도로 발전된 형태로 선보인 것은 1575년의 나가시노 전투였다. 그때 오다 노부나가는 머스켓 사수들을 23열로 세워서 20초마다 1천 발을 발사할 수 있게 했다. 조총을 가진 보병이 기마부대를 대파한 전투로서 일본에 전술 변화를 가져온 중요한 사건이다.' (주경철 〈대항해시대〉)에서)

수집가의 철학

'일부 학자들은 서양의 총포를 들여와 개량한 후 수십만 정을
생산한 일본군의 화력이 당시 세계 최강이라고 주장하기도 한다.'

(주경철 칼럼 '세계사 속의 한국'에서)

그렇다면 휴대전화 역사에서 우리에게 일본이나 중국 같은
예를 들 만한 것이 없을까? 우리도 있다. 2009년 삼성전자가 만
들어 수출한 GT-i7410(국내용은 SPH-W7900 햅틱 빔)이다. GT-
i7410**(아래 사진)**은 오늘날 세계 최초 빔 프로젝터 폰으로 알려져
있다. 그러나 사실 휴대전화에 프로젝터 기능을 처음 넣은 것은
중국 업체이다. 그런데 너무 조악하고 유치해서 프로젝터 폰이
라고 하기도 그렇고 아니라고 하기도 그런 폰이었다. 그러던 차

폰박물관 전시품 ⓒ

33명을 살려낸 빔 프로젝터 폰 GT-i7410
사진 왼쪽에 보이는 휴대전화 윗부분의 둥그런 렌즈로 동영상 빛줄기(beam)를
확산해 발사한다. 이 폰이 국내용 햅틱 빔이 아니고 수출용인 것은, SAMSUNG
로고로 알 수 있다. 국내용에는 Anycall 로고가 붙는다.

에 삼성이 제대로 된 프로젝터 폰을 만들었다. 거기에 극적인 스토리텔링이 더해졌다.

2010년 칠레 산호세 금광에서 광부 33명이 지하 700m에 매몰된 사건이 일어났다. 17일 만에 그들이 살아있다고 알려지자 전세계의 눈과 귀가 칠레로 쏠렸다. 칠레 정부가 어렵사리 구멍을 뚫고 작은 관을 통해 음식과 약품이 담긴 캡슐을 내려보냈다. 그러나 관건은 하루 20m씩 파들어 가는 구조대가 도착할 때까지 50여 일 동안을 광부들의 정신력이 버텨내느냐 하는 점이었다. 엘비스 프레슬리 노래를 함께 부르며 버틴 광부들은 지상과 연락이 닿자 자기 아이들이 뛰어노는 모습과 칠레-우크라이나 A매치 축구 경기를 보고 싶다고 했다. 절박하고 절실한 소망이었지만 칠레 정부는 난감했다. 지름 8cm 관으로 TV를 내려보낼 수는 없는 일 아닌가. 바로 그때 나타난 것이 GT-i7410이었다.

50인치 대형 화면을 벽에 투사할 수 있는 프로젝터 덕분에 광부들은 69일 만에 구출될 때까지 죽음의 공포를 잊고 마음을 안정시킬 수 있었다. 아이디어 수준에 그친 중국 제품과 달리 실제로 기능을 발휘한 첫 번째 폰. 이 사건으로 전세계는 자연스럽게 GT-i7410을 세계 최초 프로젝터 폰으로 인식하게 되었다. 삼성전자 또한 프로젝터 폰 분야에서 단연 앞서가게 되었고, 스마트폰 시대 들어서도 가장 먼저 프로젝터 폰인 갤럭시 빔을 만들었다.

MM-A700과 SPH-A800을 구하는 것도 어려웠지만, GT-i7410을 구하기는 정말 어려웠다. 사실 이 폰은 사립 박물관 시절이던 2009년 삼성전자로부터 하나를 기증받아 전시했었다. 칠레 광부 사건에 대한 글과 사진을 곁들여 관람객들이 꽤 좋아했던 기억이 생생하다. 그런데 정부가 국립 산업박물관을 세운다고 해서 전화기를 기증할 때 GT-i7410도 함께 보냈다. 국립 산업박물관 계획은 정권이 바뀐 뒤로 누구의 입에도 오르내리지 않는다. GT-i7410은 지금도 울산박물관 수장고에 보관되어 있다.

나는 2014년 여주시에 박물관 유물 전체를 기증했다. 그런데 그때까지도 GT-i7410을 다시 구하지 못했다. 인터넷에서조차 세계 최초 빔 프로젝터 폰은 GT-i8530(GT-i7410의 다음 모델)이라고 검색될 정도로 자취가 묘연했다. '세계 최초' 타이틀을 가진 폰들만 모은 섹션을 만들어놓고 GT-i7410의 빈자리를 보면서 애면글면하던 나는 2016년이 되어서야 겨우 그 자리를 채웠다. (2017.9.20.)

휴대전화 플래시 예찬

예전에 초등학교에 입학하는 어린이는 으레 왼쪽 가슴에 옷핀으로 손수건을 매달았다. 시도 때도 없이 흘러내리는 콧물을 닦을 대비책이었다. 콧물은 1980년대 들자 소리 없이 사라졌다. 납작하던 코도 높아졌다. 1960년대 중반까지 한국의 농구 선수 키는 180cm대였다. 처음으로 190cm를 갓 넘긴 박한 선수가 대학 농구에 데뷔한 때가 1965년이다. 요즘 180cm대 농구 선수는 드물다. 미국 사람도 1950년대까지 180cm가 넘으면 키다리로 통했다. 1921년 제1회 미스 아메리카 마거릿 고먼(45쪽 사진)의 키는 155cm였다. 미국인의 키는 1960년대에 부쩍 커졌다. 이같은 신체의 변화는 어디서 말미암았을까? 답은 냉장고다.

1842년 미국 플로리다에서 의사 존 고리가 말라리아 환자의 열을 내리려고 궁리하다가 천정에 얼음을 여러 개 매달았더니 효과가 있었다. 그런데 추운 지방에서 자연 상태의 얼음을 날라 오자니 경비가 많이 드는 데다 쉬 녹았다. 그는 연구를 거듭해 제빙 기술을 개발했다. 그것은 대평원의 쇠고기를 동부의 대도시까지 신선하게 수송하는 산업으로 발전했고, 제2차 세계대전이 끝난 뒤 일반 가정 부엌에 알맞는 크기의 냉장고를 탄생시켰다. 냉장고는 가정에서 신선한 쇠고기와 달걀과 우유를 언제든지 먹을 수 있게 해주었다. 그때부터 사람들의 키가 커지고 인류의 수명이 늘었다.

나는 콜럼버스가 대항해에 나선 것은 향료를 얻기 위해서라고 배웠다. 향료는 후추나 정향이다. 겨우내 신선하지 않은 고기

수집가의 철학

냉장고 이전 세대
1921년 수영복 차림 미스
아메리카 마거릿 고든(19세).
155cm 49kg인 아담한
체형이었다.

를 먹어야 했던 유럽 귀족들에게 누린내를 없애주는 후추는 금보다 귀했다. 그러나 초등학생이던 나는 향료를 향수로 잘못 알아들었다. 친구들도 다 그랬다. 교과서에 향신료라고 표기되고 그것을 선생님이 제대로 설명했던들 오랜 세월 잘못 알고 지내지 않았을 것이다(아마 선생님도 몰랐을 수 있다). 이처럼 역사 교육에서 식품이나 식생활에 관한 것은 정치적 사건보다 하찮게 다루어지기 일쑤이다. 기껏해야 주변 학문이나 미시사微視史로 취급된다. 마찬가지로 수만 년 인류의 식생활 역사에 새 장을 연 냉장고도 과학 분야의 성과가 거론될 때마다 내로라하는 발명품들에 밀려난다. 아마 보통 사람들에게 위대한 발명품을 아는 대로 수십 가지 꼽으라고 한다면 냉장고는 그 안에 들지 못할 것이다.

휴대전화의 경우도 별반 다르지 않다. 사람들은 대체로 휴대전화에서 첨단 기능을 중시하지만 어떤 사람에게는 냉장고처럼 그 공헌도가 제대로 인식되지 않았을 뿐 훨씬 유용한 기능이 있다. 가령 어떤 모임의 총무나 간사를 맡은 사람에게 문자 메시지를 여러 사람에게 동시에 보낼 수 있다는 편리함이야말로 다른 무엇과도 비교할 수 없으리라(내 처지에서는 오히려 쓸데없는 메시지가 많이 와서 귀찮다). 이처럼 나에게도 남들의 인식과 상관없이 내게 꼭 필요한 휴대전화 기능이 한 가지 있다. 바로 플래시이다.

플래시는 전깃불을 쓰는 도시에서는 거의 쓸 일이 없다. 생존배낭 물품 목록에나 들어가는 물건이다. 플래시가 내게 중요한 존재로 인식된 것은 최전방 철책선에서였다. 야간에 참호에 투입할 소대원들의 군장과 실탄을 점검하거나, 새벽에 비무장지대에서 매복을 마치고 나오는 수색대원을 맞을 때 신호용으로 쓴 필수 장비였다. 민간용 플래시는 일자형인데 군용은 왜 기역자 모양인지도 그때 알았다. 플래시를 상의 주머니나 탄띠에 꽂음으로써 전방을 비추면서도 두 손으로 소총을 다룰 수 있다. 또 팔을 옆으로 쭉 뻗어 전방을 비춤으로써 적이 플래시 불빛을 겨냥하고 쏜 탄환이 내 몸통이 아니라 손끝으로 향하게 한다.

전역한 뒤로 잊고 지냈던 플래시가 다시 내 생활 속으로 들어온 때는 20년 전 서울을 떠나 산속에서 살게 되면서부터이다. 숲속의 빈터에 집을 짓고 보니 플래시가 꼭 필요했다. 그런데 시중에서 파는 플래시는 툭하면 배터리가 다 되거나 필라멘트가 끊겼다. 고장 원인을 모르는 경우도 많았다. 랜턴으로 바꾸어 보았지만 똑같았다. 게다가 랜턴은 기기나 배터리 값이 만만치 않

수집가의 철학

고 들고 다니기도 불편했다. 10년 남짓에 못쓰게 된 플래시나 랜턴이 스무 개는 족히 된다. 당장 플래시가 필요한데 불이 안 들어오면 양초를 쓸 수밖에 없었다.

그러던 어느 날 새로 산 국산 휴대전화에 반짝 불이 들어왔다. 오유차사재烏有此事哉! 세상에 이런 일이! 플래시 기능이었다. 집주인은 나이가 들어 시력이 떨어지고 밤눈도 어두워졌는데 손보고 살필 곳은 너무 많은 곳, 서울에서 멀지 않은데도 태백산맥처럼 깊은 산속이어서 달이 휘영청 밝을 때만 물체를 식별할 수 있는 곳, 온갖 길짐승 날짐승이 다 무언가를 호시탐탐 노리는 곳. 그런 데서 사는 내가 예기치 못한 일이 닥쳐도 곧바로 주머니에서 꺼내 대응할 플래시를 갖게 되었다. 가볍고, 배터리를 갈거나 망가질 일도 없는.

그뿐이랴. 마을에서 우리집까지 산길 2.5km는 가로등 없는 외길이다. 한쪽은 산비탈이고 한쪽은 계곡이다. 겨울밤 눈길 위에 장애물이 있거나 타이어에 체인을 감아야 할 경우 휴대전화 플래시는 아주 유용하다(노키아가 1997년 1100**(48쪽 사진)** 모델에 처음 플래시 기능을 장착한 것은 바로 이보다 더한 핀란드의 자연환경 때문이리라). 특히 밤에 귀가해 살림집에서 300m 떨어진 숲속의 대문 앞에 섰을 때 가장 진가를 발휘한다. 번호 자물쇠를 열 때 불빛을 비춰 숫자를 돌릴 수 있으니 그 얼마나 고마운가. 그런데 요즘 들어 아내가 휴대전화 플래시를 색다른 용도로 쓰기 시작했다.

얼마 전 늦게 귀가한 날, 대문을 지나 언덕을 오르니 멀리 집 앞에서 하얀 불빛이 빙글빙글 돌고 있었다. 그렇잖아도 가끔 귀

카메라 대신 라디오와 플래시

노키아 1100이 최다 판매
기록(2억5천만 대)을 세운 것은,
싼값(50달러)과 거친 자연 환경에서
조난에 대비하게끔 한 실용성 덕분이다.

곡산장이라는 농莊을 듣는데, 아닌 밤중에 저 불빛은? 더 잘 보려고 전조등을 끈 순간 불현듯 40년도 넘은 일이 떠올랐다. 최전방에 배치된 보병 소대장 12명이 완전군장을 하고 속리산 말티고개보다 더 가파르고 굽이가 많다는 연천 다라미고개를 올랐다. 칠흑 같은 밤에 숨을 몰아쉬며 고갯마루에 다다르자 우리는 정수리가 쭈뼛함을 느끼면서 외마디 소리를 내질렀다. 희푸르스레한 아기 주먹 크기 불덩어리들이 우리를 에워싸고 달려들 듯이 휙휙 날아다녔다. 아찔함에 얼이 빠질 지경이었다.

귀린鬼燐! 말로만 들었던 도깨비불이었다. 하지만 우리는 금세 비산飛散했던 혼백魂魄을 추슬렀다. 총이 있었고, 고개 아래서 포대장(포병 지휘관)한테 얻어먹은 막걸리의 술기운도 거나했

수집가의 철학

다. 누구는 연신 떠벌였고, 누구는 웃옷을 벗고 땀을 닦으며 느긋하게 주변을 감상했다. 나도 말이나 글로 형언하기 어려운 그 몽환적인 광경을 내 해마에 각인하려 애썼다. 느닷없이 맞닥뜨린 혼불의 군무群舞! 헛된 공상도 아니고 연출되지도 않은 그 자연의 퍼포먼스는 평생 한 번 경험하기 어려운 '진짜 환상幻想'이었다.

44년 전 기억에서 깨어나 찬찬히 살펴보니 불빛 원무圓舞는 마중 나온 아내가 스마트폰 플래시 기능으로 연출한 쥐불놀이였다. 나는 잠시 멈추어 고요한 밤의 공연을 감상했다. 내 시크릿 가든에서 가장 아름다운 밤풍경이라고 할 반딧불이 군무群舞는 여름 한때만 볼 수 있는데, 그 못지않은 아내의 불놀이는 그 뒤로 내가 야근할 때마다 열리는 밤 공연으로 자리매김했다. 가끔 막내딸이 가세하면 불놀이는 듀엣으로 연출되는 환상적인 형광 리본체조가 된다. 그것은 내가 홍진紅塵의 명리名利를 털고 안식처에 들었음을 알리는 시그널이다.

단언컨대 내 산거山居의 밤에 스마트폰에서 제일 쓸모 있는 것은 수백 기가바이트가 받쳐주는 첨단 기능이 아니라 호모 사피엔스 시절부터 인류가 밤마다 제일 필요로 했던 한 줄기 불빛이다. (2017.10.23.)

칼과 도끼와 한국인

'추운 겨울 밤 늦게까지 일을 마친 후 돌처럼 무거운 몸으로 잠
자리에 들었다. … 전화 벨이 울렸다. 12시 반이었는데 일어날 수
밖에 없었다. … "약방이죠?" 술 취한 굵은 목소리였다. 우리집에
걸려오는 전화의 태반이 이렇게 잘못 걸려오는 것이다. 하루에도
몇 번이나 틀린 전화를 받는다. "식모를 구합니까"라는 전화가 가
장 많은데 우리는 한 번도 이런 광고를 낸 적이 없었다. 그래서 잠
을 잘 때는 전화기를 빼놓자고까지 생각했다. …'

한국 이름 박대인朴大仁. 감리교 신학대학 교수였던 에드워드
포이트라스가 1972년에 펴낸 수필집 〈감과 겨울과 한국인〉에 나
오는 글이다. 1960, 1970년대는 외국인이 우리를 어떻게 볼까 신
경을 많이 쓰던 시절이었다. 불고기와 김치를 맛있다고 하면 친
근하게 느끼고, 가을 하늘이 참 높고 푸르다고 하면 감동했다.
글 제목을 '전화 노이로제'라고 했을 정도로 박대인씨가 짜증이
많이 났었다는 사실이 미안하고 부끄러우면서도 한편으로는 우
리가 겪은 일을 외국인도 똑같이 겪었다는 사실이 신기하고 재
미있었다.

사실 점잖은 신학자가 그 다음 일을 마저 쓰지 않아서 그렇
지 한밤중에 그를 깨운 사람들은 잘못 걸었다고 알려주자마자
아무 말도 없이 전화를 끊었을 것이다. 적반하장 격으로 투덜댄
주정뱅이도 있었으리라. 교도통신 한국 특파원을 하면서 1982
년 〈한국인 당신은 누구인가〉라는 책을 펴낸 구로다 가쓰히로黑
田勝弘는 이런 무례함을 대놓고 비판했다.

수집가의 철학

'… 그런데 이유야 어쨌거나 잘못 걸려온 전화를 받았을 때 상대가 '죄송합니다'라고 말하는 경우는 드물다. 가령 불쑥 '○○○?'라며 사람 이름이 튀어나와 이쪽에서 '아닙니다' '잘못 걸렸습니다'라고 말하면 한마디 인사도 없이 찰칵 하고 만다.' ('인사에 인색한 한국인'에서)

구로다는 그래도 한국인의 감정을 고려해서 '찰칵'이라고 부드럽게 표현했지만, 사실은 '툭' 끊어버렸다는 말이다. 혈기 왕성하던 때 나는 그 같은 일을 참지 못했다. 1970년대 말인가 1980년대 초인가, 어느 날 내가 전화를 받자 상대는 다짜고짜 "칼입니까"라고 물었다. 난데없는 질문에 얼른 대답하지 못하자 상대는 잘못 걸었다는 사실을 알아차리고 툭 끊었다. 같은 전화를 몇 번 더 받고서야 비로소 칼(刀·劍)이 아니라 KAL(대한항공)임을 알아차렸다. 칼을 찾는 사람들은 한결같이 이쪽에서 잘못 걸렸다고 알려주면 그냥 끊었다.

때르릉 … "칼입니까?" "잘못 거셨습니다." 툭!

때르릉 … "칼이죠?" "잘못 거셨는데요." 툭!

하루에도 몇 번씩 화가 치밀었다. 좋다, 눈에는 눈으로!

때르릉 … "칼입니까?" "도낍니다." 툭!

때르릉 … "칼인교?" "도끼라예." 툭!

물론 이 경우의 '툭!'은 상대가 아니라 내가 끊는 소리였다. 소프라노에게는 소프라노로, 베이스에게는 베이스로, 사투리에는 사투리로 응대했다. 한창 바쁠 때 칼을 찾으면 다급한 나머지 상대의 말을 잘랐다.

때르릉 … "칼" "도끼" 툭!

그런데 이 무슨 얄궂은 운명의 장난인지 내 수난은 거기서 끝나지 않았다.

때르릉 … "오이씹니까?" "네? 뭐라고요?" 툭!

몇 번 겪고서야 오이씨를 알아들었다. 에라 오이씨든 호박씨든 여긴 종묘회사가 아니니 내 알 바 아니고. 어쨌든 툭 툭 끊는 저 버르장머리를 그냥 넘길 수는 없지.

때르릉 … "오이씹니까?" "수박씹니다." 툭!

때르릉 … "오이씨요?" "수박씨야요." 툭!

때르릉 … "거게가 … 데머사니 … 오이씹네까?" "내레 …거저 … 수박씹네다." 툭!

때르릉 … "오이" "수박" 툭!

경남관광·대한여객 등 한자 일색이던 시절 OEC관광이라는 색다른 이름을 내건 관광회사가 생긴 사실은, 사무실에서 몇 차례 폭소가 터진 뒤에야 누군가의 귀띔으로 알게 되었다. 사람들이 많이 거는 전화번호와 내 전화번호 일곱 숫자 중에 여섯 개가 같고 하나만 다르면 이런 수난을 겪을 확률이 높다. 내가 겪은 것 중에서는 어느 할머니 한 분이 두어 주일에 한 번꼴로 걸었다가 끊기를 1년 넘게 되풀이한 것이 최다·최장 기록이다.

나이가 들어 예전보다 친절해진 요즘은 잘못 걸려온 전화를 받으면 그 사실을 알려주고 얼른 '몇 번에 거셨어요?'라고 묻는다. 상대가 버튼을 잘못 누른 것이 아니라면, 내 번호로 계속 잘못 거는 일을 막고자 함이다. 그러나 '0000번에 걸었는데요'라고 답하는 사람은 열에 서넛이다. 나머지는 그냥 툭 끊는다. 거기서만 끝나도 좋겠다. 끊었던 사람은 거의가 다시 거는데, 내가 '여

수집가의 철학

보세요' 하면 내 목소리를 알아듣고는 또 끊는다. 정말 약이 오른다. 드문 일이지만 10초쯤 지나 또 걸려오면 언성을 높일 수밖에.

"주여, 저들을 용서해야 합니까? 저들이 진정 자기가 무슨 짓을 하는지 모르는 겁니까?" (2008.12.1.)

"한국에도 꽃이 핍니까?"

1984년 백목련이 흐드러지게 핀 날 경복궁에 있던 국립중앙박물관으로 최순우 관장을 방문해 한 시간쯤 이야기를 나누었다(**55쪽 사진**). 혜곡兮谷 선생이 1969년 〈독서신문〉에 한국의 미에 대한 글을 연재할 때부터 그의 글을 애독한 나로서는 벼르고 벼르던 만남이었다. 그런데 병색이 완연했던 모습을 뵌 지 얼마 안 되어 선생이 돌아가셨다. 그와 공식으로 만난 사람으로서는 내가 마지막이 된 셈이다.

하얀 커튼으로 비껴드는 햇빛을 창가의 달항아리가 엷게 받아내는 고즈넉한 방. 거기서 그 이와 잔잔히 나눈 대화들을 그래서 더 애틋하게 간직하고 있다. 그 날 혜곡 선생이 한 말은 그가 달항아리라고 부른 조선 백자가 주를 이루었지만, 다른 얘기 중에 가히 충격적이라고 할 만한 것이 있다. 1979~1981년 그가 주도한 '한국 미술 5천년' 미국 순회 전시 얘기였다. 미국에서 한 할머니가 한국에도 꽃이 피느냐고 물었다는 것이다.

믿기지 않았다. 그렇게 무지할 수가 있을까. 그러나 찬찬히 생각해본즉 일등 국가 시민으로서 전쟁과 고아라는 이미지밖에 없는 한국을 그렇게 볼 수도 있었겠다. 한국을 방문한 외국인은 하늘이 푸르다는 얘기밖에 할 것이 없고, 나라 밖에서 우리 문화를 알리는 것이라곤 리틀엔젤스의 부채춤뿐이었다. 학자들조차 우리 문화를 중국의 일부이거나 일본의 아류로 아는데, 평범한 할머니가 한국을 자기네 알래스카 주보다 못하다고 본들 이상할 것 없다. 절대로 밖으로 내보낼 수 없는 국보들을 오랜 기간

수집가의 철학

듣는 이가 한 사람뿐이어도 개의치 않고
대중에게 한국의 아름다움을 처음으로 널리 인식시킨 최순우 선생(사진 오른쪽)은
나를 만난 날도 마치 청중을 앞에 둔 듯 한국미에 대한 듬뿍한 애정을 정연한 논리에
조곤조곤 담아냈다.

대륙을 횡단하며 전시한 것이 만시지탄의 승부수이자 안쓰러운
카드였음을 증명한 말 아닌가. 다행히 그 전시는 중국·일본과
다른 한국 문화의 독특함과 찬란함을 서양인의 뇌리에 각인한
대사건이 되었다.

얼마 전 우리 박물관을 찾은 분은 독특한 아이디어로 한국
을 알리고 있었다. 그 이는 1960년대 5원짜리 동전을 명함에 붙
여 사업 관계로 만나는 외국인에게 준다고 했다. 빨간 다이얼식
공중전화를 거는 데 쓰였던 그 동전에는 거북선이 정교하게 돋
을새김되어 있다. 받는 사람마다 훌륭한 기념품이라며 무척 기
뻐한다는 것이 그의 자랑이었다. 첫 만남에서 화젯거리를 제공
해 자기를 기억하게 한다. 또 세계 최초로 만든 철갑선을 통해

조선시대 과학기술을 설명하면 자기 사업체의 기술이 뛰어남을 은근히 알리는 효과도 있다고 했다.

국보를 싸들고 가서 보여주고 개인이 애써서 설명해야 하리만큼 우리의 역사와 문화는 세계에 잘 알려져 있지 않다. 세계 최초 금속활자도, 최고 수준 청자도 알아주는 이가 드물다. 어떤 나라 교과서에 실린 한국 소개 사진이 1960년대 지게꾼이거나, 지도에 중국의 일부로 표시된 일도 있었다. 금속활자나 청자가 다 세상의 동쪽 끝(극동) 작은 나라에서만 쓰였으니 남들이 몰라노 어쩔 도리가 없었다. 그런데 이제 우리가 세상의 눈을 바꾸었다. 우리가 내세우지 않아도 세계가 먼저 1등이라고 알아주는 물건을 만들었다. 더구나 세상 누구나가 다 쓰므로 역사에 인류의 문화유산으로 기록될 수도 있다. 우리가 1등이니 가장 한국적인 것이요, 세계인이 보편적으로 쓰니 가장 세계적인 것, 바로 휴대전화이다.

그런데도 휴대전화를 모으러 다닐 때 나는 '그까짓 것 뭐하러 모으느냐'는 말을 많이 들었다. 한두 해 쓰다가 버리는 흔해 빠진 것, 나온 지 20년도 안된 것을 수집할 가치가 있느냐는 말을 자주 듣다 보니 이 수집품으로 박물관 인정을 받을 수 있을지 자신이 없어졌다. 심사위원회가 인정하는 유물 100가지 이상이 통과되어야 제1종 전문 박물관 등록 자격을 얻는데, 박물관 유물이라면 일단 50년은 넘어야 한다는 것이 사회 통념이었다. 결국 100년 넘은 통신기기와 유선전화기를 위주로 초기 휴대전화 20점을 더해 140점을 심사 대상으로 신청했다.

그 일로 나는 우리나라 사람들이 아주 오래된 것과 전통 문

수집가의 철학

화와 관련된 유물만 박물관에 전시할 가치가 있다고 본다는 사실을 깨달았다. 산업고고학이라는 학문을 1970년대부터 발전시켜온 서양의 인식은 그렇지 않다. 석기시대 사람을 알려면 오스트랄로피테쿠스 화석을 조사해야 하듯이, 현대인을 이해하려면 메소포타미아의 점토판이 아니라 산업혁명 이후 기계들부터 알아야 한다는 것이 저들의 인식이다. 1978년 열일곱 나라가 모여 공장과 철도, 광산과 갑문 등 산업혁명 이후 유산을 보존하기 위한 산업유산보존위원회를 만들었다. 하룻밤 사이에 옛것이 새것에 밀려나고 있다는 위기의식에서 선진국 산업 박물관들은 18세기부터 오늘날까지 생산된 모든 발명품과 생활용품을 모으고 지키느라 열심이다.

1983년 이후 25년간 미국인의 삶을 가장 크게 바꾼 것은 휴대전화였다(2007년 〈USA Today〉 조사). 어느 나라를 조사했어도 결과는 비슷했으리라. 20세기 후반기 이후의 산업 유산 1호인 셈이다. 그런데도 우리는 그까짓 것 왜 모으느냐고 한다. 그까짓 것 하는 사이에 없어진 것이 한둘이 아니다. 1969년에 나온 다이얼식 빨간 공중전화 1호(**58쪽 왼쪽 사진**)는 전국에 한두 대뿐이다. 핑크색 탁상용 공중전화는 2대. 나머지는 모두 고철로 사라졌다. 어딘가에 한둘쯤 더 있을 수는 있겠지만, 천 년 전 유물이 넘쳐나는 이 땅에서 40년도 안 된 유물은 이렇듯 희귀하다. 실제로 광복 이후 산업 유산 가운데 보존해야 할 가치가 있는 유물의 45%가 이미 세상에 남아 있지 않다. 이런 상황이 개선되지 않는다면 지금 우리가 살고 있는 이 시대는 역사에서 공백기가 될 수도 있다. 천 년 뒤 우리 후손들이 2천 년 전 조상의 생활

자세히 보면 다르지요

위 왼쪽 사진 원 안이 국산 공중전화 1호이고, 위 오른쪽 사진이 2호이다

상은 알면서 천 년 전 조상의 생활상은 모르는 일이 벌어질 수도 있다는 말이다.

200년밖에 안 된 나라 사람이 반만 년 한국을 향해 그 나라에도 꽃이 피느냐고 물었다. 애써 꽃피운 문화를 후대에 잘 전하고 있는지 물은 것이라면 절대로 잘못된 질문이 아니다. (2008.12.6.)

테제베 응어리를 풀다

우리 박물관은 내가 플라워 스푼Flower Spoon(60쪽 사진)이라고 이름 붙인 유선 전화기를 전시하고 있다. 1895년 파리에서 만들어진 것이다. 옛날 유선 전화기를 디자인으로 분류하자면, 네모 상자와 촛대 모양이 주류인 미국 전화기에 비해 유럽 전화기는 디자인이 다양하고 아름답다. 유럽 전화기의 대표는 중후하고 고전적인 멋이 넘치는 스웨덴과, 프렌치 스타일이라는 수식어가 붙을 정도로 날씬하고 세련된 감각을 자랑하는 프랑스이다.

플라워 스푼은, 활짝 핀 꽃이 받침대에서 솟은 꽃대 위에 얹혀 있고, 양옆에 숟가락 모양 리시버가 하나씩 달려 있다. 언뜻 보면 전화기인 줄 모를 정도로 특이한 디자인이다. 프렌치 스타일 중에서도 디자인과 희귀성이 단연 돋보이는 플라워 스푼은 프랑스인들이 좋은 시절(la belle epoque)이라고 부르는 20세기 초엽 파리 상류층에서 쓰였다.

리시버가 2개인 것은, 1890년대에 유행했던 마더 인 로mother-in-law 스타일이기 때문이다. 그때는 전화기가 발명된 지 15년이 지나 관공서와 공공기관뿐 아니라 일반인(상류층)에까지 보급되던 시기이다. 전화기에 얽힌 사건과 사연이 생겨나기 시작한 것도 당연한 이치. 아마도 세상은 전화기를 쓸 수 있는 계층과 전화기를 쓸 수 없는 계층으로 나눌 수 있다는 말이 회자되었을지도 모른다. 이처럼 전화가 귀할 때이니, 누가 전화를 받을 때 옆에 있는 사람으로서는 자기도 상대의 말을 듣고 싶어 근질근질했을 것이 뻔하다. 그래서 수화기를 하나 더 만들어 한 사람이

사립 폰빅물관 진시품 ⓒ

'나도 어떤 소리인지 들어봤으면…'
이런 소원을 풀어줄 수화기를 하나
더 갖춘 '장모님' 전화기. 타인에
대한 배려가 돋보인다.

더 들을 수 있도록 한 것이다.

　수화기가 2개인 까닭. 여기까지는 누구나 추론이 가능하다. 그런데 왜 생뚱하게 '장모님(시어머니) 전화기'라고 불렀을까. 그 사유를 밝히는 전거典據를 찾으려고 애썼지만 어디에서도 찾을 수 없었다. 그렇다면, 우스갯소리이기는 하지만 문창살을 보고 한글 글자꼴을 떠올렸다는 한민족의 뛰어난 상상력을 동원하는 수밖에. 마침내 그럴듯한 해몽이 탄생했다. '우리나라와 반대로 서양에서는 사위와 장모 사이가 껄끄럽다. 그래서 사위가 다른 여자와 전화할 때 장모가 함께 들으면서 딴짓을 하는지 감시하는 용도였다.' 지나친 억측? 아니다. 서양인의 유머 감각이라면 충분히 나올 수 있는 작명이다. 이 해석은 자못 대견했다. 날

　　　　　　　　　　　　　　수집가의 철학

이 갈수록 확신이 생겼다. 나는 확실한 근거를 가지고 설명해야 하는 본분도 잊은 채 관람객에게 나의 해석을 전파했다.

마침내 심판의 날이 왔다. 지난 10월 초순 파란 눈의 청춘 남녀가 박물관에 왔다. 프랑스인이었다. 그들은 찬찬히 둘러보다가 내가 플라워 스푼을 가리키며 프랑스의 장모님 전화기라고 하자 반색을 했다. 내가 조심조심 별칭의 사연을 아느냐고 묻자, 오 하느님! 그들 입에서도 내 해몽과 똑같은 말이 나왔다. 그뿐만이 아니었다. 그들은, 알고는 있었지만 실물은 처음 본다, 여기까지 와서 이 전화기를 보게 될 줄은 몰랐다면서 나보다 더 즐거워했다.

오래 전 프랑스인들은 테제베TGV(Train à Grande Vitesse)라고 불리는 그들의 고속철도 기술로 우리나라의 고속철도 사업에 참여하려고 달콤한 제안을 했다. 그들의 선조가 병인양요를 일으키며 강화도에서 약탈해간 우리 국보급 고문헌을 돌려주겠다는 것. 하지만 프랑스 대통령이 한국 대통령에게 분명히 약속하고서도 그들은 돈만 벌어가고 유물은 돌려주지 않았다. 박물관 여직원이 못 내놓겠다고 울고불고 버텨서 미테랑 대통령도 어쩔 수 없었다는 핑계였다. 이 사건은 한국인 가슴에 지울 수 없는 응어리를 남겼다. 그때만 해도 우리는 그 일을 반전시킬 힘이 없었다. 강대국인 저들에게 똑같은 식으로 갚아줄 희망도 가질 수 없었다. 그래서 더 슬펐다.

세월이 흘러 2008년. 파리에는 서울 못지않게 휴대전화 판매점이 많다. 샹젤리제의 매장들은 서울보다 훨씬 크고 화려하다. 그런데 스무 군데 넘게 둘러보아도 거기에는 프랑스제 휴대전화가 없다. 얼마 전까지 세계 10위 안에 들었던 알카텔이나 싸젬은 아무리 찾아도 보이지 않는다. 진열된 제품의 절반은 삼성과 LG, 나머지는 노키아·소니에릭슨·모토로라와 기타 등등. 거리 풍경도 다르지 않다. 사람들이 든 휴대전화에서 한국산 로고를 확인하기란 어렵지 않다. 광고판도 삼성전자와 LG전자가 압도적으로 많다.

프랑스에는 남의 나라에서 가져온 미술품이 많다. 프랑스는 그것이 한 나라의 것이 아니라 인류 전체의 미술품과 문화유산이라고 우기면서 민족과 국가를 초월해 자기네 미술관과 박물관에 전시하기를 고집한다. 그들은 세계주의를 내세웠지만, 파리가 세계 문화의 중심지가 되어야 한다는 도도함 자체가 국가주의가 아니고 무엇이랴.

그렇다면 나도 나름의 국가주의를 가져보는 것이 어떨까. 프랑스의 문화유산인 100여 년 전 유선 전화기를 그 나라 젊은이들은 우리나라에 와서야 보았다. 미래의 세계 문화유산인 한국산 고가高價 휴대전화는 프랑스인들의 마음을 사로잡았다. 그 정도 가지고 테제베의 응어리를 풀기에는 당장은 성에 차지 않는다. 그러나 확신한다. 20세기와 21세기의 인류 문명을 대표하는 휴대전화만큼은 파리가 소유할 수 없을 것이다. 그리고 한국산 휴대전화에 자기들의 커뮤니케이션을 전적으로 의존할 것이다. 전세계를 통틀어 하나뿐인 휴대전화 박물관을 운영하는 사람으로서 새삼 다져보는 결기요 비전이다. (2008.11.16.)

수집가의 철학

2장

수집에 바친
시간, 노력
그리고 작전

"용태 없다, 아침에 나갔다!"

\# 5.

慈母手中線　游子身上衣　자모수중선　유자신상의
臨行密密縫　意恐遲遲歸　임행밀밀봉　의공지지귀
誰言寸草心　報得三春暉　수언촌초심　보득삼춘휘

어머님 매만지던 한 올 한 올이
이 몸이 입고 나선 옷이 되었소
떠나기 전 바느질 한 땀 한 땀에
늦을까 염려하심 담겼습니다
누구라 풀잎 같은 효심 가지고
햇살 같은 저 은혜 갚는다 하랴 (필자 졸역)

당나라 시인 맹교가 지은 〈유자음游子吟〉이다. 이미 반백이
넘어서도 사무치는 어머니의 은혜를 못 잊어 지은 시인데, 그 시
절의 풍속이 배경에 깔려 있다. 어느 집이고 남정네가 먼 길을
떠나면 어머니나 아내가 옷을 짓는데, 바느질에 꼼꼼함과 정성
이 담기지 않으면 길 떠난 사람이 늦게 돌아온다고 믿었다. 한
땀 한 땀 정성이 밴 옷을 입고 집을 나섰던 방랑객 시절을 떠올
리며, 봄날 햇살 같은 어머니의 자애로움을 추억한 시다.

　한낱 여우도 죽을 때 저 살던 굴 쪽으로 머리를 돌린다는데,
나이 들어 어린 시절과 어머니를 그리는 사람이 어찌 맹교뿐이
랴. 2009년 새해. 어느덧 망백望百(91세)에 접어든 아버지와 여든

일곱 되신 어머니가 몹시 그리웠다. 11년 전 미국으로 이민 가신 두 분이 별일 없이 지낸다고는 하지만, 예순인 내가 이처럼 간절하니 두 분 심정은 어떠할까. 해가 바뀌는 어간에 마음이 어수선하기에 나름으로 〈유자음〉을 번역하며 마음을 달랬다. 그러나 미진했다. 일에 집중하지 못하고, 어렸을 적 어머니가 가끔 들려주셨던 〈오카아상〉이라는 노래가 자꾸 흥얼거려졌다. 휴대전화를 들었다. 뚜루루 뚜루루-

"예-, 누구세요?"

"어머니 저예요."

"오- 그래!"

"어머니, 저… 옛날에 자주 부르셨던 〈오카아상〉이란 노래 좀 불러 주세요."

"뚱딴지같이 웬 노래를…"

어머니는 조금 당황하셨지만 곧 목청을 가다듬으셨다.

"오카아상 오카아상 오카아상테바 오카아상 おかあさん おかあさん おかあさんてば おかあさん ♬♪

난노 고요우와 나이게레도 なんの ごようは ないげれど ♩

난다카 요비타이 오카아상 なんだか よびたい おかあさん ♪♩"

처녀 적에 전화 교환수로 일하신 어머니의 목소리는 아직 맑았다. 한 번 더 불러달라고 했다. 웃더니 또 부르셨다.

"제가 한번 불러볼 테니 음정이 맞나 보세요."

괜히 쑥스러워서 이렇게 말하고 나도 불렀다.

광복을 맞은 지 꽤 되었지만 우리 부모 세대는 어려서부터 배운 말이 몸에 배어 이따금 일본말을 쓰셨다. 하기는 나도 '벤또'

말고 '도시락'이라는 우리말이 있다는 것을 중학교 들어갈 때쯤 알았을 정도로 사회 전체에 일본말의 잔재가 많던 시절이었다. 일본어가 우리말로 바뀌어도 노랫말은 따로 번역하지 않는 한 배운 대로 부를 수밖에 없다. 〈오카아상〉은 우리나라로 치자면 〈산토끼〉같이 아주 어린 아이들이 부르는 동요이다.

'엄마 엄마, 저- 말이에요, 엄마

아무 일 없지만 왠지 불러보고 싶어요, 엄마.'

노랫말 뜻은 이러한데 글자 수가 멜로디와 딱 들어맞지 않는 탓에 〈유자음〉을 번역하기보다 더 어렵다. 사실 어머니 육성을 그대로 간직하려면 원어로 기억하는 편이 더 낫다.

거의 50년이 넘어 모자 사이에 불러본 노래였다. 어머니와 나는 오랜 세월 불편한 관계였다. 그러나 아무 내색도 않은 채 이 노래를 부르고, 잠시 안부를 주고받은 뒤 통화를 끝냈다. 그렇지만 마음속으로는 이런 말을 주고받은 것 같다.

"싱거운 녀석 같으니…, 그걸 여태 기억하고 있었어?"

"왜 그러세요. 얼마나 불러보고 싶었다고요."

태평양을 사이에 두고 50년 전 동요를 함께 부를 수 있다니! 편지로는 아무리 잘 써도 그처럼 코끝을 찡하게 할 수 없다. 아! 전화여, 전화의 고마움이여.

#4.

내가 지금 박물관 터에 처음 집을 지은 13년 전(1996년), 이 곳에는 유선 전화밖에 없었다. 여의도에서 100km밖에 안 되는 데도 산골짜기를 몇 굽이 돌아든 숲속이어서 휴대전화가 통하지 않았다. 아무도 없는 산속에 집을 짓고 지내자니 불편한 점이 한둘이 아니었지만 특히 전화 때문에 애를 많이 먹었다. 전원생활을 한답시고 한나절 밭을 일구다 보면 전화가 몇 통씩 걸려 왔다. 워낙 새소리와 바람 소리 밖에 없는 곳이어서 50m쯤 떨어진 밭에서도 벨소리가 잘 들렸다. 그때마다 나는 들고 있던 것을 내동댕이치고 달려야 했다.

학창 시절에 100m 달리기 하듯이 냅다 뛰어가 건물 밖으로 난 이층 계단을 두 칸씩 뛰어올랐다. 신발도 못 벗고 방에 뛰어들어 수화기를 들지만, 기다렸다는 듯이 벨 소리가 딱 그친다. 밭에서 뛰어오는 거리가 벨 소리 열 번 울리는 동안의 거리였다. 전화를 거는 사람은 예외 없이 벨이 열 번 울리면 끊었다. 그 때가 내가 수화기를 드는 순간과 거의 일치했다. 어떤 때는 세이프, 어떤 때는 아웃! 야구에서 타자가 유격수 앞으로 땅볼을 보내고 전력질주해 1루에 닿는 시각과 유격수가 송구한 공이 1루수 글러브에 들어가는 시각이 간발의 차라고 하는데, 내 경우가 딱 그랬다. 그나마 3할대 타자라는 것이 위안이었다.

하루에 몇 번씩 나는 타석(밭)에서 1루(이층)까지 전력으로 질주했다. 40대 후반에 하는 단거리 질주는 너무 힘들었다. 요행으로 세이프되어도 "네" 소리 한번 하고 한참 동안 숨을 몰아쉬고 나서야 겨우 상대와 말을 나눌 수 있었다. 그것은 유격훈련장에서 신물 나게 받았던 선착순 기합의 새 버전이었다. 그런데 더 얄미운 것은, 그렇게 해서 받은 전화의 절반이 잘못 걸려온 전화였다는 점이다.

그렇게 지내다가 우리나라에 막 선보인 수입품 무선 전화기를 샀다. 유선 전화 본체에 수화기가 2개 딸렸다. 수화기 하나를 들고 나가면 방안의 전화기에서 1km 떨어진 곳에서도 통화가 되었다(나중에 알게 되었지만, 가정용 시티폰(CT-1$^+$)이었다). 신통했다. 한동안 뙬 일이 없어서 심심할 정도였다. 그러나 행복은 잠시. 기계가 워낙 민감해서 툭하면 고장이 났다. 그러다가 끝내 번개를 맞아서 망가지고 말았다.

그런 우여곡절 끝에 SKT 휴대전화 기지국이 들어선 때가 5년 전이다. 전화에 관한 한 지금은 서울 한복판에 사는 듯 불편함이 없다. 0.1초의 승부욕을 자극할 기회가 없는 것이 좀 아쉬울 뿐이다.

3.

1992년 가을 무박無泊 등산 붐이 일었을 때다. 원거리 등산은 엄두도 못 낼 신문기자가 그 덕분에 고등학교 동창들과 설악산으로 떠났다. 퇴근 후 광화문에서 관광버스를 타고 다음날 새벽 오색약수에 도착해 오전에 대청봉에 올랐다. 거기까지는 순조로웠다. 그런데 하산길에서 몇 명이 처졌다. 익숙지 않은 무박산행이어서 그랬던 것 같다. 귀경길이 예정보다 몇 시간이나 늦어진 데다 날씨까지 돌변했다. 집사람이 걱정할 것이 뻔했다. 모두가 버스 안에서 근심 어린 표정을 짓고 있었다. 그때 사업을 하는 서우택 군이 품안에서 시커먼 전화기를 꺼내들었다.

"어- 당신이오? 그래 난데, 여기서 좀 늦게 출발했으니까 걱정하지 말아요. … 그래. … 어쩌고저쩌고…"

'아, 저게 휴대전화로구나! 모두가 부러운 눈길로 서군을 바

수집가의 철학

라보았다. 모두가 경우 바른 서울깍쟁이들이어서 아무도 전화 빌려 달라는 말을 못했다. 전화 요금이 좀 비쌀까. 내가 빌리면 너도나도 다 그럴 텐데. 모두 망설망설, 그렇게 생각하는 것 같았다. 그때 한 친구가 용감하게 전화를 빌리자고 말했다. 서군은 선뜻 전화기를 건넸다. 시커먼 파나소닉 아날로그 휴대전화는 이 친구 저 친구 손을 돌며 무려 20여 통화를 해냈다. 지금으로 부터 17년 전이지만, 20년을 갓 넘긴 휴대전화 역사에서는 고조 선 시대쯤에 해당하는 일화이다.

2.

다른 것은 몰라도 공중전화 걸 동전은 꼭 넣고 다니던 대학 시절. 동전만 있으면 그런 대로 내가 아는 사람의 5분의 1 정도 와는 통화할 수 있었다. 그러나 고등학교 시절로 몇 년만 거슬러 올라가도 동전조차 필요 없었던 시절이 된다. 한일회담과 관련한 데모가 한창이던 1960년대 중반 고등학교 2학년 때였다. 어느 날 1,2,3 학년 1천2백여 명이 교정에서 한바탕 울분을 토한 뒤 정문 쪽으로 몰려갔다.

정문 앞에는 연로하신 서병성 교장 선생님이 당신을 밟고 가라며 땅바닥에 드러누우셨고, 철문 너머에는 벌써 종로경찰서 경찰들이 곤봉을 들고 기다리고 있었다. 우리는 일단 해산해 교실로 들어가는 척하다가 후문으로 달려갔다. 3학년 선배들이 문 옆에서 기다리고 있다가 까마귀떼처럼 몰려오는 학생들을 다섯 명씩 엮어 주었다. 우리는 학년 구분 없이 어깨동무를 하고 스크럼을 짠 채 후문을 통과했다. 우리가 비원 옆 원서동에서 종로 3가까지 뛰는 동안 경찰은 까맣게 몰랐다.

뒤늦게 트럭을 타고 달려온 경찰에게 피카디리 극장 앞에서 저지당했다. 맨주먹인 우리는 곤봉 앞에서 무기력했다. 경찰은 그 자리에 앉아 어깨를 걸고서 연좌 데모에 들어간 우리를 한 사람씩 끌어내 트럭 위에 내던졌다. 허를 찔렸다는 분함 때문인지 그들은 교복 입은 어린 학생을 험하게 다루었다. 앞의 몇 줄이 무너지자 우리는 모두 일어나 피맛골로 전찻길로 흩어졌다. 최루탄이 터지고 곤봉이 춤추는 곳을 벗어난 네댓 명이 전찻길 위를 내달리면서 정신없이 구호를 외쳤다. 백주 대낮에 뭇사람의 박수와 성원을 받으며 전찻길 위를 달리니 신바람이 날 지경이었다.

낙원시장을 지날 무렵 처지가 싹 바뀌었다. 어느 틈에 경찰이 쫓아오자 기세 좋던 각개약진各個躍進은 구차하게 목숨만 건지려는 구명도생救命圖生으로 바뀌었다. 수운회관 근처 어느 골목에서 우리는 다급한 나머지 남의 담장을 넘었다. 양옥집 마당에는 아담한 꽃밭이 있었는데, 마침 대학생 같아 보이는 누나가 거기 나와 있었다. 그 경황에도 잔잔한 꽃무늬가 하늘거리는 뽀뿌링(포플린) 원피스가 참 예뻤다. 그녀는 상냥하게 우리를 집 안으로 들인 뒤 현관문을 잠갔다. 그녀가 우리에게 냉수를 갖다 주려고 잠시 자리를 비웠을 때 누군가가 말했다.

"저 봐! 선풍기야!"

그러자 누군가가 더 크게 외쳤다.

"우와– 전화도 있어!"

1.

1964년 어느 일요일 친구를 찾아 미아리에 갔다. 고개 꼭대기 버스 정류장에서 내려 다시 가파른 등성이를 숨차게 올라간 곳. 기와지붕을 힘겹게 인 야트막한 집 앞에 멈추어 큰소리로 친구를 불렀다.

"용태야!"

'기다려, 얼른 나갈게' 하는 소리를 기대했는데, 담장 너머에서 들려온 말은 그렇지 않았다.

"용태 없다! 아침에 나갔다."

그것으로 끝이었다. 그 이상은 아무 일도 일어나지 않았다. 맥 풀린 다리로 비탈을 내려와 버스를 탔다. 타박타박 남산 기슭 필동에 돌아온 때는 집 떠난 지 두 시간이 훨씬 지나서였다. 지금 생각하면 어처구니없는 일이지만, 그때는 전화 있는 집이 손가락에 꼽힐 정도였으니 아무렇지도 않고 속상할 것도 없었다. 누구나 흔히 겪는 일, 일상이던 그 일이 이제는 일어나지 않는다. 그래서 그 맥 풀리던 일들이 그립기조차 하다. 아마도 나는 그 그리움을 모아서 전화기 박물관을 열었나 보다. (2008.11.)

그리움을 모아서 연 박물관

옛날 유선 전화기가 조밀하게 들어찬 이 공간에 홀로 서면 흡사 정情처럼 하냥 번져오는 그윽한 것이 있다. 전화가 없던 시절에 겪었던 가지가지 사연들을 회상하노라면 그 다다름의 끝은 하염없는 그리움이다.

수집가의 철학

유물은 수집가를 기다려 주지 않는다

2008년 이전에 내가 가장 많이 들은 질문은 '그까짓 쓰고 버리는 기계를 왜 모으느냐?'였다. 2008년 폰박물관을 연 이후 제일 많이 들은 말은 '왜 휴대전화를 모으게 되었는가? 휴대전화와 관련 있는 직업에 종사하셨나?'이다. 심지어 판매 대리점을 했느냐는 말도 들었다. 나는 기계와 거리가 먼 책상물림이다. 책여남은 권 쓰고, 기자 노릇으로 식구들을 먹여 살린 것이 정년 퇴직을 하기까지 내 전반기 인생이다.

나는 어려서부터 책읽기를 좋아했다. 특히 역사를 배경으로 한 책에 빠졌다. 초등학교 3, 4학년 때 어른용 〈삼국지〉와 펄 벅의 〈대지〉, 푸슈킨의 〈대위의 딸〉을 읽었다. 중학교 1학년 때 학년 전체 2등을 해서 받은 상금(300원)으로 책을 세 권 샀는데, 두 권이 '간추린' 시리즈 참고서이고 한 권이 제임스 쿠퍼가 쓴 〈모히칸족의 최후〉였다. 역사에서 문명으로, 문명에서 고고학으로 내 독서 편력이 옮겨간 때는 30대 초반이다. 그러다가 어찌어찌해서 고고학 책도 썼다. 1988년에 펴낸 〈발굴과 인양〉이다. 책읽기를 비롯해 내가 어려서부터 몸에 익힌 것들은 이제와 생각하니 박물관을 연 후반기 인생을 위한 것이었다. 나는 왜 휴대전화를 수집했고, 왜 나라에 기증했을까? 내가 가장 많이 받은 질문에 답하는 데서부터 짚어 보자.

1. 초등학교 4학년 때 혼자 덕수궁 석조전에 있던 국립박물관에 갔다. 교과서에서 사진으로 본 옛 유물들을 실제로 보니

너무나 신기했다. 그 뒤로 박물관을 자주 드나들었다.

#2. 초등학교 5학년 때 우표 수집을 시작했다. 우표를 테마별로 분류해 이렇게 꽂아보고 저렇게 꽂아보면서 요즘 말로 하자면 디스플레이를 하는 재미에 푹 빠졌다. 그때부터 뭐든 수집해 정리하는 것이 몸에 배었다.

#3. 1985년 〈리더스 다이제스트〉 11월호에 실린 여섯 쪽 기사가 고고학에 대한 내 패러다임을 바꾸었다. '기계 문명의 뿌리를 찾아서'라는 기사였는데, 산업혁명 이후의 기계 문명도 고대 왕릉에서 발굴된 유물처럼 인류의 문화유산이라는 점을 깨닫게 되었다. 글은 1958년 닐 코슨즈라는 영국 청년이 1709년에 건설된 세계 최초의 철교를 건넌 얘기로 시작된다. '하룻밤 사이에 옛날 것들이 새것들에 밀려나고 있는 상황'에서 젊은 역사학도가 산업 유물을 보존하는 첫걸음을 내디딤으로써 산업고고학 탄생에 일조를 하고 1978년 열일곱 나라를 모아 국제 산업유산 보존위원회를 탄생시킨 스토리이다.

위의 #1, #2, #3이 내가 휴대전화를 수집하게 된 간접 원인이자 밑바탕을 이루었다. 직접 원인은 2000년에 발생했다. 어느 날 문득 어떤 물건이 한동안 눈에 띄지 않고 있음을 깨달았다. 아내가 몇 년 전 썼던 아날로그 휴대전화였다. 워낙 휴대전화가 귀했던 시절의 유산이어서 차마 버리지 못했는데 이사를 여러 번 다니는 중에 사라져 버렸다. 내가 쓴 것은 아니지만 가끔 눈에 띌 때면 옛날 생각을 불러일으켰던 물건이어서 몹시 아쉬웠다.

아야로시(겨우) 짬을 내어 황학동 벼룩시장에 갔다. 하루 종

수집가의 철학

일 발품을 팔았는데도 그것과 똑같은 모델을 못 찾았다. 자칭 황학동의 중고 휴대전화 판매 원조라는 상인에게 물었다. "수백 년 전 것도 아닌데 왜 이렇게 구하기가 어렵습니까?" "모르세요? 중국 베트남에 수출하거나 부숴서 귀금속을 빼내니 남아 있을 리가 없지요."

아하! 그렇구나 하는 순간 내 기억력이 뇌의 해마에서 # 3을 끄집어냈다. '어럽쇼. 이거 산업문화유산인데, 놔두면 다 없어져 버리겠네.' 그러자 # 2의 수집 본색이 뇌의 전구에 반짝 불을 켜 다음 질문을 이끌어냈다. "그렇다면 혹시 휴대전화를 모으는 사람이 있습니까?" "아니요. 못 봤습니다."

'잘못하면 휴대전화가 다 없어지겠구나'라고 웅얼거리는 순간 해마의 맨 밑바닥에 곱단하게 개켜져 있던 # 1의 기억이 용수철처럼 튕겨져 나왔다. '박물관! 그래 휴대전화 박물관! 다 사라지기 전에 빨리 구해야 해.' 그 날 저녁 나는 식구들과 머리를 맞대었다. 전후 사정을 밝히고, 동의해 준다면('우리가 경제적으로 피폐해져도 감수하겠다면'과 같은 뜻) 당장 휴대전화 수집을 시작하고 싶다는 결연한 의지를 피력했다. 결과는 만장일치 찬성.

아내는, 내가 책 쓰기를 업으로 삼아온 '학구파'이니 제2의 인생으로 박물관 관장이 제격이라며 찬성했다. 아내는 내가 정년퇴직 후 집에서 하는 일 없이 잔소리나 하면서 늙을까 봐 추어올린 말이었겠지만, 어쨌든 듣기는 좋았다. 큰 딸은 알고 보니 휴대전화 마니아였다. 나만 몰랐을 뿐, 그때 스물세 살이던 큰 딸은 고등학생 때 삐삐를 쓴 이래 그때까지 휴대전화를 3개 가량 쓰면서 나름으로 그 쪽을 많이 알고 있었다. 딸아이의 풍부한 지식과 재치 있는 말솜씨는 나로 하여금 휴대전화에 얽힌 스토리텔링이 무궁무진하다는 사실에 눈뜨게 하고 기댈 언덕이 있다는 안도감을 주었다. 막내도 당연히 OK.

　내 삶은 하루아침에 바뀌었다. 수집을 시작해 보니 날이 갈수록 초조해졌다. 며칠 전 보아 두었던 물건이 돈을 마련해 사러 가면 사라지고 없었다. 유물은 수집가를 기다려 주지 않았다. 아마도 내가 수집을 시작한 시기가 조금만 늦었더라면 상당수 폰은 세상에서 사라졌을 것이다. 그러니 쉬엄쉬엄 할 수가 없었다. 닥치는 대로 돈을 구해 보이는 대로 사들였다. 흔히 사립 박물관 관장들이 수십 년 수집한 세월에 비해 나는 박물관을 개관할 때까지 유물을 수집한 기간이 무척 짧지만 그 집중도는 상상을 초월할 정도였다. 1970년대 이후의 한국 경제를 흔히 압축 성장이라고 말한다. 남들이 수백 년간에 걸쳐 이룬 것을 겨우 20, 30년 만에 따라잡은 것을 두고 하는 말인데, 내 휴대전화 수집이 그랬다. 시간, 노력, 돈 모두를 수집에 쏟아 부어 하루가 다르게 곳간을 채워가는 압축 수집이었다.

　그러나 그것만 가지고는 내 컬렉션을 설명할 수 없다. 어떤 일이든 시간과 노력만으로 이루는 데는 한계가 있다. 일이 성사되게끔 하는 기획력, 즉 작전이 필요하다. 몇 년을 모았지만 개수만 늘어날 뿐 질적인 성장은 매우 더뎠다. 공부를 해보니 어떤 전화기가 역사 체계를 짜맞추는 데 필요한지는 알겠는데, 구할 수가 없었다. 닷새마다 열리는 시골 장터까지 다녀 보았지만, 그때까지 손에 넣은 귀한 것이라고는 최초 국산 휴대전화인 SH-100(A)뿐이었다. 나는 작전을 구상하고 실행에 옮겼다. 박물관을 하기에는 이르다 싶었지만 강행하기로 했다. 그것만이 물건을 가진 사람이 제 발로 나를 찾아오게 만들 방도였다.

우선 휴대전화 수집을 잠시 미루고 옛날 전화기를 모았다. 그까짓 쓰고 버리는 기계를 왜 모으느냐고 하는 사람이 많은 판에, 휴대전화만 가지고는 박물관 등록에 필수인 당국의 유물 심사를 통과할 자신이 없었기 때문이다. 꽤 많은 돈과 시간을 들여 100년 넘은 유선전화기와 일반 골동품들을 모아 박물관 등록 심사를 통과했다(78쪽 사진).

박물관을 여니 예상한 대로였다. 무술 도장을 차리면 고수들이 도전하러 찾아오듯이, 전화·통신 전문가나 수집가, 귀한 휴대전화를 가진 사람들이 가지가지 목적을 품고 찾아왔다. 얼마 지나지 않아 세계 최초 손목시계형 폰 SPH-WP10을 구했다. 휴대전화를 제일 많이 구해준 김재학씨도 그때 만났다. 국산 휴대전화 중 내가 수집한 귀한 폰의 대다수는 박물관을 열고 나서 구했으니 박물관을 일찍 연 것은 신神의 한 수였다. (2017.10.11.)

박물관에서 부관장으로 나를 돕던 큰딸 동은 Alice는 몇 년 뒤 런던의 첼시 파인아트Fine Art 학부 졸업 논문과 대학원 입학 논문 내용을 각각 '모바일' '사이버' 소통(Communication)으로 했다. Exceptional Talent(Tier 1) 비자를 받아 런던에서 활동하는 지금도 작품 주제는 여전하다. 아버지는 딸을 믿고 미지未知 세계에 발을 들여놓았고, 딸은 아버지의 박물관에서 화두話頭를 찾아내 평생 궁구窮究할 과제로 삼았으니, 예전에 썼던 휴대전화를 잃어버린 작은 사건이 우리 식구의 인생 항로를 바꾼 셈이다.

2008년 1월20일 세계 최초 휴대전화 박물관 개관

내가 살던 여주시 점동면 오갑산 산속에 세운 사립私立 폰박물관은 2008년 3월1일 경기도청에 등록(제 108-박-06)되었다. 휴대전화를 문화유산이라고 인식하지 못하던 때여서 옛날 유선전화기 위주로 등록 심사를 통과했다.

스미스소니언을 생각하며

1.

내가 북한산에 올라 진흥왕 순수비를 본 때는 대학 2학년이던 1970년이었다. 1.21 사태 때 무장 공비 침투로였던 탓에 비봉碑峰 일대가 군軍의 통제구역이었는데, 그 지역 소대장의 배려로 답사할 수 있었다. 초등학교 교과서에서 사진으로 보았던 순수비를 손으로 어루만지고 탁본한 그 날의 감격은 지금도 새록새록하다(**80쪽 사진**).

154cm. 비碑는 작았다. 아름답지도 않았다. 천 년 풍상에 글자는 마모되고 귀퉁이마저 떨어져 나가고 없었다. 승가사僧伽寺 가는 길 어딘가에 있었다면 누구의 눈길도 받지 못한 채 천덕꾸러기가 되었을 비. 그러나 고개를 돌린 순간 그런 생각은 씻은 듯이 사라졌다. 그 작은 비가 단단히 디디고 선 곳의 높이는 해발 556m. 바위산의 험한 주변 형세와 끊임없이 불어닥치는 거센 바람이 나를 단숨에 1천5백여 년 전 그 날로 이끌었다. 발 아래 아스라이 펼쳐진 한수漢水 유역을 내려다보는 정복자의 위용과 뜨거운 숨결이 전율처럼 내 심장으로 옮아왔다.

2.

사해死海에서 서쪽으로 4km 떨어진 광야에 우뚝 솟은 바위산. 그 434m 정상에 거센 바람을 맞으며 말없이 사해의 푸른 물결을 내려다보고 있는 옛 성채가 있다. 이스라엘에서 영웅들의 성지聖地라고 불리는 마사다Masada. 서기 73년 여자와 어린아이

1천5백여 년 전 진흥대왕이 섰던 자리

진흥왕 순수비는 한수 유역을 내려다보는 바위산을 단단히 디디고 선 작은
거인이었다.

까지 합쳐 겨우 천 명 정도인 유태인이 세계 최강의 로마군 제10
군단 9천명을 맞아 항거하다가 전원 자결한 곳. 오늘날 이스라
엘에서는 가드나(청소년 전투부대) 신입 대원들이 마사다에 오를
때마다 비장한 외침이 유태광야에 울려퍼진다. "다시는 마사다
가 함락되지 않게 하리라(Masada shall not fall again!)"

몇 년 뒤 나는 경복궁에서 북한산 순수비를 또 한 번 보았다.
그러나 이번에는 달랐다. 전각 안에 잘 모셔진 그에게서 바람으
로 머리 빗고 빗물로 몸을 씻는 즐풍목우櫛風沐雨 천 년의 야성
野性이나 작은 거인의 풍모는 찾을 길이 없었다. 바위산정의 거
센 바람을 다시 기억해내기조차 힘들었다. 그 뒤로 수십 년 잊었

수집가의 철학

다가 2006년 정부가 비봉에 복제품 순수비를 세웠다는 뉴스를 보았다. 그리고 몇 년을 또 잊고 지내던 어느 날 다시금 순수비가 머릿속에 떠올랐다. 정부가 세우려는 산업 박물관을 여러 도시가 유치하려고 나섰다는 소식을 듣고서다. 정부는 애초 서울에 세우려고 한 모양인데, 수출산업단지의 효시인 울산은 물론 전자산업 메카인 구미나 기계공업 도시인 창원이 산업 박물관을 유치하려는 기세가 만만치 않다고 했다. 나는 그 도시들과 상관없는 서울 사람인데, 내심 울산을 지지했다. 바로 북한산 비봉에서 느꼈던 역사의 현장감 때문이었다.

석탄 박물관은 탄광에 있어야 하고, 홀로코스트 전시관은 나치의 강제 수용소 자리에 세워야 한다. 전각에 곱게 모셔진 순수비 앞에서 삼국의 영토 전쟁을 강의하거나, 역사 강의실에서 다시는 마사다가 함락되지 않게 하리라고 외친다면 참으로 어색하고 맥 빠지는 일이다. 역사는 그것이 일어나고 기록된 현장에서 느끼고 배우는 것이 제일 바람직하다.

울산은 대한민국 산업사의 첫 장을 연 곳이다. 자본도 기술도 없던 때, 기적처럼 모래벌판에서 중화학공업을 일으켜 우리의 오늘을 있게 한 곳이다. 우리가 이룬 것은 수백 년 역사를 지닌 선진국에 비하면 아직 미미하다. 그럴수록 눈에 보이는 것보다 그것의 밑바탕이 된 정신을 알아야 미래를 꿰뚫어볼 수 있다. 바다에 거대한 유조선이 떠있고, 정유공장의 굴뚝들이 스카이라인을 이룬 도시, 수십만 명이 정연하게 산업 현장으로 출근하고 수출될 차량이 부두에 수천 대 늘어선 살아있는 박물관 도시에서 우리의 생생한 산업 역사를 체험하게 해야 한다.

폰박물관을 운영하다 보니 당연히 산업기술 박물관(Industrial & Technology Museum)에 관심을 갖게 되었다. 연방 의사당을 비롯한 국가의 중요한 건물을 고대 로마의 건축물을 복원해 지은 미국. 고대사 박물관에 전시할 것이라고는 인디언 화살촉과 카우보이 쌍권총뿐이라는 우스갯소리. 역사가 짧아 보여줄 문화유산이 없는 강대국의 또 다른 얼굴이다.

하지만 미국은 세계 최고 산업기술 박물관을 세워 그 약점을 상쇄했다. 바로 스미스소니언 박물관이다. 스미스소니언에는 대서양을 처음 횡단한 찰스 린드버그의 단엽기 'The Spirit of St. Louis'와 처음 달 착륙에 성공한 우주선 독수리호 등 미국의 과학 기술 발자취가 낱낱이 전시되어 있다. 연간 천만이 넘는 전세계 관람객에게 스미스소니언은 고대사라는 뿌리가 없이도 세계 최고의 근현대사를 이루어낸 그들의 자부심을 웅변한다.

도이치(뮌헨), 라빌레트(파리) 같은 유럽의 산업기술 박물관도 마찬가지다. 브리티시나 루브르 못지않은 위상을 자랑하며 연간 수백만 관람객을 불러들여 저들의 산업 기술을 과시하고 있다. 이처럼 선진국에서 산업기술 박물관의 위상이 높은 것은, 산업혁명 이후 인류 역사를 산업기술 발전사라고 바꾸어 말할 수도 있기 때문이다.

언제까지나 후진국 또는 개발도상국을 면치 못할 것 같았던 대한민국은 1990년대 말 외환위기를 겪은 뒤로 겨우 10여 년 만에 세계 10위권 산업 국가로 껑충 올라서 세계를 놀라게 했다. 하지만 전근대를 벗어났음을 알리는 근현대사 박물관(대한민국 역사박물관)은 2012년 말에야 문을 열었고, 산업 국가임을 드러낼 진정한 의미의 산업기술 박물관은 아직 없다. 지금 당장 국립 산업 박물관을 세운다고 해도 전시할 것이 많지 않다. 1955년부터 1998년 사이에 우리가 만든 역사 가치가 높은 산업기술 유물 288개 가운데 45%가 이미 사라져버렸다. 이러한 현실을 안타까워하던 차에 정부가 산업기술 박물관을 세우려 한다는 소식을 들었다. 나는 폰박물관 유물을 기증하기로 했다. 일단 울산시가 내 기증품을 보관하다가 국립 산업박물관을 유치하면 그곳으로 넘긴다는 조건을 걸었다.

나는 폰박물관에 전시했던 통신 유물 2,141점을 모두 울산시에 기증했다. 우선 잘 보관하기만 해도 된다. 우리나라 역사 위주로 체계를 세웠으니 후손에게 물려줄 문화유산으로서 부족함이 없다. 나는 세계 역사 위주로 휴대전화를 더 모으면서 여러 가지 테마와 스토리텔링을 개발해 폰박물관을 계속하기로 했다. 그래야 2008년 대한민국에 세계 최초로 휴대전화 박물관이선 '세계 최초' 기록을 유지할 수 있고, 그동안 쌓아온 나의 휴대전화 지식을 살릴 수 있겠다고 판단했다. (2013.4.10.)

울산시에 유물을 모두 기증하고 나서 나는 뜻했던 바대로 다시 휴대전화를 수집하면서 폰박물관을 계속 운영하다가 2014년 말 여주시에 모두 기증했다. 내가 오랜 세월 열정을 바쳐 모은 유물을 나라에 기증한 것은, 내 컬렉션이 세계 최고 수준이라고 자부했기 때문이다. 개인이 소유하고 완상할 수준을 넘어선 최고 컬렉션이니 내가 살았던 시대와 사람들을 기억해 줄 우리 후손들에게 전하는 것이 옳다. 내 컬렉션이 그저 그런 수준이었다면 나는 절대로 여주시에 기증하지 않았을 것이다.

내가 나라에 기증하기로 마음먹은 지는 꽤 오래다. 내 수집품을 후세에 전하겠다고 처음 공언한 때는 2008년 이었다. 그 해 8월 초 일본 〈讀賣新聞 요미우리 신문〉 기자가 찾아왔다. 마에다 야스히로前田泰広. 그는 특이하게도 내 재정 상태와 관련된 질문을 많이 했다. 내가 정말 내 돈으로 휴대전화를 수집했는지, 돈이 얼마나 들었는지. 취재가 아니라 취조 같았다. 일본에도 없는 휴대전화 박물관이 한국에 처음 생긴 것에 대한 부러움과 질투 같은 감정이 그의 질문에서 짙게 묻어났다. 집요한 검증 끝에 나온 기사의 끝부분은 내가 한 말을 인용했다. "세계가 한국 제품의 성능과 품질을 인정하고 있다. 휴대전화는 한국의 긍지이다. 후세에 전할 사명이 있다." '携帯大国の誇り伝える' ('휴대전화 대국'의 긍지를 전한다)라는 헤드라인을 단 기사가 〈讀賣新聞〉 17면에 실린 날은 8월15일, 광복 예순세 돌 되는 날이었다.

수집가의 철학

수집가의 안목이 역사가 된다

■ 수집되지 못하면 역사로 기록되지 못한다

그 때가 2015년 봄이었나, 전화가 왔다.

"폰박물관 관장님이시죠?"

"네, 그렇습니다. 누구신가요?"

"삼성전자 무선사업부 아무개 부장입니다. 혹시 박물관에 엠백(M100) 있습니까?"

"네, 에스 시 에이치 엠 백(SCH-M100)도 있고, 에스 피 에이치 엠 천(SPH-M1000)도 있습니다."

그 사람은 좀 무례하다 싶을 정도로 자기 할 말만 했는데, 자기 말이 끝나기가 무섭게 내가 똑 부러지게 대답하자 당황한 것 같았다. 잠깐 머뭇거리더니 또 물었다.

"충전기도 있습니까?"

"물론이죠."

용건인즉 SCH-M100(86쪽 사진)의 충전기를 빌려 달라는 부탁이었다. SCH-M100은 삼성전자가 1999년에 처음 만든 스마트폰이다. 리눅스 기반 OS를 장착했는데, 그 때는 스마트폰이라는 말이 생겨나기 전이어서 삼성은 애니콜 인터넷 폰Anycall Internet Phone이라는 이름을 붙였다. 충전기도 그 시절 일반적인 모양과 달리 중간 부분이 동그래 미적인 감각이 돋보이는 디자인이었다. 통화가 끝나고 나니 휴- 하고 한숨이 나왔다. '자기야 회사에서 M100이라고 수십 번을 말했겠지만, 다른 사람한테 그렇게 다짜고짜 M100 있느냐고 물으면 어떡하나. 만약 한 번에 알아듣

삼성전자의 첫 스마트폰 SPH-M1000(사진 왼쪽)**과 SCH-M100**
삼성전자가 1999년 이 폰을 만들었을 때는 아직 스마트폰이라는 말이 쓰이지
않았다. 그래서 '애니콜 인터넷 폰'이라는 이름을 달고 나왔다. 리눅스 기반 OS.

지 못하고 더듬거렸다면 나를 우습게 보았을 것 아닌가.'

그 해 늦가을에는 삼성전자 여직원이 옛날에 나온 폰들을 한
달쯤 빌릴 수 있겠느냐고 물어왔다. 내가 여주시에 기증한 유물
이 포장된 채 있어 어렵다고 하자 그냥 끊었다. 중요한 일이면 어
떻게든 도왔겠지만, 어디에 쓸지도 밝히지 않는데 힘들여 도울
생각은 없었다.

왜 삼성전자는 자기네가 만든 제품을 내게 빌려 달라고 했을

수집가의 철학

까. 일반 사람들이 들으면 고개를 갸우뚱할 일이다. 해설을 하다 보면 우리의 산업 문화유산 중 45%가 사라졌다는 말을 하게 된다. LG전자가 자기네가 1959년에 처음 만든 A-501 라디오가 없어서 모형을 만들어 전시했다거나, 현대자동차가 포니를 전시하려고 수십 년 전 에콰도르에 4대 수출했던 것 중 하나를 사왔다는 얘기를 하면 사람들은 모두가 짜증스럽게 반응한다. "왜 기업들이 그렇게 중요한 것을 보관하지 않았죠? 우리나라 기업들 문화 의식은 어쩔 수 없군요."

그러면 나는 이렇게 말한다. '자기네 제품이 수십, 수백 년 뒤에 인류의 문화유산이 될 것이라고 예상해 전담 인력과 수장고를 두고 제품을 모아두는 기업은 어느 나라에도 없다. 삼성전자 구미공장이 그곳에서 만든 제품을 기념 삼아 하나씩 보관했다가 전시관을 연 사례가 있지만, 삼성전자 생산품 중 80%가 넘는 수출품은 모두 해외 공장에서 만들어 구미 전시관에는 없으니별 의미가 없다. 사물의 역사적 가치란 당대에는 모른다. 기업은 제품을 잘 만들어서 열심히 팔면 된다. 그것을 모으고 보관하는 것은 수집가의 몫이다. 각자 할 일이 있는 것이 세상 돌아가는 이치이다.'

어떤 물건이 이다음에 문화유산으로 인정받을지는 아무도 모른다. 세월이 흐른 뒤 수집가가 가치를 알아보고 잘 수집해 후세에 전해야 역사가 된다. 그러므로 수집가의 안목과 수집 능력이야말로 한 나라의 문화유산 포트폴리오를 구성하고 문화 콘텐츠의 다양성을 이루는 핵심 요소이다. 수집가가 수집하지 못한 문화유산은, 발굴되지 않은 매장 유물이나 사가史家가 기록하지 못한 사건처럼 후세에 전해지지 못한다. 수집가의 안목이 역사가 된다.

■ 역사는 하루아침에 이루어지지 않는다

모바일 월드컵이라고 불리는 모바일 월드 콩그레스(MWC). 해마다 2월에 열리는 그 행사가 2016년에도 어김없이 바르셀로나에서 열렸다. 그런데 그 해에는 전세계가 보이는 관심이 다른 해와 달랐다. 신제품보다 중국 업체들이 삼성전자를 누르고 휴대전화 시상의 수도권을 가져가느냐가 초미의 관심사였다. 몇 년 동안 중국 업체들은 경력이 겨우 5년 안팎인 조연답게 전시장 언저리에 작은 부스를 차렸다. 중앙의 제일 큰 부스는 언제나 삼성전자 몫이었다. 그러나 2016년에는 화웨이華爲 중싱中興 (ZTE) 레노버 샤오미小米 같은 중국 업체들이 삼성 못지않게 큰 부스를 차리고 삼성을 에워쌌다. 삼성을 포위해 압박하는 형국이었다.

화웨이는 삼성 전시관 정면에 부스를 차리고 '마치 폭격을 앞둔 전투기 군단과 같은 대형 종이비행기 조형물을 띄웠다. 종이비행기들의 뾰족한 전면부가 삼성 전시관을 향해 있어 삼성전자를 자극하려는 전략일 것이라는 추측이 나돌기도 했다.'(《Chosun Biz》) 삼성과 중국 업체들 간에 스마트폰 제조 기술에 격차가 없어지다시피 했으니, 내놓을 것이 갤럭시 S7과 S7 엣지밖에 없는 삼성을 중국 업체들이 예상치 못한 신제품으로 심하게 압박하거나 심지어 망신을 줄 수 있으리라는 전망도 나왔다. 그렇게 되면 모토로라-노키아-삼성전자로 이어진 세계 휴대전화 시장의 패권이 예상보다 빨리 중국으로 넘어가게 된다.

마침내 뚜껑이 열린 날, 중국도 놀라고 세계도 놀랐다. 삼성이 공개한 비장의 카드는 예년에 없었던 '역사' 코너였다. 거기에는 1988년 처음 만든 휴대전화 SH-100부터 2016년의 갤럭시 S6 엣지까지 28년 동안 삼성전자가 내놓은 휴대전화 12종이 전시되어 있었다. 그것은 휴대전화 기술 발전의 역사요, 모토로라와 노키아 등 서양의 일류 업체들이 다 무너졌는데도 꿋꿋이 세계 1위를 지켜내고 있는 삼성의 역사였다. 최초 시계폰(SPH-WP10), 최초 TV폰(SCH-M220), 최초 MP3폰(SPH-M2500), 최초 카메라폰(SCH-V200), 최초 화면 회전(가로본능)폰(SCH-V500), 최초 GSM-CDMA 듀얼모드폰(SCH-A790), 최초 DMB폰(SCH-B100)과 갤럭시 시리즈(S, 노트, 기어, S6 엣지). (이 목록을 보고 나는 2015년 삼성전자 여직원으로부터 받았던 전화가 바로 MWC에 출품할 휴대전화를 빌려 달라는 것이었음을 깨달았다.)

삼성의 메시지는 분명했다. '로마는 하루아침에 이루어지지 않았다. 갤럭시 S7, S7 엣지는 지난 28년간 삼성이 이루어온 혁신을 집대성한 것이다. 오늘의 삼성은 이제 겨우 5년 안팎의 역사에서 마구 쏟아내듯이 스마트폰을 양산하는 중국 기업들과는 차원이 다르다.'

중국이 어떤 나라인가. 역사에 관해서는 세계에서 가장 자부심이 강하다. 강하다 못해 지나쳐서 자기네를 중화中華라고 칭하면서 동서남북의 이웃 민족을 활은 잘 쏘지만 미개한 오랑캐(東夷)나 개와 이리(西戎·北狄), 벌레(南蠻)로 취급해 왔다. 그것은 지금도 여전하다. 그러나 전세계가 지켜보는 2016 MWC에서 '삼성에는 있고 화웨이에는 없는 것'이 여실히 드러났다. 중국은 '역사' 앞에서 아무 말도 못했다. 2016 MWC는, 휴대전화 역사에서 만큼은 한국이 중심이고 중국은 한국으로부터 기술을 배운 변방임을 확인한 행사였다.

중국이 놀랐든 세계가 놀랐든 나로서는 아쉬움이 많았다. 국제 행사에서 국내용인 SH-100은 삼성의 역사가 1988년부터라는 것 외에는 별 의미가 없다. 그보다는 1994년 유럽에 처음 수출한 아날로그 SH-310(77쪽 왼쪽 사진)과 1995년 처음 수출한 디지털 SGH-100(77쪽 오른쪽 사진), 1997년 미국에 수출한 세계 최초 CDMA폰 1호 SCH-1000(305쪽 사진)이 훨씬 상징성이 크다. 그것 말고도 빌려줄 것이 더 있었다. 여직원이 어디에 쓰려고 하는지 솔직히 설명하고 상의했다면 삼성은 스무 가지가 넘게 더 좋은 콘텐츠를 전시할 수 있었을 텐데. (2017.10.30.)

수집가의 철학

삼성전자 휴대전화 역사에서 빠지면 안 되는 폰

SH-310(맨 위)과 SGH-100(위)은 각각 삼성이 유럽에 처음 수출한 아날로그 폰과 디지털 폰이다. 글로벌 1위인 삼성의 역사는 곧 글로벌 휴대전화 역사이므로 이 둘의 상징성이 큰데도 삼성은 이 폰들을 가지고 있지 않다.

수집의 세 가지 원칙

그 하나… 값을 깎지 않는다

'1940년 어느 날 평양 남선동에 화천당이라는 골동품 가게를 내고 있던 김동현에게 인부 차림의 한국인이 보자기에 기왓장과 벽돌을 싸가지고 나타났다. 고구려 기와로 추정되는 것들로, 개중에는 글자가 새겨진 것도 있었다. 그는 평양 외곽의 평천리에 있는 일본 병기창에서 일하던 막노동꾼이었는데, 그저 심심풀이 대폿값 정도를 기대하고 화천당을 찾은 길이었다. 채집한 장소가 고구려 절터라는 것을 직감한 김동현은 인부 임금의 열 배가 넘는 200원을 그의 손에 쥐어 주었다.

두 눈이 휘둥그레지게 놀란 인부가 며칠 뒤 손에 무언가를 들고 다시 나타났다. 그가 들고 온 것은 놀랍게도 흙범벅이 된 고구려 불상 뭉치였다. 기겁을 한 김동현은 그에게 기와집 세 채 값이 넘는 6천원을 쥐어주고 입조심을 신신당부했다. …' (이종선 〈리컬렉션〉에서)

일본이 세계에 자랑하는 목조반가상의 원조이자 국보 제83호 금동미륵보살반가사유상보다 앞선 이 고구려반가상은 희귀한 고구려 유물 중에서도 독보적이며, 미륵신앙이 고구려에서 크게 유행했음을 보여주는 좋은 예이다. 뒷날 국보 제118호로 지정되었다.

나는 여태 유물 값을 깎은 적이 없다. 그렇게 함으로써 유물을 더 많이 수집할 수 있었다. 그러나 제값을 치르는 더 중요한 이유는, 내 나름으로 최소한의 예의를 갖추기 위해서다. 미래에

수집가의 철학

산업 분야 국보나 보물이 될 유물을 헐값으로 대우하는 것은 문화재의 가치를 깎아내리는 일이라고 생각한다. 내가 이 같은 수집가의 도리를 지키겠다고 원칙을 세운 것은 2007년이다. 나는 그로부터 9년이 지나 발간된 〈리 컬렉션〉을 읽으며 김동현이 나와 같은 생각을 가졌다는 사실에 무릎을 쳤다. 그가 인부에게 또 무언가를 가져 오기만 기대했다면 미끼로 그렇게 많은 돈을 썼을 리가 없다. 대폿값 정도를 기대하고 왔으니 맥줏값을 주었어도 인부는 또 다른 물건을 손에 넣자마자 김동현에게 가지고 왔을 것이다. 김동현이 뒤탈을 걱정해 입조심을 당부하면서도 인부에게 거금을 안긴 것은 민족의 보물에 걸맞는 예우를 하고 싶었기 때문이었으리라. 그것은 이어지는 뒷이야기가 증명한다.

　'그는 며칠 뒤 불상을 내놓으라며 들이닥친 일본인들의 협박에 꿈쩍도 하지 않고 버텼다. … 고구려반가상이 있다는 소문이 퍼지자 우리나라 금속 유물을 많이 긁어모은 일본인 오구라가 평양까지 찾아와 당시 기와집 50채 값인 50만원을 제시했으나 그는 들은 체도 하지 않았다. … 한국전쟁이 터지자 혈혈단신으로 월남하면서 불상 몇 점만 가지고 온 그는 부산에서 부두 노동자로 살면서도 불상을 팔지 않았다. … 1960년대에도 그는 허름한 방에서 종지에 담긴 간장을 유일한 반찬으로 삼으면서도 불상을 팔지 않고 버텼다. 그 무렵 그는 자기 분수에 맞지 않게 은행 금고에 반가상을 보관하며 비싼 보관료를 물고 있었다. …'

그 둘… 무조건, 당장, 현금으로 산다
내가 '무조건, 당장, 현금'을 유물 구매의 두 번째 원칙으로 삼게 된 것은, 2010년 시계폰과 얽힌 아픈 사건을 겪고 나서이다. 해가 거듭될수록 역사 쪽이 채워지면서 한편으로는 테마 쪽에 새로운 아이디어가 자꾸 떠올랐다. 세계 최초이거나 유명한 전화기일수록 같은 것이 더 필요해졌다. SPH-WP10 시계폰은 3개가 더 있어야 했다. '세계 최초'라는 테마에 하나를 놓고 보니 '기네스북에 오른 폰'에도 필요했다. '시계폰의 역사' 코너를 만들려고 하니 하나 더 있어야 했고, '한국 휴대전화 발전사'를 꾸미려니 또 필요했다.

2010년 마침내 시계폰이 또 하나 내 손에 들어왔다. 한 젊은이가 새 시계폰을 가지고 제 발로 찾아왔다. 그가 부른 값은 내가 앞서 구한 것의 세 배였다. 나는 현금이 없으니 두 달 뒤에 주겠다고 제안했다. 그는 그렇게 하라면서 물건을 놓고 갔다. 그런데 한 달쯤 지나 그가 다시 찾아왔다. 어머니가 눈을 다쳐 수술해야 하는데 당장 돈이 필요하다고 했다. 나는 그때 정말 어려운 처지였기 때문에 약속한 대로 한 달만 더 기다려 달라고 했다. 그는 마지못해 그렇게 하겠다면서, 촬영할 일이 있으니 시계폰을 하루만 빌려 달라고 했다. 나는 그가 내 대학 후배였기 때문에 별 생각 없이 선뜻 물건을 내주었다. 그러나 그것은 다시 돌아오지 않았다.

그 셋… B600 원칙을 지킨다

박물관을 열고 나서 세계 최초로 2006년에 출시된 1000만 화소 카메라폰 SCH-B600을 구했다. 2006년에 나온 폰들은 아무리 좋아도 출고가가 50만원을 넘지 않았는데(SPH-S4300 MP3

폰 44만원, SCH-V870 카드폰 50만원), SCH-B600은 99만원이었다. 그런데다 500만 화소도 널리 쓰이지 않던 때에 1000만 화소 기술력을 과시하느라 만든 폰이어서 전문가용이랍시고 아주 적게 만들었다. 파는 곳을 찾기도 쉽지 않은 것을 겨우 구해서 진열대에 넣었는데 어딘지 실망스러웠다. 뒷면 렌즈가 엄청나게 큰 것이 볼거리인데, 앞면이 보이게 전시했더니 아무 특징 없이 둔탁한 바형 폰이 되어버린 것. 하는 수 없이 하나를 더 사서 나란히 놓고 뒷면도 볼 수 있게 했다**(아래 사진)**.

수집품이 늘수록 SCH-B600 같은 경우가 한둘이 아니었다. 그래서 뒷면이나 안쪽을 보여주어야 하는 폰은 반드시 2개씩 전시하게 되었다. 가령 노키아 9000은 휴대전화 사상 최초로 쿼티

폰박물관 전시품 ⓒ

'B600 원칙'을 탄생시킨 계기
SCH-B600을 하나 전시하니(위 사진 왼쪽) 평범했다. 하나 더 놓았더니 1000만 화소 폰의 위용이 드러났다(가운데). 하나 더(오른쪽)는 포기했다.

QWERTY 자판을 얹은 폰이니, 덮개를 열어 쿼티 자판을 보이게 하느라 하나를 더 전시했다**(아래 사진)**. 가로본능 폰 일곱 가지는 모두 액정을 가로로 돌린 모양과 접힌 모양 두 가지를 전시했다 **(97쪽 사진)**. 세계 최초 슬라이드 폰인 지멘스 SL-10은 정상적인 모양과 덮개가 위로 밀려올라간 모양 두 가지를 전시했다.

어쨌든 그렇게 문제를 해결한 줄 알았다. 그런데 시간이 좀 흐르니 그게 아니었다. 휴대전화를 연대순으로만 나열했더니 영 재미가 없었다. 전시에 특색이 있어야 스토리텔링이 더 재미있고 새로운 이야기도 발굴된다. 그래서 앉으나 서나 어떤 주제가 좋을까를 생각했다. 그 결과가 오늘날의 마흔 가지가 넘는 테마이다. 그런데 SCH-B600이 또다시 문제를 일으켰다. '세계 최초 폰'

폰박물관 전시품 ©

쿼티 자판을 얹은 첫 번째 폰
스마트폰에 처음 쿼티 자판과 인텔 386 CPU를 탑재한 노키아 9000 역시 하나만 전시하면 너무 평범하다. 뚜껑을 열면 데스크 탑 컴퓨터 느낌이 난다.

수집가의 철학

잭 팟 코너에 전시된 가로본능 시리즈(2004~2008년)

최초 가로본능 SCH-V500부터 마지막 진보라폰(SCH-W350)까지. 이 중 핑크
효리폰 SCH-B540(사진 한가운데)이 가장 인기 있고 구하기 힘들었다.

'카메라폰의 역사' '기네스북에 오른 폰' 등 주제를 늘려가다 보니, 네 군데에 SCH-B600이 필요했다. 6개 더 구하는 데 또 큰돈이 들었다(너무 부담이 되어 두어 개는 중고품을 샀다). 그렇다고 '기네스북에 오른 폰'을 구경하려고 하는 사람한테 '이 자리에는 SCH-B600이 있어야 하는데 없으니 저기 제1 전시실 세계 최초 기능 폰 코너에 가서 보고 오세요'라고 할 수는 없지 않은가. 주제 별로 필요한 것은 몇 개가 되었든 다 구하고, 뒤나 속을 보여 주어야 하는 것은 2개를 구한다는 이른바 'B600 원칙'을 탄생시킨 사연이다.

같은 것을 다른 주제로 다른 환경에서 보면 사물의 다양성이 보인다. 주제를 다양하게 하면 보는 사람은 더 많이 알고 더 많이 느끼게 된다. 사물의 다양성을 깨닫게 되면 보이지 않는 것까지도 유추하고 통찰하게 된다. 자꾸 보아서 보이게 하는 것, 그것이 박물관이 존재하는 이유이다. 이런 취지로 유물을 2개씩 전시하려니 귀한 유물일수록 그 부담이 만만치 않았다. 돈도 많이 들고, 돈만 있다고 구할 수 있는 것도 아니었다. 그러나 그것이 좋다고 알게 된 이상 안 할 수는 없는 노릇이었다. (2017.11.22.)

수집가의 철학

폰박물관이라고 이름 지은 까닭

"박물관 이름을 왜 폰박물관이라고 하셨어요?" 얼마 전 누가 내게 물었다. 폰이라고 하면 누구나 전화기인 줄 아는 덕분에 처음 받는 질문이었다. 물은 이는 왈츠&닥터만 커피박물관 관장이었다. '이 양반 좀 보게. 내가 할 질문을 자기가 하고 있네.' 왈츠-닥터만-커피라면, 왈츠를 좋아하는 의사만 먹는 커피? 이두吏讀 풀이 상상력까지 동원해도 알 도리가 없다. 닥터에 붙은 '만'이 자기 이름 끝자라고 한다면, 커피 박사 박종만과 왈츠는 무슨 관계인가? 어쨌든 그가 그처럼 드문 작명을 한 데에는 까닭이 있을 터이고, 그렇기 때문에 남들은 쉽게 수긍하는 '폰'에 대해서도 물음표를 던지는 것이리라.

사립私立은 사립인 덕분에 멋진 이름을 가질 수 있다. '국립중앙박물관' '국립현대미술관'처럼 권위가 철철 넘치지는 않지만, 호암湖巖미술관·목아木兒박물관처럼 설립자의 멋진 아호를 붙일 수도 있고, 이영利瑛미술관처럼 부부의 이름에서 한 글자씩 따다가 은근슬쩍 금실을 과시할 수도 있다. '사람박물관 얼굴'처럼 도치법과 철학적 이미지를 섞어서 알 듯 모를 듯 신비감을 자아내는 이름도 있고, '보배 보'와 '아리따울 나'를 조합해 한국 여인의 장신구가 얼마나 기품 있고 향기로운지 그 자부심을 한껏 표현한 보나寶娜박물관도 있다. 한얼·모란·선바위·제비울… 모두가 나름으로 설립 취지나 포부, 설립자의 취향과 지연地緣 따위를 살려서 빼어난 이름을 지었다. 그러나 사립 박물관은 국립처럼 종합 박물관이 아니고 한 분야만 다루는 전문 박물관이다

보니, 고판화 박물관·카메라 박물관 등 전시품이 무엇인지 금세 알 수 있도록 작명한 것이 제일 많다. 폰박물관도 그렇다.

막상 박물관 이름을 지으려니 생각이 너무 많았다. 의미나 상징을 생각하다 보니 하나같이 거창하고 딱딱했다. 하다하다 느낌과 분위기를 살리는 쪽으로 생각을 바꾸었다. 박물관이라고 하면 대개 구닥다리나 퇴물이라는 이미지를 떠올릴 텐데, 이름이라도 젊은 세대가 친밀하게 느끼게 하고 싶었다. 이틀쯤 고민했을 때 불현듯 '폰'이 떠올랐다. 마음에 쏙 들었다. 식구들도 대찬성. 글자 수가 적어서 좋고, 무엇을 전시하는 박물관인지 척 알아들을 테니 좋았다. 폰phone이란 그리스어로 소리라는 뜻이다. 그래서 전화기보다는 축음기 쪽에서 이 말을 선점先占했다. 그러나 축음기 기능을 휴대전화가 흡수해버린 오늘날은 누구나 폰 하면 전화기를 떠올린다.

왈츠&닥터만 커피박물관장의 질문 요지는 두 가지였다. 왜 폰이라는 외국어를 썼는가, 그리고 왜 폰 뮤지엄 또는 휴대전화 박물관이라고 하지 않고 영어와 한글을 섞어서 썼는가? 두 번째 질문부터 답변하자면, 버터 냄새가 진하게 나는 것이 싫고, 전화기 박물관이라는 일반명사로 오해할 소지가 있어서이다. 어떤 박물관인지 금세 알아보는 것이 강점이기는 하지만 이름은 이름이다. 고유명사라야 하는 것이다. '박물관'이라는 한글 공식 용어 앞에 외국어인 '폰'을 붙임으로써 '폰이라는 고유 이름을 가진 박물관'이 된다.

왜 폰이라는 외국어를 썼는가에 대해서는 답변이 좀 길다. 하나는 매우 현대적이고 어감이 뛰어나다는 점이다. 골치 아프

수집가의 철학

게 깊은 뜻이 숨어 있지도 않고, 외우기 어렵게 길게 늘어지지도 않는다. 틀니를 빼도 발음하기 쉽고, 가는귀가 먹어도 알아듣기 쉽다. 다짜고짜 튀어나와서 단 한 음절로 명쾌하게 끝내는 폰! 이 얼마나 산뜻하고 강렬하고 빠른가!

'폰'을 쓴 또 다른 이유는 휴대전화·휴대폰·핸드폰 세 가지 중 어느 하나를 고르기 어려워서이다. 국가기관인 국립국어원이 발행한 〈표준국어대사전〉에는 '휴대전화'가 표제어로 올라 있지만, 일반 사전들에는 '휴대폰'도 함께 올라 있는 경우가 많다. 또한 일상에서는 '휴대폰'과 '핸드폰'이 '휴대전화'보다 더 널리 쓰인다.

세계에서 처음 문을 여는 휴대전화 박물관이므로 나도 휴대전화나 휴대폰이라는 말을 붙이고 싶었다. 그런데 어느 한 가지만 쓰일 날을 기약할 수 없고, 그렇게 된다 해도 어떤 말이 대세를 장악할지 모르니 쓸 수가 없었다. 한자+한자인 휴대전화가 가장 맞춤법에 맞지만, 맞춤법에 맞는다고 사회에서 널리 쓰이는 것이 아니다. 하물며 '상치'가 '상추'에 밀렸듯이 맞춤법에 맞는 말조차도 어떤 때는 사람들이 더 많이 쓰는 말에 밀려 표준어 자리에서 퇴출되는 경우가 있다. 표준어를 정할 때 어떤 때는 무리하게 원칙을 밀어붙이고, 어느 때는 사람들이 많이 쓴다는 편의성을 내세우는 등 일관성이 없기 때문이다.

원칙만 주장하는 예로는 '자장면'이 있다. 국립국어원을 비롯한 일부 학자와 기관은 사전을 통해 '자장면'이 옳다며 100년 넘게 써온 '짜장면'을 바꾸라고 강요하고, 학교와 매체도 마지못해 이를 따르고 있다. 하지만 국민 정서는 100% '짜장면'이다. '자장면'을 주장하는 쪽은, 외국어는 현지 발음에 맞게 표기해야 하므로 작장炸醬의 중국 발음인 자장이 맞다고 한다. 그렇다면 면麵도 중국 발음대로 '멘'으로 하시지 왜 한국 발음 '면'으로 하는지 해명해야 한다.

편의성을 내세운 예로는 '인터넷'을 들 수 있다. 한글 맞춤법의 외국어 표기 규칙에 따르면 인터넷이 아니라 인터네트가 맞다(넷워크가 아니라 네트워크라고 쓰는 것을 보면 알 수 있다). 인터넷이 우리나라에서 처음 퍼지기 시작하던 때에는 모든 매체에 인터네트라고 바르게 쓰였다. 그런데 발음하기 불편하니까 네티

폰박물관 전시품 ⓒ

World's First & Only/Mobile Museum | THE PHONE
사진작가 한정애 씨는 박물관과 겹치는 건축물이나 나무가 없어 폰박물관의 존재가 오롯이 무대에 세팅된 듯한 조형물로 느껴진다고 말했다.

수집가의 철학

즌들은 인터넷이라고 썼다. 인터네트와 인터넷이 뒤죽박죽 쓰이던 어느 날 '신문편집인협회의 결정에 따라 오늘부터 인터네트를 인터넷으로 바꾸어 씁니다'라고 알리는 기사가 신문에 난 것을 똑똑히 기억한다. 신문편집인협회는 옳고 그르고를 떠나 빠른 결단으로 혼란을 수습했다. 국립국어원이나 학자들은 팔짱끼고 있었다. 지금 우리 사회에는 '임산부'라는 잘못된 말이 정부 기관과 사회 어디에서나(특히 전철 객차 안) 쓰이고 있다. 잉태한다는 임과 출산한다는 산이 합쳐진 임산부는 있을 수가 없는 말이다. 아이를 밴 여자라면 임신부가 맞다. 그런데도 또 수수방

건물 앞 조형물은, 세계 최초 휴대전화인 군용 SCR-536(가운데), 스마트폰 세상을 연 아이폰 2G(왼쪽), 세계 최초 MP3폰 SPH-M100 미국 수출형이다.

관하고 있다. 그러다가 다들 임산부라고 하면 표준어를 임산부로 바꿀 것인가? 그러려면 한자와 옥편부터 바꿔야 하는데.

휴대전화·휴대폰·핸드폰. 언제까지 세 가지로 불릴지 모르겠다. 한글은 한글끼리, 한자는 한자끼리 묶어서 쓰는 규칙에 따라 '휴대전화'를 박물관 이름으로 정했는데, 어느 날 불쑥 국립국어원이 나서서 사람들이 많이 쓰니 표준말을 '휴대폰'으로 바꾸자고 할지 모른다. 반대로 휴대폰 박물관이라고 정해서 10년쯤 잘 쓰고 있는데 교육부가 맞춤법에 따라 휴대전화 박물관으로 바꾸라고 할지 모른다. 간판, 도로표지판, 지도와 온갖 인쇄물, 홈페이지 등 낭패 볼 일이 이만저만이 아니다. 그러니 뒷일을 생각해 '폰'으로 할 수밖에. (2008.12.10.)

1. 자장면 표기는 내가 이 글을 쓴 몇 년 뒤 결국 짜장면과 자장면 둘 다 쓰기로 되었는데, 짜장면 한 가지로 통일하지 못한 국립국어원의 작태가 못내 한심하다. 국립국어원이 나서서 '겨울 올림픽'으로 쓰자고 했다면, 평창 동계 올림픽이라고 표기한 우스꽝스런 일도 없었을 것이다. 동계冬季가 무슨 뜻인지, 한자로 어떻게 쓰는지 아는 청소년이 얼마나 될까? 해외에 홍보하느라 애쓴 관리님들, 사전 찾아 보셔요. winter가 '겨울'인지 '동계'인지.

2. 박물관을 여주시에 기증한 뒤 한글 폰박물관의 명칭은 그대로 살렸지만, 영어 표기는 Phone Museum에서 World's First & Only/ Mobile Museum THE PHONE으로 바꾸었다. 세계 최초·유일 휴대전화 박물관임을 돋보이게 하려고 그랬다.

수집가의 철학

휴대전화·휴대폰·핸드폰

박물관 이름을 정할 때도 그랬지만, 휴대전화·휴대폰·핸드 폰 세 가지가 '골고루' 쓰이는 탓에 박물관 운영에서도 난처한 경우가 많다. 평소 말을 할 때도 그렇지만, 인쇄물 발간이나 방송 출연 등 공식 언어로 쓰고자 할 때가 문제이다. 그래서 나름 으로 정리해 보고자 한다.

전화를 뜻하는 텔레폰이라는 말은 그리스어에서 왔다. '멀 리'라는 텔레tele와 '소리'라는 폰phone을 합쳤다. 전화를 발명한 목적이 사람의 목소리를 멀리 전달함에 있었으니 제대로 작명했 다고 하겠다. 텔레폰을 우리보다 먼저 받아들인 중국은 프랑스 어 텔레퐁과 근사한 소리를 내는 더뤼펑德律風이라고 했다.

중국은 외국 말을 받아들일 때 소리 옮김인 음역音譯을 우선 해 최대한 비슷한 소리를 내도록 말을 만든다. 가령 링컨은 림긍 林肯으로 표기하는데 중국 발음은 '린칸'이니 얼추 비슷하다. 하 지만 수풀 림林과 옳게 여길 긍肯은 링컨과는 아무 연관이 없으 니 뜻 옮김인 의역意譯이 쉽지 않음을 짐작할 수 있다. 흔치 않은 경우인데, 코카콜라를 나타내는 가구가락可口可樂이 음역과 의 역을 다 맞춘 걸작으로 평가된다. 발음이 '커커우커러'이니 코카 콜라와 거의 같고, 뜻으로는 '입맛에 맞으니(可口) 즐겁다(可樂)' 이므로 Enjoy CocaCola와 딱 맞는다. 펩시콜라가 뒤질세라, 가구 가락은 한 번 즐겁지만 펩시콜라는 '백번 즐겁다(百事可樂)'고 반 격했다. 백사가락百事可樂 중국어 발음이 '바이시커러'이니 마지 못해 봐줄 만하다('ㅂ'을 현지 발음에 가깝게 표기하려면 'ㅃ'과 'ㅍ'

의 중간쯤 된다). 인도의 타밀어에서 유래해 영어가 된 쿨리coolie
를 중국이 고력苦力이라고 표기하는 것도 좋은 예다. 발음이 '쿨
리'이고 뜻이 '고된 노동'이니 '최하층 막노동꾼'이라는 본디 뜻
과 맞고 발음도 똑같다.

　텔레폰을 더뤼펑으로 한 것은 음역이 완벽하지 않을 뿐더러
뜻풀이도 애매하다. '바람 풍'을 '소리 풍'으로 의역해야만 겨우
뜻이 통할락 말락 한다. 우리나라는 처음 중국에서 전화기를 들
여왔을 때에는 중국이 사용하는 덕률풍을 그대로 사용했다. 문
헌에는 중국 톈진에서 양전기陽電氣 원리를 배운 상운이 1882년
인천으로 귀국할 때 가지고 온 전기 기기 가운데 덕률풍 2대가
있었다고 기록되어 있다. 그 뒤로 덕률풍이라는 말이 전화기 기
록마다 나오다가 전어기傳語機라는 전혀 새로운 말이 등장한 것
은 1897년이다. 우리나라가 만든 말인데, 말을 전하는 기계라는
뜻이니 의역을 했던 우리나라로서는 원작에 충실하게 옮긴 셈이
다. 역시 소리와 관계없이 뜻만을 가지고 말을 만드는 일본은 전
기를 통해 말한다는 뜻으로 전화電話 でんわ라고 했다. 원작과는
꽤 멀다.

　그런데 중국이나 한국이나 일본의 침략을 받은 뒤로는 더뤼
펑·전어기 다 사라지고 일본어인 '전화'를 쓰게 되었다. 이제 전
화를 다른 말로 바꾸기는 현실적으로 어렵다. 외래어로 간주해
그대로 쓰는 것이 낫겠다. 그러나 휴대전화·휴대폰·핸드폰 문
제는 국립국어원과 학교와 언론사 들이 힘을 모아 바로잡는 것
이 어떨까. 나 같은 사람 빼고는 별 문제 없겠다고? 명함에 쓰이
는 표기가 서른 가지에 가까운데도 공론화할 필요가 없다고?

　　　　　　　　　　　　　　수집가의 철학

명함에는 휴대전화·휴대폰·핸드폰 말고도 HP, MP, CP, Cell, Cellular, C, C mobile, M 등 여러 가지가 쓰이고 있다. H·P, H.P., H.P, H.p처럼 가운뎃점이나 생략부호, 정체불명 표기까지 넣는다면 춘추전국, Cellular와 Mobile의 머리글자를 대문자로 쓴 것과 소문자로 쓴 것까지 더하면 백가쟁명이다. 이런 상황에서 어떤 것을 써야 한다고 딱 잘라 말하기는 뭣하지만, 어떤 말이 사리에 맞는다는 조언은 할 수 있을 것 같다. 먼저 우리말 맞춤법에 맞는 용어를 고르라면 '휴대전화'가 제일 낫다.

우리가 쓰는 말에는 순수한 우리말, 한자어에서 유래한 우리말, 한자어, 외국에서 들어와 오래 쓰이다 보니 우리말처럼 된 외래어 그리고 외국어가 있다. 그래서 낱말을 조합하는 데도 끼리끼리라는 규칙이 있다. 우리말은 우리말끼리, 한자는 한자끼리이다. 가령 '사냥하는 개'를 한 단어로 조합하면 사냥개가 된다. 우리말 사냥과 우리말 개를 합친 말이다. 한자로 하자면 사냥한다는 엽獵과 개 견犬자를 합쳐서 엽견이라고 하면 될 것이다. 사냥견이라고 하거나 엽개라고 하면 어색하다. 모음조화에 따라 찰랑찰랑 출렁출렁이 자연스럽고, 찰렁찰렁 출랑출랑이 영 어색한 것과 마찬가지이다.

이렇게 본다면 한자+한자인 휴대전화나 영어+영어인 핸드폰이 한자+영어인 휴대폰보다 맞춤법에 맞는다. '핸드폰'은 이동통신 초기에는 제일 많이 쓰였지만, 콩글리시라는 비판이 있고부터 주춤하고 '휴대전화'가 많이 쓰였다. 그러다가 요즘은 '휴대폰'이 강세인 듯하다. 아마도 네 음절인 휴대전화보다 한 음절이 적어서 말하기 편한 데다 '폰'이 '전화'보다 세련되고 덜 딱딱

한 느낌을 주기 때문인 것 같다.

　다른 나라는 어떨까. 손으로 가지고 다니는(휴대) 쪽에 초점을 맞춘 우리와 달리 서양은 통신 방식에 근거를 두고 있다. 미국은 이동(mobile), 유럽은 셀룰러cellular 쪽이다. 그렇다고 한 가지로 통일된 것도 아니다. 초기 이동통신이 시작된 1921년부터 오늘날까지 미국에서 쓰인 용어를 보면 그 나라도 꽤 혼란스럽다. 디트로이트 경찰이 순찰차에 장착한 첫 이동통신 명칭은 모바일 라디오 서비스(MRS)였다. 1946년 더 개량한 모바일 텔레폰 서비스(MTS)가 나왔는데, 이때부터 모바일 텔레폰이라는 말이 널리 쓰였다. 1956년 에릭손이 자동 다이얼식 차량전화(40kg)를 선보였을 때도 시스템 이름은 모바일 텔레폰A였다. '무겁던 시절'을 지나 1971년 007 가방 같은 차량전화가 개발되자 트랜스포터블 텔레폰이라는 말이 나왔다(그 이전 세계 대전과 한국전쟁 때 이미 군사용 야전 전화로 필드폰 또는 포터블폰이 쓰였다).

　셀룰러 방식이 개발됨에 따라 한 지역에서만 통하던 이동통신이 진정한 글로벌 이동통신으로 거듭났다. 이때부터 차량용 이동전화를 셀룰러 카폰이나 모바일폰이라고 불렀는데, 차에서 내리면 들거나 걸쳐 메고 이동했기 때문에 포터블폰 또는 백폰bag phone이라고도 했다. 그러다가 차량전화 시대가 저물고 휴대전화가 대세로 굳어진 뒤에는 셀룰러 모바일 텔레폰이라는 말이 쓰이게 되었다. 그 말이 셀폰(셀룰러 텔레폰→ 셀룰러 폰→ 셀폰)과 모바일(모바일 텔레폰→ 모바일폰→ 모바일)로 줄었다. 요즘은 '핸드폰'도 꽤 쓰이고 있다고 한다.

　우리 사회가 합의를 이끌어낼 때까지 나는 일단 '석 字 이내'

　　　　　　　　　　　　수집가의 철학

라는 제한이 있는 경우를 빼놓고는 맞춤법에 맞는 '휴대전화'를 쓰겠다. 개인적으로는 그보다 편한 '휴대폰'에 끌리지만, 공인으로서 어쩔 수 없는 선택이다. (2008.12.)

메시지를 때린다고?

초창기 전화기는 자석식이었다. 아래 사진에서 보듯이 전화기 바깥의 크랭크 손잡이가 전화기 안의 시커먼 자석 덩어리와 연결되어 있다. 손잡이를 돌리면 자석이 전기를 일으켜 아래쪽 축전지에 모은다. 그 전기가 전화국 교환대의 벨을 울려 교환수를 부른다. 따라서 전화를 하려면 제일 먼저 송수화기를 걸쇠에 걸고, 자유로워진 왼손으로 전화기가 흔들리지 않도록 꽉 잡고 오른손으로 크랭크를 돌렸다. 이를 구분 동작으로 표현하자면, 제일 첫 번째 행동이 송수화기를 '걸고'인데, 여기서 전화를 '건다'는 말이 생겼다고 한다.

폰박물관 전시품 ⓒ

바깥의 손잡이(오른쪽 중간)를 돌리면
그것과 연결된 자석 덩어리가 전기를 일으킨다.

수집가의 철학

자주 다니면 길이 되고, 자주 쓰면 말이 된다. 일단 길이 되고 말이 된 뒤에는 바꾸기가 쉽지 않다. 전화를 '건다'는 말이 그렇다. 자석식 전화기 다음으로 수화기를 '들면' 바로 교환수와 연결되는 공전식共電式(교환국과 가입자가 배터리를 함께 쓰는 common battery system) 전화가 나왔지만 '건다'는 말은 '든다'는 말로 바뀌지 않았다. 송수화기를 들고 다이얼을 돌리는 자동식으로 바뀌고도 건다는 말은 '돌린다'는 말로 바뀌지 않았다. 기계식에서 전자식으로 바뀌어 버튼을 누르게 되고도 전화는 변함없이 '걸고' '걸렸다'. 터치식 휴대전화가 쓰이는 요즘에도 '건다'는 요지부동이다.

건다는 말은 본디 물건을 어디에 매단다는 뜻이지만, 유래由來가 확실하고 낮춤말도 아니니 옳고 그름을 따질 일이 아니다. 그렇다면 문자 메시지 보내는 행위를 문자 '날린다' '때린다'고 하는 것은 어떻게 보아야 할까. 얼마 전 어떤 사람이 나에게 전화를 걸어 "어제 문자 때렸는데 못 받았습니까?"라고 했다. 만난 적도 없고 나이도 나보다 꽤 아래인 사람이었다. 나는 "때리긴 뭘 때립니까"라고 쏘아붙였다. 때렸다는 말이 특정 계층에서 쓰이는 바르지 못한 표현이라고 생각했기 때문이다. 그렇지 않아도 인터넷에서 문법 질서를 무너뜨리는 글이 쓰이는 현상을 걱정하던 차였다.

사실 언어 파괴는 인터넷에서만이 아니다. 일상에서 쓰는 말도 거센 소리로 발음하거나 최상급 형용사로 과장해 쓰는 경향이 심해지고 있다. 맞돈→ 현금→ 현찰→ 현찰박치기, 힘들게→ 혀 빼물게→ 혀 빠지게→ 세 빠지게→ 쌔 빠지게, 소주→ 쏘주

→ 쐬주 따위가 그런 예이다. 맞돈이라는 말을 이제 누가 알고 쓰는가. 말이란 사물이나 현상을 표현하는 데 알맞도록 수백, 수천 년을 쓰이며 갈고 닦인다. 그렇게 만들어진 말이 우리 시대에 와서 빛을 보고 완성되는 것이 아니라 홀대받고 사라진다. 청소년이나 젊은층에서만이 아니다. 신문이야말로 가장 좋은 교과서라고 선전하는 언론 매체에서조차 하루아침에 밀려나고 있다.

가령 누가 예고 없이 자리에서 물러났을 때 '난데없이' 또는 '뜻밖에' 사직했다고 해도 충분한데 너나없이 '전격적으로' 사직했다고 표현한다. 심지어 어떤 사건에 연루된 사람의 거취 문제가 상당 기간 세인의 입에 오르내렸는데도 막상 그이가 그만두면 아무개가 '전격' 사임했다고 보도한다. 2차 세계대전 때 기갑부대를 앞세워 폴란드의 창기병을 궤멸시키고 신속하게 폴란드를 점령한 독일군의 작전이 흔히 사례로 거론되듯이 전격電擊이라는 말은 상대의 허를 찌르는 기습과 전광석화 같은 기동機動이 그 요체이다. 저 사람이 언제 물러날까 하면서 모든 이가 주시하고 있었거나 물러나리라고 충분히 예상되었다면 전격이라는 표현은 가당치 않다.

과장하려고 마구 갖다 붙이는 말은 정서도 왜곡한다. 프로야구 중계 때 방송인들이 즐겨 쓰는 말이 있다. "쭉쭉- 빨랫줄 같은 타구가 담장을 넘습니다!" 일본에서 배워온 이 말 또한 우리 정서와 너무 안 맞는다. 예전 시골 농가를 떠올려 보라. 지붕 위에 널린 빨간 고추가 가을 햇살을 받아 빛나고, 마당을 가로지르다가 힘에 겨워 축 늘어진 빨랫줄의 가운데쯤에 바지랑대 하나가 받쳐져 있다. 시간이 멎은 듯 느슨하기가 한량없다. 비뚜름

수집가의 철학

히 기운 바지랑대 끝에 고추잠자리 한 마리 앉아 있으면 이 풍경화의 마지막 붓놀림이요, 무르익은 늦가을 정취로 제격이다. 그런데 곧게 뻗어가는 직선(liner) 타구를 빨랫줄 타구라니! 차라리 철삿줄 타구라고 하는 것이 어떠실지.

선비의 나라에서 피비린내 나는 사무라이 세계의 진검승부眞劍勝負라는 말까지 빌려다 쓰는 것도 지나친 과장이요 틀린 용법이다. 세상일은 목검木劍으로 겨루는 것이다. 진검이란 칼집 속에만 있어야 한다. 우리는 서로가 대화와 타협의 대상이다. 하다하다 안 되면 마지막 수단이 목검이고, 이긴 사람이 진 사람의 손을 붙잡아 일으켜 줄 수 있는 것이 목검 승부이다. 툭하면 외나무다리에서 만난 원수인 양 진짜 칼로 끝장을 보라고 부추기면 세상에 남아날 사람이 있겠는가.

이처럼 말을 자꾸 부풀리고 꾸미다 보면 감정만 앞서고 정확하게 표현하는 능력이 쇠퇴한다. 그리하여 사람들이 닭 잡는 일에 소 잡는 칼을 들고 설치듯이 말을 마구 휘두르면, 국회의원이 의사당에서 '민나 도로보데스みんな どろぼうです(모두가 도둑놈)라고 막말을 하고, 상대를 꺾으려는 젊은 검사들의 승부욕이 대통령으로 하여금 텔레비전 생방송 토론에서 "막가자는 것이냐"라고 화를 내게 만든다. 이 지경에 이르면 말이란 소통의 수단이 아니라 소통을 가로막는 장애물이다.

언어에 대한 내 생각이 이렇다 보니, 문자를 때렸다는 말에 언성을 높였을 때만 해도 그 말이 '보냈다'로 바로잡혀야 한다고 생각했다. 한턱 내겠다고 할 때도 '쏜다'고 하는데, 쏘고 때리고 날리는 격투기 용어들 언제 없어지려나 했다. 그런데 기막힌 반

전反轉이 일어났다. 청소년도 아닌 삼십대 어른이 나이 든 박물관장한테 왜 그런 말을 썼을까 하다가 '때린다' '날린다'는 말을 여러 각도에서 곰곰이 따져 보게 되었다. 결과는 '긍정'이었다. 타이핑을 한다는 뜻인 타자打字가 글자를 '친다'는 말인데, 글자치기나 글자 때리기나 매한가지 아닌가. 날린다는 말도 속도감에서 보낸다는 말보다 훨씬 낫다. 청소년들의 문자 보내기가 하루 평균 150회로 세계에서 가장 많다는데, 어느 세월에 보내겠는가. 날려야 할 것이다.

한글이 컴퓨터나 휴대전화에서 쓰기에 제일 편한 글자라는 혜택까지 누리면서 그들은 문자 메시지를 빠르고 정확하게 때리고 날린다. 선생님을 쳐다보면서 책상 아래에서 때릴 정도이니 휴대전화가 신체의 일부라는 말이 과장이 아니다. 자식에게 젓가락 쓰는 법이나 사과 예쁘게 깎는 법 가르치기를 소홀히 하고, 연필을 깎거나 주판알 튀길 일이 없어지면서 하마터면 무뎌질 뻔했던 세계 최고의 손가락 감각이 다시 예민해질 것은 당연지사. 어리석은 백성이 세계 으뜸인 나랏말씀 덕분에 번갯불 빛(電光)과 부싯돌 불꽃(石火)처럼 빠르게 말씀을 때리고 날리면서 손재주를 되찾고 IT 강국의 위상을 지켜갈 테니, 대왕이시여 불역열호不亦說乎라, 어찌 즐겁지 않으시겠습니까! (2008.11.19.)

수집가의 철학

'쿼티 효과' 덕에 장수하는 쿼티QWERTY

#1. 타자기는 사용자가 키를 침으로써 글쇠로 하여금 먹지를 때려 종이 위에 글자를 찍게 한다. 그런데 피아노의 해머와 달리 동그라미의 한 부분(원호圓弧)처럼 둥글게 늘어선 글쇠들은 그 끝부분이 모두 한 점을 향하고 있다. 그 점은 글자가 찍힐 곳이다(116쪽 아래 사진).

#2. 중학교 교사인 석주명은 1940년 영국 왕립아시아학회의 재정 지원을 받아 한국 나비 동종이명同種異名 목록인 영문판 〈The Synonymic List of Butterflies of Korea〉를 펴냄으로써 세계적 나비학자로 올라섰다. 그의 어머니가 황소를 팔아 장만해준 타자기의 도움이 매우 컸다. 당시 타자기는 한번 사면 수십 년을 써야 하는 값비싼 기계였다.

#3. 산업혁명 이후 여성은 단순 반복 노동에만 종사했다. 사무직 여성(Office Lady)이 처음 등장한 것은 1874년 실용적인 레밍턴 타자기가 상용화하고 나서부터였다. 그때나 지금이나 타자수의 능력은 오로지 타자 속도로 평가된다.

쿼티QWERTY 자판— 옛날 타자기부터 요즘 컴퓨터와 스마트폰에까지 쓰이는 C.L.숄즈의 표준 배열판을 일컫는 별칭이다. 1874년부터 135년째 쓰이고 있는 쿼티라는 말은 자판의 맨 윗줄 왼쪽 끝에서부터 오른쪽으로 배치된 여섯 글자 Q, W, E, R, T, Y에서 땄다. 이 자판은 A키를 왼손 새끼손가락이 닿을 자리에 놓는 등 많이 쓰이는 글자들(S, E, R, T)을 왼손으로 치도록 왼

여성에게도 '사무직'이 생겼다

1874년 실용적인 레밍턴 타자기가 등장하자 전문 타자수가 새 직업으로
떠올랐다. 이는 단순 반복 노동에만 종사해온 여성이 사무직에 진출하는 계기가
되었다(사진은 1919년 영국 하원 사무처).

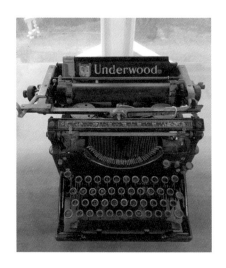

내가 막내에게 물려준 언더우드 타자기(1929년식 No 5)

아랫쪽 쿼티 자판의 키를 치면 바로 위 반원형 원호에 배열된 글쇠 중 해당 글쇠가
튀어나가 가운데 한 점에 글자를 찍는다.

수집가의 철학

쪽에 몰아놓았다. 오른손잡이에게 비효율의 극치라고 할 이런 자판이 왜 생겨났을까. 물경勿驚(놀라지 마시라)! 일부러 최대한 불편하도록 설계했기 때문이다.

처음부터 그랬던 것은 아니다. 쿼티 이전에 나온 타자기는 많이 쓰이는 글자들을 오른손으로 치기 좋도록 오른쪽에 몰아놓았다. 그런데 그 글자들을 연달아 빠르게 치면, 먼저 친 글쇠가 미처 빠져나오기 전에 다음 글쇠가 들어가면서 글쇠들이 엉켰다. 모든 글쇠의 끝부분이 한 점을 향하다 보니 좁은 장소에서 벌어지는 필연적 현상이었다. 사고를 막는 방법은 사용자로 하여금 최대한 느리게 치게끔 만드는 것뿐이었다.

그렇게 불편한 것이 어째서 여태껏 살아남았을까. 1932년 글자 배열을 개선한 드보락 자판이 나왔다. 빨리 쳐도 걸쇠가 엉키지 않았다. 타이핑 속도는 세 배까지 빨라지고, 힘은 95%나 절감되었다. 그런데도, 물물경(놀라지 마시라, 마시라)!! 개선된 타자기는 팔리지 않았다. 값비싼 타자기를 쉽게 바꾸기 어려운 점은 수긍하지만, 사무직 여성이 완강하게 반발했기 때문이라는 이유는 뜻밖이다. 왜 그랬을까. 쿼티 자판에 익숙해서였다. 70년이 훨씬 더 지난 요즘 PDA나 최신 스마트폰 자판에 쿼티가 많이 쓰이는 이유도 똑같다. 편하고 능률적이라고 해서 습관을 대체하기가 쉽지 않음을 일러 '선점先占 효과'라고 하는데, 이를 표현하는 영어가 바로 Qwerty effect이다.

쿼티와 정반대 사례로 SOS가 있다. 백척간두 위험에 처했을 때 전신으로 보내는 구조 요청 부호이다. 그래서 Save Our Soul(우리 목숨을 구해 주시오), 또는 Save Our Ship(우리 배를 구해 주시오)의 머리글자라고 짐작하는 사람이 많다. 그러나 실은 아무 뜻도 없다. 모스 부호는 키를 짧게 누르는 단점(·)과 길게 누르는 장점(─)을 조합해 글자를 만든다. 가령 A는 ·─이고 B는 ─···이다. P는 ·──·, Q는 ──·─이다. 다급한 발신자는 이처럼 복잡한 부호를 기억해 제대로 조합할 겨를이 없다. 잡음이 심하면 수신자도 잘못 들을 수 있다. 그래서 가장 보내기 쉽고 알아듣기 쉬운 S(···)와 O(───)를 쓴다. 버튼식 유선 전화에서 세로로 일직선인 2580번이 제일 인기 있는 번호였던 것도 누르기가 쉬워서이다.

쿼티는 예외이다. SOS가 보편적 현상이다. 기계란 모름지기 쓰기에 편해야 한다. 10대 청소년과 20대 청년층이 음성 통화보다 많이 쓸 정도로 문자 메시지는 그들의 생활에서 절대적이다. 음성 통화보다 요금이 싸고, 부재중이어도 메시지를 전하고, 직접 하기 어려운 말도 전하고, 다수에게 같은 내용을 보낼 수 있는 이점이 있다고 해도, 초창기처럼 다루기 어려웠다면 문자 메시지는 도태되었을 것이다. 초창기 한글 입력 방식은 복잡했다. 자판 배열도 쿼티보다 더 불편했다. 숫자는 버튼식 유선 전화 때부터 써온 123/456/789/*0#을 그냥 답습했고, 버튼은 물컹한 고무로 성형해 모음과 자음을 함께 올려놓았다. 게다가 12개가 붙어 있거나 아주 근접해 툭하면 다른 버튼을 건드렸다.

그러나 타자기와 달리 사용자가 더 편한 자판을 원했고, 황소와 맞먹을 정도로 비싸지도 않고, 제조업자들은 끊임없이 개선한 제품을 내놓았다. 자판과 버튼 재질은 실리콘 고무(1986~1996)에서 우레탄 필름과 터치 슬레이트로 발전했다. 이

수집가의 철학

과정에서 플라스틱, SUS(스테인리스), PC필름, UV 몰드 같은 재질이 갖가지 성형成形 과정을 거쳤다. 버튼 배열도 사용자 편의를 고려한 인터페이스로 발전했다(**120쪽 사진**). 그리하여 문자 메시지의 장점을 극대화하기에 이르렀다.

　그러나 무어니 무어니 해도 문자를 빠르고 정확하고 편하게 보내는 관건은 문자 입력 방식에 달렸다. 영어 일본어 중국어는 그 점에서 태생적인 한계를 지녔다. 영어는 알파벳 자모가 26개나 되므로 버튼 하나에 서너 글자씩 들어있다. 맨 앞 글자는 버튼을 한 번 누르지만, 그 다음 글자들은 두 번에서 네 번까지 눌러야 한다. 일본어는? 소리글자이면서도 자음과 모음을 조합하지 못한다. 그렇다고 글자 50가지를 전부 자판에 담을 수는 없으므로 버튼을 최대 다섯 번까지 눌러 숨은 글자를 불러내야 한다.

　중국인은 더 힘들다. 자기 나라 글자를 칠 타자기도 갖지 못했었지만 지금은 컴퓨터가 글자를 찾아주는 입력 시스템 덕분에 문자 메시지를 보낼 수 있게 되었다. 한자에 해당하는 영어 발음에 맞춰 알파벳 버튼을 누르면 그 발음에 해당하는 한자들이 화면에 뜬다. 그 중 자기가 쓰려는 글자로 화살표를 옮기고 확인 키를 누른다. 글자 하나하나를 이렇게 한다.

　삼성전자 천지인은 한글 모음 21개를 천(·) 지(ㅡ) 인(ㅣ)　세 버튼만으로 입력한다. 자음은 한 버튼에 2개씩. LG전자의 *ez*한글은 자음 6개(ㄱㄴㄹㅁㅅㅇ)에, 가획加劃 키를 눌러 자음 8개를 더 만든다. 모음은 기본 6개에(ㅏㅓㅗㅜㅡㅣ), 가획 키를 눌러 15개를 더 만든다. 스카이 한글 II는 한글 자모 24개가 버튼 12개에 각각 2개씩 새겨 있어 이를 조합한다. 천지인, *ez*한글, 한글

자판에도
나름의 역사가…
'꾹꾹 눌러'에서 '살짝 터치'로

THE PHONE

자판에도 나름의 역사가 – '꾹꾹 눌러'에서 '살짝 터치'까지

윗줄 왼쪽부터 오른쪽으로 러버 성형→ 필름 인서트 성형(알 사출)→ 필름 인서트
성형(스프레이 레이저 마킹)→ 스페셜 어셈블리 성형→ 플라스틱 성형→ SUS
성형→ PC필름 평판 인쇄→ UV몰드 성형→ 우레탄 필름 성형→ 터치 슬레이트.

II 자판이 하루아침에 개발된 것은 아니다. ① 숫자만 새긴 자판 ② 숫자와 알파벳을 새긴 자판 ③ 숫자와 알파벳과 한글을 새긴 자판. 그동안 변해온 버튼들을 보노라면 우리가 겪은 시행착오들이 만만치 않았음을 알 수 있다.

한글은 휴대전화에 세계에서 가장 빠르고 편한 문자 입력 방식을 구현했다. 1970년대에 문교부가 정한 타자 속도 2급(5분 1000타)과 같은 분당 200타 기록이 나온 지 오래다. 자음과 모음을 모아서 쓰는 한글을 풀어쓰는 영어와 단순 비교하기는 어렵지만, 영문 타자기의 최고 속도(1분 142단어, 710타)에 비해도 손색이 없다. 그 작은 자판을 엄지로만 친다는 점을 감안하면 타자기를 훨씬 앞서는 기록이다. 엄지만 가지고도 치는 정도가 아니라 날린다! 세종대왕은, 형이상학에 빠져 한글을 뜻글자인 한자보다 못하다고 본 조선 시대 학자들뿐만 아니라 읽고 쓰기의 편리성에서 한글을 영어보다 못하다고 본 광복 이후 학자들까지도 할 말이 없게 만들었다. 오~! 500년 앞을 내다본 혜안이여. (2008.12.18.)

수집가의 철학

빨리 치겠다고 바늘허리에 실 매랴

"이 타자기는 여성용이지 고릴라용이 아니라고!"

타자기 소리 때문에 통화를 중단한 사장이 여비서에게 짜증을 냈다. 그러면서도 얼굴에는 엷은 미소가 번진다. 시골 처녀 로즈 팡필은 검지손가락만 쓰는 독수리 타법이지만 힘이 있고 속도가 엄청나게 빨랐다. 타이핑 말고는 매사에 서투른데도 그녀를 비서로 두는 사장에게는 나름의 속셈이 있었다. 그는 직장을 보장하는 조건으로 팡필에게 스피드 타이핑 대회에 나가라고 권했다. 팡필이 처음 출전한 지역 예선에서 독수리 타법으로 10분간 3,580자를 쳐서 탈락하자 사장은 다섯 손가락을 다 쓰라고 요구했다. 온갖 방법이 동원되고, 체력과 집중력 훈련은 엄격했다. 잠자고 먹는 시간 빼고는 오로지 연습, 또 연습이었다. 팡필은 두 번째 도전에서 분당 419자를 쳐 우승했다. 전국대회 결승 기록은 분당 498자.

1959년 프랑스 대표로 제39회 세계 스피드 타이핑 대회에 출전한 팡필. 결승에서 미국인 디펜딩 챔피언과 겨루어 분당 515자라는 신기록으로 세계 챔피언 자리에 올랐다. 타자 빨리 하기가 웬만한 프로 스포츠보다 인기 있던 시절을 배경으로 데보라 프랑수아와 로망 뒤리스(사장 역)가 주연한 로맨틱 코미디 〈사랑은 타이핑 중〉(2012년) 줄거리이다. (결승전 3라운드 중간에 팡필의 타자기 글쇠가 엉키는 대목에서 뒷날 IBM이 볼ball 타자기로 상용화한 '골프공 아이디어'가 탄생한다. 일반 타자기와 달리 볼 타자기는 골프공처럼 생긴 타이핑 헤드 하나에 모든 글자와 기호를 돋을새김하여 글쇠 없이 두 배 빠르게 타이핑하도록 만들었다. 이 Power-typing 방식은 타자기와 컴퓨터가 결합한 뒤로 워드 프로세서라고 불린다.)

글자를 빨리 치는 특별한 방법은 없다. 타자기와 똑같은 쿼티 자판을 쓰는 휴대전화에서 문자 메시지를 빨리 보내는 방법 역시 이 영화에서처럼 연습하고 또 연습해서 타이핑을 빨리 하는 것밖에 없다. 하지만 제아무리 손놀림이 빨라도 메시지를 빨리 보내는 데는 한계가 있다. 속기처럼 빠른 방법은 없을까?

아주 오래 전 고등학교 2학년 여름방학 때 속기법速記法 강습에 참여한 적이 있다. 나는 그 전까지 속기가 손을 빨리 놀리도록 연마해 글씨를 빨리 받아쓰는 기술인 줄 알았다. 그런데 아니었다. 빨리 쓰는 훈련이 아니라 줄긋기 훈련이었다. 사람이 하는 말을 받아 적을 때 글자가 아니라 선을 옆으로 긋거나, 포물선처럼 긋거나, 직선 끝부분을 아래로 둥글리는 등 가지가지로 변형해 표기한다. '말했다'를 쓰려면 여섯 가지 부호(ㅁ, ㅏ, ㄹ, ㅎ, ㅐ, ㅆ, ㄷ, ㅏ)를 그려야 하지만, 속기에서는 줄긋기 세 번이면 끝난다. 정말 상상도 못했던 특별한 방법이었다. 그렇지만 문자 메시지를 속기처럼 줄긋기 방식으로 표기할 수는 없지 않은가. 그렇다면 낱말 자체를 줄여 쓰는 것은 어떨까. 그러나 2003년 영국 일간지 〈가디언〉에 소개된 한 고등학생의 문자 메시지를 보고는 그런 마음도 접었다.

'Dnt u sumX rekn eng lang v lngwindd? 2 mny wds & ltrs?'

이 메시지는 다음 문장을 줄여서 쓴 것이다.

'Don't you something recognize English language of longwinded? Too many worlds and letters?' (쓸데없이 긴 영어 문장을 가끔 볼 거

　　　　　　　　　　　　　　　　　수집가의 철학

야. 단어와 문자가 너무 많지?)

이 메시지의 마지막 문장은, 이 글을 교사(기성세대)가 볼 경우의 반응을 이렇게 예상했다.

'Sh hd NI @A wot grl was on abut. Sh 4t her pupl was ritng in hieroglyphics.'

이 영어 문장을 영어로 번역하면 이렇다.

'She had no idea at all what girl was on about. She thought her pupil was writing in hieroglyphics.' (그는 학생이 무슨 얘기를 하는지 전혀 몰라. 그는 학생이 알아볼 수 없는 상형문자를 썼다고 생각하지)

something(→ sumX) English(→ eng) of(→ v) too(→ 2)처럼 낱말들을 거의 반 토막 내다시피 해서 알파벳과 부호 158개를 101개로 줄였다. 그런데 문제는 이 영어 상형문자를 다시 영어로 번역하지 않는 한 이너 서클 바깥 사람은 이해하지 못한다는 점이다. 속기로 표기한 것을 다시 한글로 번역하지 않는 한 다른 사람이 못 알아보는 것과 마찬가지다. 그러니 우리나라 사람이 '너무' '내일'을 '넘' '낼'이라고 쓰거나 미국인이 you를 u라고 줄이는 반 토막 낱말은 속타速打를 위한 애교라고 보아줄 수 있지만, 낱말을 줄인 결과가 상형문자처럼 못 알아볼 정도라면 보편적인 의사 소통 수단이라고 할 수 없다.

일본어의 가타카나에도 반 토막 낱말이 많다. 이 말들은 앞에서 예로 든 영어 메시지처럼 그들만의 리그에 속한 사람끼리 쓰는 말이 아니라 사회 전체가 쓴다. 문자 메시지를 빨리 보내려고 그런 것이 아니라 받침을 발음하기 힘든 일본어의 언어 구조

때문에 그렇다. 고대에 한국과 일본은 같은 문자를 썼다. 이두吏讀로 표기되는 고대 조선어였나. 비슷한 시기에 두 나라 지도층은 자기네 말을 표기할 글자를 만들었다. 한국은 한글을, 일본은 가나かな를. 둘 다 백성이 쓰기 쉽도록 만들었지만, 한글은 닿소리와 홀소리를 조합해 1만1천172자를 표기하고 가나는 모음으로 끝나는 마흔 여덟 가지 소리와 받침 2개만 표기할 수 있다.

이것이 오늘날 일본어가 휴대전화 문자 보내기에서 엄청난 불편을 초래한 원인이다. 이미 소리가 정해져 있는 글자 50개를 자판에 다 새겨 넣을 수가 없으니, 한글로 치면 '가나다라'에 해당하는 'あ아 かカ さ사 たタ なレ はホト まロト や야 らᄅト わ와'와 받침을오(ㄹ) ん응(ㄴ, ㅁ, ㅇ)만 표시했다. 그나마 わをん은 버튼 한 칸에 몰아넣었다(127쪽 사진). 나머지 글자 38개는 자판에 없다. 따라서 '아'행에 속한 글자를 화면에 띄우려면 두 번에서 다섯 번까지 눌러야 한다. '이'논 두 번, '우'는 세 번, '에'는 네 번, '오'는 다섯 번이다.

가령 거지(おこも·오코모)라는 말을 메시지로 보내려면 자판의 '아'를 다섯 번 눌러서 '오'자를 띄우고, '카'를 다섯 번 눌러서 '코'자를 띄우고, '마'를 다섯 번 눌러서 '모'를 띄워야 비로소 '오코모' 세 음절을 띄울 수 있다. 한글 천지인이라면 ㄱ, ·, ㅓ, ㅈ, ㅣ를 각각 한 번씩 누르면 된다. 거지 한 번 띄우는 데 한글은 자판을 다섯 번 누르면 되고, 한글로 '오코모'를 띄우는 데도 여섯 번 누르면 되지만, 가나는 열다섯 번 눌러야 한다. 만약 오코모가 아니라 오고모라면 '코'자를 띄우고 나서 별표(*)를 또 쳐서 반탁점(°)을 붙여야 고ご가 된다. 받침이 거의 없는 일본어를 표

수집가의 철학

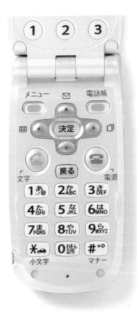

그냥 보기에는 너무 간단한 일본어 자판

그러나 여기 있는 글자들은 각기 그 행行의 첫글자일 뿐이다. '오'자를 화면에 띄우려면 '아 あ' 자를 다섯 번 눌러서(아→이→우→에→오) '오'자를 불러내야 한다.

기하는 히라카나가 이 정도이니 받침 많은 외국어를 표기하는 가타카나 발음은 얼마나 어려울까.

'일본인도 우리처럼 어떤 소리도 낼 수 있는 신체 구조를 가지고 태어나지만, 초등학생 때 자기네 글자를 익히면서부터 그들이 낼 수 있는 소리는 50가지 이내로 제한된다. 그러다가 중학교에 들어가서 그때까지 배우고 익힌 다섯 모음의 몇 갑절이나 되는 (외국어) 모음을 배우고 발음하도록 강요당한다.' (박병식 〈일본어의 비극〉에서)

그래서 가타카나에는 극단적으로 말을 줄인 반 토막 낱말이 많다. 도큐(다큐멘터리) 리모컨(리모트 컨트롤) 멘스(멘스트루에이션) 아마(아마추어) 아쿠세루(액셀러레이터) 인푸레(인플레이션) 산도(샌드위치) 프로(프로페셔널) …. 반 토막+반 토막인 싯토코무(시추에이션 코미디)도 있고, 반 토막+반 토막+반 토막인 레미콘(레디 믹스드 콘크리트)도 있다. 덕분이라고 해야 할까, 탓이라고 해야 할까. 궁여지책으로 낱말을 토막 내어 쓴 것이, 이동통신 시대 들어서 문자 메시지를 보내는 데 일부분 긍정적으로 작용한 데는 이런 사연이 있다. (2017. 12.11.)

수집가의 철학

미래는 가고
상상이 현실로

교환기에 울고, 교환기에 웃고

전화 역사는 곧 교환기 역사이다. 목소리를 멀리 보내는 일은 전화기가 하지만 보내고 싶은 곳으로 보내는 일은 교환기가 한다. 그런데 교환기는 개인이 간직할 수 있는 물건이 아니다. 전화국이나 큰 기관에서만 쓰는 데다 통신 시스템이 바뀌면 절차에 따라 폐기된다. 그래서 우리나라에서 쓰인 교환기를 구하기는 너무 어렵다. 지금 폰박물관은 운좋게 국산과 미제 두 가지 자석식 교환기를 전시하지만, 내가 처음 교환기를 구하고 싶었을 때 그것은 언감생심焉敢生心, 감히 품을 수 없는 희망이었다.

어느 날 미국 경매 시장에 나온 웨스턴 일렉트릭의 자석식 교환기를 보았다. 교환기를 구할 수도 있겠다는 아주 가느다란 희망을 품었는데 오산이었다. 값은 고하간에 살 방법이 없었다. 판매자는 로컬 픽업만 가능하다고 했다. 가령 판매자가 오클라호마 주 시골에 산다면, 내가 트럭을 몰고 그곳에 가서, 오르간보다 크고 100kg이 넘는 교환기에 맞추어 튼튼하게 나무 상자를 짜서 포장해야 한다. 그것을 한국 직항 항공편이 있는 도시까지 수천 km 나른 뒤 인천공항에 항공 화물로 부치고, 인천에서 찾아 경기도 여주 산속까지 날라야 한다.

어쩌다 알게 된 해외 이삿짐 업체에 전화했더니 자기네는 반기문 유엔 사무총장의 이삿짐을 날랐던 믿을 만한 업체라면서 일단 5백만원을 내라고 했다. 군말 없이 돈을 구해 보내고, 판매자에게는 두 주일 안에 가지러 가겠다고 메일을 보냈다. 그러나 이삿짐 업체는 차일피일 시간만 끌었다. 40일이 넘어서야 속았

수집가의 철학

'이 교환기에는 권형주·전소연 부부의 아름다운 마음이 깃들어 있습니다'
교환기를 못 사서 애태운다는 말을 전해들은 부인(사진 왼쪽)이 남편(사진
오른쪽)에게 말했다. "교환기를 사서 기증하면 어때요? 그 귀한 걸 여러 사람이
본다면 얼마나 보람 있겠어요." 남편이 그 제안을 흔쾌히 받아들인 덕분에 그 비싼
교환기(사진 가운데)와 테스트기(사진 오른쪽)가 폰박물관에 전시되었다.

음을 알았다. 돈은 고소하겠다고 으름장을 놓고서야 겨우 돌려
받았다. 반 년 지나 나온 매물도 로컬 픽업. 세 번째에 가서야 운
이 따랐다. 누이동생이 사는 포틀랜드 바로 옆 시애틀에서 매물
이 나왔다. 거기에는 대한항공 화물 취급소도 있었다. 결국 누
이 부부가 판매자의 집 지하에 있는 교환기를 계단으로 힘겹게
올려다가 빌려온 픽업 트럭에 싣고 공항에 가서 부쳤다. 사실 나
는 살 능력이 없었는데 구세주 같은 메세나가 큰돈을 쾌척했다.
캐리맥스 권형주 사장. 내가 그 고마운 고교 동창에게 보답한 것
은 기껏 사연을 짤막하게 소개한 패널을 교환기 위에 붙인 일이
다**(위 사진)**. 감사한 마음은 그보다 훨씬 크고 깊었는데.
　1890년대 이 땅에 처음 에릭손 교환기와 전화기가 들어왔을

때 궁내부 교환수는 상투 튼 남자였다. 세월이 흘러 전국에 4명 (서울 2, 인천 2)이던 전화 가입자가 50명으로 늘고 다시 100명을 넘어섰을 때는 교환수가 어느덧 여성으로 바뀌어 있었다.

'여성 교환수는 오늘의 교환양交換孃에 해당하는 교환희交換姬라고도 불렸다. 전화벨이 울리면 일본말로 "남방なんばん(몇 번)?"이냐고 앵무새처럼 물었기 때문에 미스 남방이라고 불리기도 했다. … 전화 가입자는 1906년 2,362명에서 1923년 2만명, 1928년 3만명으로 급증했다. 당시 전화 이용자의 70% 이상이 일본인이었기에 교환수는 일본어를 할 수 있어야 했다. 조선 여성이 채용되기 매우 어려운 전문 직종이었다. '청진 우편국이 조선 여자 3명을 교환희로 채용했다'고 뉴스로 소개될 정도였다. … 교환수는 일반에는 선망의 대상이었지만, 시간당 250~300회씩 전화선을 끊었다 이었다 하는 고된 직업이었다. 게다가 툭하면 기다리게 한다고 욕을 먹고 음담패설에도 시달렸다.' (《조선일보》에 비친 '모던 조선'25에서)

3교대로 24시간 일하는 고된 직업이다 보니 교환수의 실수로 곤욕을 치른 얘기도 있다.

'내가 시골 살 때 이야기다. 새벽 4시경에 꼭 전화가 걸려 왔다. "아침 첫 버스는 몇 시인가요?" "자리를 예약할 수 있습니까?" 라는 물음이었다. 하도 귀찮아서 우체국에 가서 알아 보았더니 버스회사 코드 바로 밑에 우리집 코드가 있었다. 교환수들이 아침에 졸다가 위에 꽂을 것을 밑에다 연결하곤 했기 때문이었다.' (에

수집가의 철학

드워드 포이트라스 '전화 노이로제'에서)

드물지만 이권利權에 개입한 사례도 있다. 미국에서 장의사를 경영하던 앨먼 스트로저는 언제부터인가 손님이 현저히 줄어드는 것을 알아차렸다. 조사해 보니, 경쟁업자와 결혼한 전화국 교환수가 장의사를 묻는 전화를 거의 남편에게 연결하고 있었다. 격노한 스트로저는 당장 사람의 손을 빌리지 않는 교환기를 만드는 일에 매달렸다. 그리하여 1887년 탄생한 것이 저 유명한 스트로저 자동 교환기와 그 뒤에 만든 스트로저 자동(다이얼식) 전화기(**아래 사진**)이다.

폰박물관 전시품 ⓒ

스트로저 다이얼 전화기
1905년 앨먼 스트로저가 만든 세계 최초 다이얼 전화기이다.

동양정기공업(주) 자석식 소시외교환기

1977년 5월에 만들어진 이 10라인 국산
교환기는 수십 년을 잘 보존되었다가
폰박물관에 들어왔다. 예전 교환기들은
거의 폐기되었는데, 기적 같은 일이었다.

고향역 대합실처럼 푸근하고 나른한 지방 도시 교환실

교환원들 머리 모양과 포플린 의상, 등받이 없는 나무 의자 따위가 '긴- 하품을
토하고 섰던 낮차가 겨우 떠난 뒤' 라는 김광균의 시구를 떠올린다

수집가의 철학

웨스턴 일렉트릭 20라인 교환기

세계 여러 나라에서 가장 많이 쓰인
교환기가 미국 웨스턴 일렉트릭 사
제품이다. 참으로 힘든 여정을 거쳐
폰박물관에 들어왔다

분주함과 집중력이 느껴지는 호텔 특별교환실

1932년 시카고 콩그레스 호텔. 프랭클린 루스벨트 선거운동 사무실에 설치된
교환대에서 두 사람이 뉴욕–시카고 장거리 교환 일을 하고 있다.

자동 교환기라고는 하지만 초창기 기계식은 사람 손이 많이 필요했다. 게다가 우리나라에서는 대도시 일부를 빼고는 수동식 교환기가 그대로 쓰였다. 그래서 교환기 용량이 늘 부족했다. 교환기가 기계식에서 반전자식으로 바뀌고도 가입자가 폭발적으로 늘어나는 것을 따라가지 못했다. 전화 있는 집이 극소수이다 보니 온 나라가 전화 때문에 몸살을 앓았다. 한겨울에도 공중전화 앞에 사람들이 길게 늘어서고, 3분에 통화를 못 끝낸 사람은 다시 맨 뒤로 가서 차례를 기다리고, 앞사람이 전화를 오래 쓴다며 살인까지 벌어졌다.

당시 집에 전화를 놓는 방법은 두 가지였다. 관련 사항을 적는 원부原簿가 청색 종이로 되어 '청색 전화'라고 불린 가입전화는 고유 번호 사용권만 인정되었다. 정부가 추첨으로 배정했는데 **(137쪽 사진)**, 몇 년이 지나도 당첨되기 어려웠다. 원부가 흰색 종이로 된 '백색 전화'는 재산권이 인정되어 사고팔 수 있었지만 그림의 떡. 집값보다 비쌌다. 나는 1979년 잠실 3단지에서 살던 신혼 3년차 때 집세보다 비싼 돈을 다달이 물고 백색 전화를 빌려 썼다. 그런 시절이었으니 전화가 없어서 헛심 쓰는 일도 많았다.

'웬 전화가 다 있느냐고? 지금보다 교통이 더 나쁘던 때 당인리로 나를 찾아왔던 제자들이 내가 없어 허탕을 치는 일이 있었다. 그 후 그들이 우리집에 전화를 놓아주려고 동창들 간에 돈을 모으고 있다는 소문이 들려 왔다. 당황한 나는 급히 가설비를 마련하고 어떤 분의 호의로 전화를 놓게 되었다. …' (피천득 〈금아문선〉에서)

수집가의 철학

걷고 버스 타고 또 걸어서 찾아간 친구집. "아무개야!" 하고 불렀더니 안에서 들려온 소리는 "아무개 없다!"였다. 또 걷고 타고 걸어서 집으로 돌아온다. 내가 1960년대에 자주 겪은 일을 피천득씨 제자들도 겪었다는 말씀. 그러나 그 시절에는 불편한 줄도 몰랐다. 누구나 그렇게 살았으니까. 그런데 문제는 전화 적체와 통신 낙후가 개인에 국한하지 않고 당시 국가 경제에까지 심각한 걸림돌이 되었다는 점이다. 아주 작은 보기 하나.

어느 날 아침 부산의 한 사무실. 전날 실적을 정리한 직원들이 과장에게 상품 주문서를 여러 장씩 올렸다. 전화국에 신청한 지 30분이 넘어 서울과 시외 전화가 연결되었다. 그러나 정

'청색 전화' 추첨에 몰린 인파(1960년대 서울 동대문전화국)
사유 재산인 '백색 전화'는 집값보다 비쌌고, 재산권이 인정되지 않지만 추첨으로 배정되는 '청색 전화'는 로또만큼 당첨되기 어려웠다.

해진 시각보다 늦어 본사 전화기는 다른 지점과 통화중. 과장은 한참 뒤 다시 신청해 전화기로 주문서 내용을 읽었다. VM 열박스, VNP 열두 박스… 본사의 노련한 여직원이 지점들의 전화를 몇 시간째 받아 적었다. 내가 첫 직장생활을 한 사무실의 1975~1976년 풍경이다. 그 때 우리나라 전화 보급률은 인구 100명당 3.4대였다.

마침내 정부가 결단했다. 전자통신연구소를 세우고 전전자全電子 교환기 개발에 들어가 1986년 9,600회선 용량인 TDX-1으로 24,000 회선을 개통했다. 1992년에는 TDX-1B(한 대당 2만 회선 동시접속)로 500만 회선을 돌파했다. 1998년에는 TDX-10 ISDN 기술과 HANBit ACE ATM 교환기로 세계 최고 통신망을 갖추었다. 우리가 상용화한 CDMA(부호분할다중접속) 통신의 원천 기술은 퀄컴 것이다. 미국이 군사용으로 개발하고 국가 표준으로 정한 기술을 넘기면서까지 한국과 손잡은 것은 광역 교환 기술이 우리만 못해서였다. 교환기 탓에 전화 사정이 나빴고, 교환기 덕에 휴대전화 세계 일등이 되었다. (2008.12.1.)

수집가의 철학

CDMA 상용화, 그 무모했던 열정

무선 통신 기술이 없던 우리나라가 정보통신기술강국으로 올라선 기적. 이 드라마의 출발점은 부호분할다중접속(CDMA·Code Division Multiple Access) 통신 방식을 최초로 상용화商用化한 일이다. 그 내막은 여러 경로로 알려져 있지만, 특히 〈우리 휴대폰 덩크슛 쏘다〉라는 책은 세밀한 취재가 돋보여 압축해서라도 소개하고 싶었다. 나는 이 책을 오래 전 한 영화 감독에게서 얻었다. 그는 이 책 내용을 영화로 만들려고 나를 찾아 왔었다.

1.

1972년 2월. 서울 홍릉 과학기술연구소. 어느날 정만영 부소장이 안병성 연구실장 방을 찾았다. 가벼운 인사와 따뜻한 차, 그 뒤에 작은 목소리들이 오갔다.

"청와대에서 박종규 경호실장이 뭘 부탁해 왔네. 각하 승용차에 달린 모토로라 이동전화 알지? 그게 지방에 통화할 때 자꾸 말썽을 부리나 봐. 그리고 각하 책상에 비상전화가 여러 개 있는데, 벨들이 울릴 때마다 어느 전화인지 몰라서 짜증을 내신대. 그래서 말인데, 어느 벨이 울리든 전화 한 대로 자동 연결되게 전자 교환 시스템을 만들면 해결되잖아."

"그러니까 무선이든 유선이든 자동으로 연결시킬 수 있는 전자 교환기를 원하시는군요."

"맞아! 각하가 전화를 걸 때 상대가 통화중이면 기다려야 하는 문제도 해결할 수 있고."

"그렇죠. 하지만 무선 통신은 미국 장비가 훨씬 나은데 왜 굳이 우리한테 맡기죠?"

"보안 때문이겠지. 청와대가 갖고 있는 유일한 피해의식이 뭔 줄 아나? 국무회의 내용이 미국에 도청될까 봐 전전긍긍한대. 언제? 일 년 안에 만들어 달라는데 할 수 있겠지?"

자동식 교환기에 컴퓨터를 결합하는 전자 교환기. 그들로서는 처음 만들어 보는 디지털 기기였다. 일본 회사를 찾아가 컴퓨터를, 아키하바라 전자상가에서 부품을 사왔다. 맨땅에 헤딩하기였지만 연구원들은 1년 만에 해냈다. 시간에 쫓겨 보안 문제를 완벽히 해결하지 못해 청와대에서 쓰이지는 못했다. 그러나 애초 요구받은 이상으로 성능이 좋았다. 하급자의 통화 회선을 제어하거나 불필요한 전화 요청을 차단하고, 전국에서 50명을 동시 호출해 음성 회의를 하다가 특정인하고 통화하더라도 50명과 재통화할 수 있었다. 단축 다이얼 기능도 있고, 통화할 대상이 자리에 없어도 그가 전화기가 있는 곳에 있으면 즉시 연결되었다.

1981년 체신부가 국산 시時분할 전전자全電子 교환기인 TDX(Time Divisiom Exchange) 개발 계획을 발표했다. 얼마나 중요하고 어려운 일이었는지 개발에 실패하면 어떤 처벌이라도 받겠다고 서명한 'TDX 혈서' 일화까지 있다. TDX는 순수하게 자기 기술로 만든 전전자 교환기로는 세계 열 번째였다. 과학기술연구소에서 옮겨간 정만영·안병성을 비롯한 한국전기통신연구소 연구원들이 '청와대 교환기' 때 쌓은 기술을 더 발전시켜 1982년에 해냈다. 1986년부터 서비스된 TDX는 단시간에 국내의 전화 적체를 해소해 '1가구 1전화'를 달성하고, 1991년에 개발된 TDX-10은 수십 개국에 수출되어 통신 강국의 입지를 다

수집가의 철학

졌다. 그 TDX가 두 번째 기적에 도전했다.

#2.

한국전자통신연구소 무선통신개발단장 이원웅. 그는 체신부가 디지털 산업을 국책과제로 선정한 1989년부터 시時분할다중접속(TDMA·Time Division Multiple Access) 기술을 얻으려고 여러 나라를 돌아다녔다. 이 기술만 확보하면 우리 전전자 교환기와 접목해 국내 통신 사정을 개선함은 물론 휴대전화를 만들어 수출할 수 있다고 생각했다. 그러나 모토로라를 비롯한 선진국 통신 기업들은 기술을 빌려는 주어도 가르쳐줄 수는 없다고 거절했다.

1990년 11월 이원웅은 미국에 갔다가 퀄컴이 부호분할다중접속(CDMA·Code Division Multiple Access) 원천 기술을 민간용으로 개발한다는 사실을 알았다. 그는 CDMA 기술을 현장에서 확인했다. CDMA는 음성 신호를 2진법 부호인 1과 0으로 바꾸므로 제3자가 전파 방해나 도청을 할 수 없다. 그래서 군대의 비밀 통신이나 우주 통신에만 쓰였다.

당시 유럽과 미국의 통신은 아날로그에서 디지털로 넘어가는 과도기였다. 유럽이 아날로그 주파수분할다중접속(FDMA·Frequency Division Multiple Access)과 디지털 TDMA를 조합해 유럽식 디지털 이동통신 방식인 GSM(Global System for Mobile Communication) 시스템을 구축하려 하자 미국도 1988년 이동통신 국가 표준을 디지털로 바꾸기로 했다. 1990년 미국은 모토로라와 AT&T가 개발한 IS-54 TDMA를 국가 표준으로 채택했다. 그러자 석 달 뒤 퀄컴이 주파수 용량은 물론 통화 품질과 보안성에서 훨씬 뛰어난 CDMA를 국가 표준으로 추가해 달라고 제안했다. 이원웅이 미국에 간 때가 그 무렵이다.

퀄컴 사장 어윈 제이콥스는 공과대학생의 성경이라고 불린 〈통신공학 원리〉를 쓴 MIT 교수 출신이자 전파 탐지를 막는 확산 대역(Spread Spectrum) 통신의 일인자, 부사장 앤드루 비터비는 디지털 변조와 코딩의 권위자였다. 그러나 벤처 기업인 퀄컴은 CDMA를 상용화할 자본이 없었다. 유럽은 GSM 개발을 끝내 1992년 서비스를 준비중이고, 미국에서는 IS-54 TDMA가 현장 시험 단계였나. 그 둘에 시장을 선점당하지 않으려면 하루바삐 휴대전화에 내장할 칩을 개발하고 장비를 시험해야 하는데 돈이 없었다. 게다가 대량 동시통화, 즉 광역 통신을 지원할 교환 시스템도 없었다. 퀄컴 처지에서 한국은 이러한 약점을 보완해 줄 맞춤형 파트너였다. 국가가 국책 과제에 50%를 지원하니 원천 기술을 개방하면 막대한 로열티를 받을 수 있고, 한국이 개발한 TDX-10은 세계 최고 수준 광역 전전자 교환기 아닌가. 양쪽은 서로를 필요로 했다.

#3.

1991년 기술교환 양해각서를 맺었지만 동상이몽이었다. 퀄컴은 한국을 파트너가 아니라 먹잇감으로 생각했다. 한국형 CDMA를 개발한다는 명목으로 엄청난 기술 사용료를 챙기려 했고, 공동 개발을 내세워 한국의 통신 시스템과 휴대전화 시장을 노리면서 TDX-10 기술까지 넘겨받으려고 했다. 한국전자통신연구소의 속셈은 달랐다. 로열티를 내고 우리가 뒤진 무선통신 기술만 배워서 우리의 교환 기술을 접목해 한국형 CDMA를

수집가의 철학

세계 최초로 상용화하고자 했다. 그렇게 되면 통신 시스템과 휴대전화를 1990년대 이후의 수출 주력 산업으로 삼을 수 있다. 제이콥스 퀄컴 사장과 경상현 전자통신연구소장은 서로 속내를 감춘 채 1991년 5월5일 3단계 기술협력 조건으로 1,695만 달러 계약서에 사인했다.

퀄컴과의 관계는 상승相乘이 아니라 길항拮抗이고, 윈윈 게임이 아니라 제로섬 게임이었다. 전자통신연구소는 그것을 극복하고 핵심 기술인 이동 시험 시스템(RTS) 제작과 사용 방법을 익힌 뒤로는 퀄컴과 선을 긋고 우리 기술로 개발을 밀고 나갔다. 그러나 기술 외의 어려움은 몹시 버거웠다. 애초에는 기술을 개발해 삼성·LG·현대·맥슨에 넘기면 그들이 휴대전화를 만들어 상용화하는 계획이었다. 그런데 기업들이 연구소의 능력을 의심했다. 특히 아날로그에 많이 투자한 삼성전자는 CDMA 개발에 반발했다. 체신부조차 미국보다 앞서 상용화할 수 있다는 말을 못미더워했다. 그뿐인가. 먹잇감을 놓치지 않으려는 퀄컴의 로비, TDMA로 바꾸라며 정부에 방해 공작을 편 모토로라, TDMA로 하라며 체신부를 압박한 경제기획원과 상공자원부….

그 와중에도 연구원들은 밤낮없이 KCS(Korea CDMA System) 개발에 매달렸다. 툭하면 보름이 넘도록 집에 들어가지 못하니 실험실과 연구실은 일하고 먹고 자는 곳이 되었다. 이혼 위기에 처한 연구원을 다른 부서로 보내기도 하고, 단장이 부인을 설득하기도 했다. 1993년. 마침내 정부가 디지털 표준을 CDMA로 확정함으로써 논란에 마침표가 찍혔다(미국도 1993년 7월 CDMA를 제2 디지털 이동통신 표준으로 추가했다). 그리고 1996년 1월부터 우리나라는 세계 최초로 CDMA 방식을 가입자에게 서비스했다(아래 사진).

TDX 개발과 CDMA 상용화를 이끌어낸 에너지의 원천은 무엇일까? 연구원들의 울력(여럿이 합한 힘)에서 솟구친 결기- 바로 국익을 위한 무모한 열정이었다. (2017.11.10.)

"우리도 선진국 반열에 올랐습니다"
1996년 1월1일 대덕연구단지에서 열린 '세계 최초 CDMA 서비스 개시' 기념식에서 이수성 국무총리가 CDMA 디지털 통신으로 통화했다.

수집가의 철학

역사의 현장음現場音

역사에 길이 남아 숱하게 인용되는 멋진 말은 몇 안 된다. 문학 작품이나 연설문처럼 머리를 쥐어짜 생각해낸 것이 아니라, 한 시대에 획을 긋고 한 세계의 명운을 가르는 현장에서 즉흥적으로 나온 것이라면 더더욱 그렇다. 그 몇 안 되는 명언 가운데 무려 세 가지를 카이사르가 했다. "주사위는 던져졌다" "왔노라, 보았노라, 이겼노라" "브루투스, 너마저" 시오노 나나미의 말마따나 카이사르는 카피라이터 재능을 타고났나 보다.

역사가 드라마틱하게 전개되고 반전하는 과정에서 영웅은 탄생한다. 그가 그 때 그 자리에서 한 말은 역사의 한 페이지에 기록되어 후세에 현장음을 전한다. 먼 훗날 그 말은 사람들에게 도전과 실패와 극복과 성취의 드라마를, 그리고 그 엄청난 드라마를 있게 한 작은 일화들을 곱씹게 한다. 통신의 역사에도 한 페이지 한 페이지를 장식한 말들이 있다. 거창한 말도 있고, 명언은 아니지만 역사의 한순간을 장식한 덕분에 전해지는 말도 있다.

비둘기를 통해 기사를 전하던 유럽 통신사들이 새뮤얼 모스가 만든 모스 전신으로 통신 방법을 바꾼 것은 1850년 무렵. 말이 증기기관으로 대체되었듯이 통신에서도 동물 시대가 가고 기계 시대가 열렸다. 1845년 5월24일 워싱턴과 볼티모어 사이에 전선 가설을 마친 새뮤얼 모스(147쪽 위 사진)가 처음으로 키를 두드려 송신한 메시지는 '하느님이 무엇을 만드셨는가!(What hath God wrought)'이다(147쪽 아래 사진). 그가 성경을 그대로 인용하지 않고 메시지를 욕심껏 만들었다면 아마 위의 글을 '보라!'로 시작했을 것이다.

1866년 대서양 해저에 전신 케이블을 깔아 유럽과 미국 간에 모스 전신을 개통시킨 사이어러스 필드가 7월27일 타전한 말은 너무 평범하다. '만사 OK. 하느님께 감사함. 케이블을 부설했고, 기능이 완벽함.' 그는 10년간 네 차례나 케이블을 바다에 빠트리고도 포기하지 않았다. 다섯 번째. 마침내 3,840km, 5천여 t에 이르는 전선이 아일랜드~뉴펀들랜드 해저에 깔렸다. 그 엄청난 감동을 표현할 말을 어떻게 찾을 수 있었겠는가.

전화를 발명한 알렉산더 그레이엄 벨이 1876년 3월10일 자기 발명품에 대고 한 말은 "왓슨 씨 이리 와서 나 좀 도와줘요.(Mr. Watson, come here, I want you)"였다. 위대한 발명품을 시연하면서 벨이 이렇게 도움을 청하는 말을 하려던 것은 아니었다. 그는 긴장해서 목청을 가다듬고 이층 침실에서 대기하고 있는 조수 토머스 왓슨에게 인류 최초의 전화 메시지를 보낼 준비를 했다. 그런데 그만 옆에 놓아둔 산酸을 옷에 엎질렀다. 왓슨이 벨의 말을 듣고 아래층으로 뛰어 내려가니 벨은 타다 만 옷을 입은 채 연기에 그을린 얼굴로 환호하고 있었다. 그는 통화에 성공한 사실에 도취해 옷에 붙은 불을 방금 전에 끈 사실조차 잊고 있었다.

그 엄숙한 현장에 왜 위험천만한 화학 물질이 있었을까. 벨이 만든 것은 액체 송화기(liquid transmitter)였다. 사람이 빈 원통에 말을 하면 원통 바닥을 막은 양피지가 울린다. 양피지 아래 매달린 침도 양피지가 진동함에 따라 함께 진동한다. 전기를 통하게 한 이 침이 양피지 바로 아래 있는 작은 용기에 담긴 물속을 오

수집가의 철학

'천재들 별자리에 내 이름을 올리고 싶습니다'

초상화가 새뮤얼 모스가 빠른 통신수단을 만들기로 한 것은, 아내가 죽은 소식을
한참 지나 듣고서이다. 1842년 그는 자기가 만든 부호로 열 단어를 타이핑해 널리
쓰일 수 있음을 증명했다.

'하느님이 무엇을 만드셨는가!'

1845년 워싱턴–볼티모어에 처음 전신이 개통될 때 모스가 타전한 글이다.
위 사진은 그때 복장과 송신기로 똑같은 내용을 타전해 역사적 사건을 재현한
것이다(1991. 5.23).

르락내리락하면서 진동을 전하면 그 진동은 물속에서 전기 진동(신호)으로 바뀐다. 이때 만들어진 전기 신호가 코일로 잘 전도(傳導)되게끔 물에 산을 넣는다. 만약 옷에 불이 붙는 사건이 일어나지 않았다면 벨은 이렇게 말했을지도 모른다. "하느님이 또 무엇을 만드셨는가!"

1915년 1월15일 벨과 왓슨은 다시 한 번 역사적인 현장에 섰다. 대륙횡단 장거리 전화 개통식이었다(아래 사진). 뉴욕에서 벨은 샌프란시스코에 있는 왓슨에게 39년 전에 했던 말을 되풀이했다. "왓슨 씨 이리 와서 나 좀 도와줘요." 첫 번째 역사의 현장에서 한마디도 못 남긴 왓슨은 이번에는 역사적 발언에 동참했다. "기꺼이 가죠. 그런데 일 주일은 걸릴 겁니다."

세계 최초로 부호분할다중접속(CDMA) 방식 디지털 휴대

역사적인 장거리 전화 개통
A. G. 벨이 1915년 1월15일 뉴욕에서 샌프란시스코로 전화를 걸어 39년 전과 똑같은 말을 했다. "왓슨 씨 이리 와서 나 좀 도와줘요."

수집가의 철학

전화 서비스를 상용화한 우리나라에도 기억할 만한 장면이 있다. 처음에는 반대 여론이 거셌다. 실패할 것이 뻔한 CDMA를 개발한답시고 모험을 하기보다 투자비가 많이 든 아날로그 방식을 계속 쓰거나, 이미 개발된 시분할다중접속(TDMA) 방식을 모토로라에서 들여오자는 주장이었다. 그러나 정보통신부는 기존 전자통신연구소에 이동통신기술개발사업관리단(이동통신개발단)까지 만들어 2년 넘게 CDMA 연구 개발을 밀어붙였다. 새로운 것을 개발해야 내수 시장을 지키고 수출을 해서 국가경쟁력을 키울 수 있다고 판단해서였다. 여기 참여한 연구 개발 인력은 사생활을 희생하면서까지 전력을 투구했다.

1995년 6월11일 아침. 기자들을 태운 버스가 CDMA 이동전화 시연회가 열릴 삼성동 코엑스로 향했다. 남산 하얏트호텔 앞을 지날 때 버스에 장착된 CDMA 휴대전화에서 벨이 울렸다. "기자 여러분, 안녕하십니까? 나, 서정욱입니다." 휴대전화와 연결된 스피커에서 흘러나온 밝고 힘찬 목소리. 세계 최초로 CDMA 통신을 통해 전달된 그 목소리의 주인공은 이동통신개발단장을 지내다가 한국이동통신 사장으로 자리를 옮긴 서정욱이었다. 버스 안은 흥분의 도가니로 바뀌었다. 코엑스까지 가는 동안 기자들은 승용차를 타고 가는 서정욱과 번갈아 통화하며 역사 창조의 현장에 동참한 기쁨을 맛보았다. (2008.12.2.)

일곱 자字 미스터리 ①

— SCH-800에 새겨진 '할 수 있다는 믿음' —

로제타 스톤Rosetta stone. 1799년 나폴레옹 군대가 이집트 로제타 마을에서 발견한 이 돌에는 새·물고기·강물 같은 그림 부호가 새겨져 있었다. 학자들이 애썼지만 단 하나도 해독하지 못했다. 1822년 겨우 서른 두 살이던 언어학자 샹폴리옹이 그 비문을 풀었다. 다른 학자들은 뜻글자라고 단정했으나 그는 소리 글자라고 생각했다. 굽이치는 선 3개는 강을 나타내는 상형문자가 아니라 발음기호였다. 또 어떤 것은 부호 하나가 그대로 한 낱말이고, 어떤 부호는 복잡한 개념을 나타낸다는 것도 밝혔다. 고대 이집트 역사가 비로소 밝혀지기 시작했다.

2008년이던가, 인터넷을 검색하노라니 사진 하나가 눈길을 끌었다. SCH-800 휴대전화를 뜯어 회로기판 뒷면을 찍었는데, 거기에 '할 수 있다는 믿음'이라고 씌어 있었다. 사진을 올린 사람은, 외환위기 때 나온 폰이니 국난國難을 이겨내자는 취지일 것이라고 의견을 달았다. 나도 공감했다. 얼른 SCH-800을 분해해 보니 같은 글이 쓰여 있었다**(151쪽 사진)**. 프로파간다 본능이 작동하자 나는 바로 설명문을 썼다.

SCH-800에 새긴 염원念願

할·수·있·다·는·믿·음. 회로 기판에 새겨진 저 일곱 글자가 가슴을 뭉클하게 합니다. 이 모델들이 생산된 때는 1998년. 세계 최초로 CDMA 단말기를 개발한 지 2년도 지나지 않아 다시

수집가의 철학

폰박물관 전시품 ⓒ

무엇에 대한 믿음일까

회로기판 아랫쪽에 새겨진 '할 수
있다는 믿음'. 언제, 누가, 왜 써
넣었는지 모르는 저 글이 뜻하는
바를 푼다면, 삼성전자가 세계 1위로
올라선 힘의 원천을 알 수 있으리라.

GSM 방식의 유럽 시장에 진출하던 무렵입니다. 1998년은 또한
IMF 외환위기로 인한 경제난을 혹독하게 겪던 시기입니다. 휴대
전화라는 전혀 새로운 분야에서 우리 경제의 돌파구를 찾고 성장
을 이끌어야 한다는 절박함도 있었습니다.

　문자 메시지를 두 줄에서 다섯 줄로 늘리고도 부피는 반으로
줄인 폴더 형을 국내 최초로 만든 사람들. 그러나 세계에 전혀 알
려지지 않은 무명無名 기업의 엔지니어이던 그들이 은밀히 새겨놓
고 서로를 격려하며 다짐하던 글, 저마다 마음속으로 수없이 되뇌
었을 저 일곱 글자. 우리가 산업전사産業戰士라고 불렀던 그들의
절절한 소망과 터질 듯한 열정과 도전 정신이 지금 우리 가슴에까
지 스며드는 듯합니다.

3장　미래는 가고 상상이 현실로　　　　　　　　　151 ──

이 글을 SCH-800과 함께 전시했다. 언제 누가 했는지 모른다. 시킨 사람도 없고 회사도 모르고 있다는 설명이 감동을 보탰다. 관람객들은 숙연했다. 부모들은 자녀에게 설명문을 읽히며 금 모으기 하던 얘기를 들려주었다. 한 장년 남성은 전시물 앞에서 굵은 눈물방울을 떨구었다. 국립중앙과학관 여성 학예사도 연신 눈시울을 닦았다. 그러나 나는 2014년 이 설명문 내용을 바꾸었다. 외환위기를 극복할 수 있다는 믿음이 아니라 다른 것에 대한 믿음임을 뒤늦게 알았기 때문이다.

내가 이런 잘못을 저지른 것은 애초 인터넷에 올라온 글을 너무 쉽게 받아들였기 때문이다. 더 찬찬히 따져 보았어야 했다. 나름의 변명거리는 있다. 우선 우리나라가 언제 무엇을 수출했는지 전혀 몰랐다. 어느 기자가 쓴 글에는 CDMA를 상용화해 미국에 수출하고 그 기술로 GSM도 만들어 유럽에 수출한 것처럼 적혀 있었다. 그것을 믿었다. 상식에 맞는 글이었다. 기술이 없던 우리가 어떻게 GSM 폰을 만들어 유럽에 수출할 수 있겠는가. CDMA 폰을 만들면서 쌓은 기술을 바탕으로 GSM을 만들었다는 쪽이 상식이다.

SCH-800을 만든 시기가 1998년이라는 점도 수출 쪽으로 생각이 쏠리게 했다. 그 때 우리나라는 외환위기라는 벼랑 끝에 몰려 있었다. 수출 일선에 선 회사 제품에 그런 문구가 들어있다면 잘 만들고 수출 잘해서 위기를 극복하자는 뜻으로 생각할 수밖에 없는 시대 배경이었다.

이런 상식을 내 스스로 뒤엎게 된 것은 아이러니컬하게도 첫 설명문에 대한 반응이 너무 좋았기 때문이다. 대한민국 역사박

수집가의 철학

물관 개관을 1년 앞두고 휴대전화를 구하러 찾아온 그쪽 간부들은 '할 수 있다는 믿음'을 자기네도 전시하게 해달라고 간청했다. 구하기 쉽지 않은 SCH-800을 하나 더 분해해 설명문과 함께 건넸다. 그렇게 좋아할 수가 없었다.

그때 불현듯 내 직업의식이 발동했다. '산속의 조그만 사립 박물관이 아니라 이 나라 심장부에 설 대한민국 역사박물관이다. 내가 준 글에 잘못된 것이 없는지 검증하자.' 그래서 나는 일곱 글자가 쓰여 있는지 확인하려고 1998년 수출품을 구했다. 결과는? 없었다. 수출 의지를 나타낸 말이 정작 수출품에는 없었다. 나는 그 무렵 제작된 폴더들을 면밀히 살폈다. 유럽에서 발간된 모바일 잡지들도 모았다.

거기서 놀라운 사실이 드러났다. 삼성전자는 이미 1994~1995년 아날로그 전화기 3종을 유럽에 수출했고, 1995년 9월 SGH-100을 시작으로 GSM 디지털 폰도 수출했다. 국내용 SCH-800과 똑같은 SGH-800은 GSM 수출품 중 여덟 번째로 수출되었다. 1995년에 이미 GSM 폰을 수출했으니 1998년 외환위기를 극복하려고 처음 수출한 폰이라는 말은 어불성설이었다. (그 무렵 역사박물관에서 전화가 왔다. 나는 '할 수 있다는 믿음'에 대한 설명이 잘못되었으니 일단 설명문을 치우라고 했다. 그런데도 그들은 그대로 두었다.)

그때부터 SCH-800은 나에게 로제타 스톤이 되었다. 나는 상형문자를 대하듯 일곱 글자의 미스터리에 빠져들었다. 2014년 나는 설명문을 이렇게 바꾸었다.

'할 수 있다는 믿음'— 스타택 따라잡기

1980년대 말 우리는 외국 것을 뜯어 보며 터득한 기술로 아날로그 폰을 만들었다. 그런데 얼마 후 전세계에 '최소형 폴더' 스타택 광풍이 몰아쳤다. 무명無名이던 삼성은 스타택보다 더 작게 만들 기술을 확보해야 시장에서 살아남을 수 있었다.

'할 수 있다는 믿음'. SCH-800 회로기판에 새겨진 저 일곱 글자는 스타택보다 더 뛰어난 폴더형을 만들기 위해 엔지니어들이 2년 동안 흘린 땀과 눈물을 웅변한다. SCH-800에 이어 삼성은 세계 최소형 폴더와 세계 최초 듀얼 폴더를 내놓았고 마침내 울트라 슬림 에디션으로 세계 시장 1위에 올라설 발판을 마련했다.

어떤 사연을 풀어냈기에 '할 수 있다'(는 믿음)의 목적어가 외환위기 극복에서 스타택 따라잡기로 바뀌었을까? 그것을 밝힌 과정을 다음 장에 소개한다. 내 추리推理가 정확하다면, 이 일곱 글자야말로 삼성전자 휴대전화를 세계 1위로 올려놓은 계기와 힘의 원천에 그동안 알려지지 않았던 새로운 사실을 추가하는 글이 되리라. (2017.11.15.)

수집가의 철학

일곱 자字 미스터리 ②

- 자꾸 보면 보인다 -

청전靑田 이상범 그림을 좋아했다. 선경仙境이 아니라 우리나라 어디에서나 볼 수 있는 밋밋한 능선이 참으로 정겨웠다. 딱 하나, 어느 그림에나 반드시 등장하는 늙은이가 좀 거슬렸다. 그런데 나이가 들면서 달라졌다. 자꾸 보니까 보였다. 낙락장송 한 그루 없이 억새나 잡풀만 듬성한 이름 없는 풍경에서 핵심은 바로 그 늙은이였다. 보일 듯 말 듯 대수롭지 않은 존재인 듯하지만, 아마도 청전은 화폭 가득 고요함〔靜〕을 채우고 맨 마지막에 노인의 움직임〔動〕을 찍음〔點睛〕으로써 파한破閑의 묘를 얻고자 했으리라. 적삼에 잠방이 걸친 아무렇지도 않은 늙은이가 산기슭 도랑 옆에서 심심풀이인 양 풀을 베며 풍경의 고요함을 깬다. 99% 고요함에 1% 무료함이지만, 작은 파적破寂으로 큰 한가함을 드러냈다.

막내는 어렸을 때 짧은 이야기 책 수십 권 중에서 〈사과 선생님〉만 닳도록 읽었다. 나도 본 것 또 보기를 즐긴다. 매사 까다로운 나에게 새 영화는 재미있을 확률이 50%이지만, 이미 재미있게 본 것은 검증을 거쳤으니 100%이다. 그때 그 분위기나 감동을 다시 느끼고 싶을 때도 본 영화를 본다. 정치에 환멸을 느껴 강하면서 인간적인 리더십이 절실하거나 내가 나약해지려 할 때는 〈마스터 앤드 커맨더〉를 본다. 멜랑콜리한 기분에 1930년대의 사람 사는 세상으로 돌아가고 싶을 때는 〈천사만이 날개를 가졌다〉를 본다(둘 다 여섯 번 보았다).

여러 번 보는 이유는 또 있다. 예술 작품이란 한 번 척 보아서는 모른다. 한 번에 원모심려遠謀深慮나 복선伏線을 다 알 수는 없다. 자꾸 보아야 다양성도 보인다. 다섯 번 본 영화를 여섯 번째 보면서 또 다른 면을 새로 깨달을 때의 희열은 아는 사람만 안다. 그뿐이랴. 시간과 장소를 달리해도, 나이가 들어도 예전에 안 보였던 것이 보인다. "저 영화 고등학교 때 봤어" 혹은 "본 영화여서 줄거리를 다 알아" 하면서 또 볼 필요가 없다고 말하는 것은 영화에서 인생을 보려 하지 않고 만화를 보듯 줄거리만 즐기겠나는 태도이다. 어떻게 고등학생 때와 고등학생을 키워 본 이후에 보고 느끼는 것이 같을 수 있겠는가.

'할 수 있다는 믿음'. 수출에 도전한다는 다짐이 아니라면 무엇일까. 나는 한밤중에도 문득 일어나 전시실로 가서 휴대폰을 들여다보았다. 전문 지식도 없고 길잡이로 삼을 책도 없이 전문가의 길로 들어선 내가 어려움에 맞닥뜨렸을 때 그것을 극복할 길은 실물實物밖에 없었다. 보고 또 보고, 자주 보면서 생각하는 것 말고 무슨 방법이 있겠는가. 박물관과 살림집이 붙어 있었던 것은 내게는 정말 좋은 환경이었다. 어느 날 문득 짚이는 것이 있었다. 1998년에 나온 다른 폰 몇 개를 분해했더니 '할 수 있다는 믿음'은 SCH-6200에도 있었다. SCH-800과 SCH-6200, 둘 다 폴더였다. 뭔가 실마리가 잡힐 듯했다. 왜 1998년에 나온 폴더형에만 그 글이 있을까. 생각하고 또 생각했다. 그러자 상형문자를 푼 것과는 감히 비교할 수 없지만, 무엇인가 번개처럼 스쳐갔다. 스타택! 스타택이 열쇠가 될 것 같았다.

수집가의 철학

스타택을 보면서 나는 예전에 생각지 못했던 것들을 떠올렸다. 폴더는, 전화기란 귀와 입 거리만큼의 길이로 만들어야 한다는 선입견을 깨고 반으로 접었다가 펼치는 기상천외한 아이디어였다. 1996년 스타택이 출현하자 모든 제조사들은 스타택처럼 작고 가벼운 폴더를 만들어야 살아남겠다는 위기감에 빠졌을 것이다. 스타택을 본떠 나온 폴더들을 보니 당시 정황이 느껴졌다. 그러나 아무도 스타택을 넘어서지 못했다. 아니, 근처에도 못 갔다. 디자인을 흉내 내기는 했는데 스타택보다 둔탁했다.

삼성도 폴더 개발에 역량을 집중했을 것이다. '할 수 있다는 믿음'은 스타택을 따라잡을 수 있다는 믿음을 갖자는 엔지니어들의 자기 최면이었으리라. 삼성 SCH-800은 크기는 스타택과 같았지만 디자인은 스타택을 넘어서지 못했다. 결국 '할 수 있다는 믿음'은 미완未完인 스토리였다.

얘기는 거기서 끝나야 했다. 그런데 왠지 그 일곱 자가 자꾸만 눈에 밟혔다. 그래서 스타택과 SCH-800을 나란히 놓고 이리저리 비교해 보았다. 그랬더니 또 보였다!! 스타택 액정은 작고 SCH-800 액정은 두 배 가까이 컸다(159쪽 사진). 폴더인 스타택의 액정은 아날로그 바형 전화기보다 작았다. 반으로 줄어든 본체에 자판과 액정이 함께 자리 잡았으니 작을 수밖에. 삼성은 뒷날의 폴더들이 다 그렇듯이 본체가 아니라 폴더 덮개 안쪽에 액정을 두었으므로 넉넉하게 컸다. 문자 메시지가 시작된 디지털 시대에는 주고받는 정보의 양이 매우 중요한데 액정에 담길 정보의 양은 SCH-800이 다섯 줄, 스타택은 두 줄이었다. 1996년 아날로그로 처음 선보였다가 곧바로 디지털로 나온 스타택으로서는 치명적 약점이었다.

왜 그렇게 되었을까? 모토로라는 스타택을 만들 때 기기가 작아진 만큼 배터리를 작게 만들려고 했으나 실패했다. 작게 만들 수는 있었지만 얇게는 못 만들었다. 폴더형은 두꺼우면 손이 작은 여성이나 어린이는 기기를 쥔 손으로 덮개까지 열기가 불편하다. 그래서 모토로라는 스타택 배터리를 덮개로 옮겼다. 나는 그 기막힌 발상이 디자인계에서 대단한 일로 칭송된다는 사실을 알면서도 그 때문에 액정을 덮개에 넣지 못하고 본체에 넣느라고 작아졌다는 사실은 미처 깨닫지 못했었다. 액정만 아니라 배터리도 작아졌다. 덮개 앞면에 넣다 보니 작고 도톰하게 만들어야 했으리라. 그래서 스타택에는 따로 가지고 다니는 대용량 배터리가 있었다.

내가 아는 것을 삼성 기술자들이 모를 리 없다. 그러자 또 보였다!!! 그렇다면 '할 수 있다는 믿음'은 스타택처럼 만들겠다(미래)가 아니라 스타택을 뛰어넘었다(과거)는 뜻이 아닐까. 확신을 가져도 좋은 추리였다. 이미 만든 폴더에 앞으로 폴더를 만들겠다고 적어 넣을 리는 없지 않은가. '이 폰은 스타택보다 더 잘 만들 수 있다는 믿음을 실현했다'라고 해석해야 맞는다. 삼성이 당당하게 SPH-8500(SCH-800 수출 모델)을 미국에 수출한 것이 그 증거다.

SCH-800과 SPH-8500은 인기나 판매에서 스타택을 따라잡지는 못했다. 더 잘 만들었어도 시장을 선점한 살아있는 전설과 경쟁하기는 어려웠다. 그러나 비록 졌어도 더 큰 것을 얻었다. 작고, 가볍고, 얇게 만드는 기술이다. 그 무렵부터 터치 스크린 폰

스타택의 치명적 약점

배터리를 앞 뚜껑에 끼우느라 액정을 넣지 못했다. 본체에 넣은 액정이 너무 작아져 디지털 시대에 걸맞지 않게 문자를 두 줄밖에 못 띄웠다.

SCH-800의 상대적 강점

배터리를 작고 얇게 만들어 휴대전화 뒷면에 끼움으로써 앞 뚜껑 안쪽을 활용해 액정을 크게 키웠다. 문자 메시지가 무려 다섯 줄!

이 나온 2007년까지 세계 휴대전화 시장은 작고 얇게 만드는 기술의 싸움터였다. 삼성은 SCH-800에서 익힌 노하우로 바로 깍두기폰이라고 불린 SCH-A100(SCH-6900)을 만들었다. 세계에서 가장 작은 폴더였다(**아래 사진**). 그 다음에는 덮개를 열어야만 화면을 볼 수 있는 폴더의 약점을 보완해 듀얼 폴더(듀얼 액정)를 만들었다. 히트 삼총사라고 불린 이 세 가지 폰을 만들면서 삼성은 울트라 슬림 에디션 시리즈를 만들 기술을 축적했다. 삼성이 2007년 세계 2위 모토로라를 앞지른 뒤 2012년 1분기에 노키아마저 제치고 1위에 올라 지금까지 그 자리를 지켜온 힘의 원천은 바로 정체불명 엔지니어들의 '할 수 있다는 믿음'이었다. (2017.12.4.)

폰박물관 전시품 ⓒ

SCH-800에서 얻은 노하우로 탄생한 세계 최소형 폴더
1998년부터 10년간 세계 시장은 폴더형을 작고 얇게 만드는 기술의 싸움터였다.
삼성은 SCH-A100으로 기선을 제압했다.

수집가의 철학

청전 그림을 보고 또 보다가 그림 속 늙은이에 매료되자 나도 그런 경지에 들고 싶어졌다. 그 바람을 담아 시를 지었다.

青田畫裏刈耘老 隱現風物自浩渺　청전화리예운로 은현풍물자호묘
山齋幾歲忘吾蟄 從心於焉景中枯　산재기세망오칩 종심어언경중고

청전의 그림마다 꼴 베는 노인
뵐 듯 말 듯 풍물이 절로 아련하다
산재에서 날 잊고 깃든지 몇해던가
어느덧 마음 비워 나도 풍경 되었다오

삼성과 애플, 삼성과 화웨이

모양이 각양각색이던 피처폰과 달리 스마트폰 디자인은 대동소이하다. 거의가 편편하고 길쭉한 사각형이어서 이러다가는 박물관이 너무 재미없어지겠다고 걱정할 정도이다. 그런 판에 애플이 갤럭시가 아이폰 모서리의 곡면 디자인을 모방했다면서 삼성에 엄청난 손해 배상 및 판매 금지 소송을 제기했다. 기가 막혔다. 아무리 특허 만능 세상이라지만 스마트폰 모서리를 둥글게 한 것도 자기네 고유 디자인이라니 이런 억지가 어디 있을까.

이 일을 보면서 제일 먼저 떠오른 것이 모토로라이다. 모토로라가 세계 최초로 만든 휴대전화 다이나택 8000X(**163쪽 위 사진**)는 평평한 바닥에 똑바로 세워놓을 수 있게 만든 특이한 디자인이다. 디자인 상도 받았다. 그런데도 노키아가 그 디자인을 흉내낸 시티맨 900(**163쪽 아래 사진**)과 1200을 내놓았을 때 제소하지 않았다. 두 번째로 만드는 제품은 앞서 세상에 처음 나온 제품의 형태를 따를 수밖에 없다. 남이 따라서 한다는 것은 최초 제품으로서는 오히려 자랑할 일이다. 모토로라는 디자인의 혁신이라고 일컬어지는 스타택을 베낀 제품들도 제소하지 않았다.

모토로라의 선례가 있는데도 애플은 왜 제소했을까. 애플이 삼성을 제소한 나라 중에서는 미국 법원만이 애플의 손을 들어주었을 정도이니 그들도 억지를 부리면서 부담이 컸을 터인데. 이 사건은 내 보기에 디자인과는 무관하다. '쫓기는 처지'라는 불편한 진실이 정답이다. 그 점을 인정하고 싶지 않은 마음이 '유아독존' 스티브 잡스로 하여금 무리수를 두게 한 것이다.

수집가의 철학

디자인 상을 받은 다이나택 8000X

큰 부품들을 좁은 공간에 잘 배치해 한손에 쥐이도록 하고, 평평한 바닥에 똑바로 세워놓을 수도 있게 디자인했다.

다이나택 8000X를 모방한 시티맨 900

모토로라가 노키아를 디자인 침해로 제소하지 않은 것은 두 번째 제품이 처음 나온 제품의 형태를 따르는 관행을 감안해서였으리라.

2007년 6월 아이폰이 등장한 뒤로 나온 곡면 디자인 스마트폰은 갤럭시가 처음이 아니다. 블루버드소프트의 피디온 BM-200(2007년 11월), HTC의 드림(2008년 10월), 삼성전자의 옴니아(2008년 11월)가 아이폰을 빼닮았다. 그런데도 잡스가 문제를 제기하지 않은 것은 그것들을 철저히 무시했기 때문이다. 그러나 얼마 못 가 그가 상상도 못했던 일이 벌어졌다. 삼성전자가 2009년 6월 갤럭시를 내놓았을 때만 해도 잠잠했던 시장이 2010년 6월 갤럭시 S를 내놓자 반응을 보였다. 이때부터 잡스가 달라졌다. 2011년 4월에 나온 갤럭시 S 2는 삼성 기술력의 결정판이었다(이 폰은 다음해 모바일 월드 콩그레스에서 '올해의 스마트폰'으로 선정되었다). "삼성은 capycat(흉내쟁이)이다!" 잡스의 입에서 상대를 모욕하는 말이 튀어나오더니 결국 2011년 4월15일 삼성을 특허권 침해로 고소하기에 이르렀다. 바로 이 대목에서 옛 시에 얽힌 패러디를 짚어보자. 잡스야말로 산업 생산품의 아이디어와 완성도에 인문학적 소양이 크게 영향을 미친다고 굳게 믿는 사람 아니던가.

중국 당나라 시절, 이백이 어느 날 금릉에 있는 누각에 올랐다. 봉황대에서 바라본 절경에 취해 그가 지은 시가 〈등금릉봉황대登金陵鳳凰臺〉이다. 다음은 그 일부이다.

三山半落靑天外 二水中分白鷺洲 삼산반락청천외 이수중분백로주
總爲浮雲能蔽日 長安不見使人愁 총위부운능폐일 장안불견사인수

세 봉우리 허리 끊겨 구름 밖이요

백로주는 강물을 둘로 갈랐네

어쩌랴 뜬구름 해를 가리니

장안이 아니 보여 시름 잣누나 (필자 졸역)

이 시에서 맨 마지막 '사인수'(시름 잣누나) 세 글자에는 사연이 있다. 이백이 봉황대에 오르기 전 황학루에 갔었는데, 거기에는 이미 최호가 지은 시 〈황학루黃鶴樓〉가 적혀 있었다. 그 시가 매우 뛰어나 이백은 시 짓기를 포기했다. 그때의 좌절감과 경쟁 심리에서 이백은 〈황학루〉의 마지막 세 글자 '사인수'를 차용해 〈등금릉봉황대〉의 마지막에 썼다.

이야기는 여기서 끝나지 않는다. 최호를 패러디한 이백을 이번에는 조선의 김병연(김삿갓)이 패러디했다. 그가 대동강 부벽루에 올랐다가 눈앞에 펼쳐진 절경에 푹 빠졌다. 한 수 읊으려 했지만 〈등금릉봉황대〉의 '삼산반락청천외 이수중분백로주'를 능가할 시상이 떠오르지 않았다. 저물녘까지 애쓰던 김병연이 이백을 넘을 수 없다고 한탄하며 지었다는 시를 보자.

三山牛落靑天外 二水中分白鷺洲 삼산반락청천외 이수중분백로주

已矣謫仙先我得 斜陽投筆下西樓 이의적선선아득 사양투필하서루

세 봉우리 허리 끊겨 구름 밖이요

백로주는 강물을 둘로 갈랐네

귀양 온 신선이 날 앞서 읊었으니

저물녘에 붓 던지고 내려올 밖에 (필자 졸역)

김병연은 아예 이백 시의 절반을 뚝 잘라다가 자기 시의 절반을 채웠다. '사인수' 세 글자를 차용한 이백과는 배포가 달랐다. 결과는? 부벽루 풍경이 봉황대 풍경과 동격同格이 됨으로써 그가 애초에 부벽루의 뛰어남을 표현하고자 했던 기대치를 훨씬 넘어섰다. 그러고도 시치미를 뗀 채, 달에서 귀양 온 신선(이백)이 좋은 표현을 먼저 써먹어서 자기는 포기했다고 엄살을 떨었다. 김삿갓다운 능청이요 패러디의 압권壓卷이다.

창작이 모방의 산물이라고까지 인식되는 오늘날은 명백한 표절이나 도용盜用이 아니라면 패러디가 새로운 창작으로 발전해 예술 작품의 외연을 넓힌다고 긍정적으로 인식되기도 한다. 대중성을 띤 분야에서는 더 널리 패러디가 행해지고 있다. A가 이런 문구를 만들었다.

'Keep calm and carry on' (평정심을 유지하면서 하던 일을 계속하라)

이것을 B가 패러디했다.

'Keep calm and have a beer' (평정심을 유지하면서 맥주를 드시라)

그러자 너도 하고 나도 했다.

'Keep calm and eat bacon' (평정심을 유지하면서 베이컨을 드시라)

'Keep calm and buy shoes' (평정심을 유지하면서 신발을 사시라)

A는 2차 세계대전 때의 영국 정부다. 1939년 독일이 영국을 공습하자 시민들을 안정시키려고 이 문구를 만들었다. B는 술집 주인이다. 카페 주인, 구둣가게 주인 등 너도나도 이 문구를 패러디했다. 이 경우 가장 수혜자는 A이다. 패러디의 원작자는 아무 손실 없이 더 유명해진다는 것이 패러디의 장점이다. 스티브 잡스가 뛰어난 작품만이 패러디된다는 긍지를 가지고 더 당

당하게 디자인 경쟁을 했으면 얼마나 좋았을까.

이 대목에서 우리가 가지게 되는 궁금증. 잡스는 깨끗한가? 4차 산업혁명 전문가인 카네기멜런 대학 특별연구원 비벡 와드와는 〈조선일보〉 '4차 산업혁명 칼럼'에서 잡스도 남의 것을 베꼈다고 증언했다.

'매킨토시는 윈도 인터페이스를 모방한 것이다. 잡스는 이에 대해 피카소가 유능한 예술가는 모방하고 위대한 예술가는 훔친다고 말했다면서, 자기는 항상 위대한 생각들을 훔치는 것에 대해 부끄러워하지 않았다고 말했다. 애플이 자기 제품을 베꼈다고 삼성을 고소한 것은 경솔한 행동이었다. 실리콘밸리에서는 모두가 가장 뛰어난 모방꾼이기 때문에 경쟁사를 모방꾼으로 고소하는 것은 앞뒤가 맞지 않는다. 실리콘밸리는 아이디어를 공유하고 경쟁사 제품을 베끼는 데 매우 뛰어나다. '아이디어 공유'와 '모방'은 실리콘밸리가 미국 기술산업계에 가장 거대한 이익을 제공하는 방식이기도 하다. 페이스북도 마이스페이스와 프렌드스터라는 소셜 미디어를 본뜬 아이디어에서 시작되었다. 그들은 이러한 행위를 모방이나 도둑질이라고 하지 않고 지식 공유(knowledge sharing)라고 한다.'

다른 시각도 있다. '후발 추격'이란 약자가 생존을 위해 구사하는 병법 상의 전략일 뿐이다. 세계적 기업이 새로운 사업에 뛰어들었다가 망한 사례는 한둘이 아니다. 모토로라는 1990년대 후반 저궤도에 위성 66개(처음 계획은 이리듐 원소 기호 77과 같은

77개였다)를 띄워 통신 사각지대를 없앤 이리듐 통신에 모든 것을 걸었다. 그러나 위성을 띄우느라 초기 투자가 50억 달러를 넘었고, 수요는 예상보다 많지 않았다. 모토로라는 절명絶命 직전 이 사업을 포기하고 기사회생했지만, 스마트폰 사업에 뛰어들 시기를 놓침으로써 끝내 무너졌다. 가전제품 세계 1위이던 소니가 블루 레이 기술을 개발하고 입은 상처도 그에 못지않다.

삼성은 섣불리 위험을 무릅쓰고 새 사업에 뛰어들지 않았다. 세계 최고 기업이 먼저 시작한 일을 지켜보다가 가능성이 있고 안전하다 싶으면 온몸을 던져 앞선 자를 추월했다. 세상에 나온 지 10년이 지나도록 스마트폰이 미미한 존재로 머무르자 삼성은 대규모 투자를 하지 않았다. 그럴 즈음 애플이 아이폰 2G를 내놓았다. 아이폰 2G는 첫해에 겨우 139만 대가 팔렸지만, 삼성은 스마트폰 세상이 올 것을 간파하고 누구보다 빠르게 대응했다. 그리하여 겨우 4년 만에 세계 스마트폰 시장을 애플과 둘이 나누고(2011년 애플 8천600만대, 삼성 9천700만대 판매). 그 뒤로 1위를 지켜오고 있다. 흉내 내기가 아니다. 그것은 전략이다.

애플의 최고경영자 팀 쿡은 잡스가 생전에 집착했던 아이폰의 화면 크기를 무시하고 갤럭시를 본떠 큰 화면 iPhone 6를 만들었다. '아이폰 출시 10주년 기념' 아이폰 X(텐) 디스플레이에는 갤럭시를 따라 유기발광다이오드(OLED)를 쓰기로 했다. 그뿐인가. 인쇄회로기판에는 삼성전기의 적층 세라믹 콘덴서(MLCC)를, 메모리 칩은 삼성전자의 D램과 낸드플래시 반도체를 쓴다. 배터리조차 삼성SDI 제품이다. 아이폰을 이루는 핵심 부품이 모두 삼성그룹 제품인 셈이다. 삼성이 OLED를 제때 공

수집가의 철학

급하지 못하자 애플은 아이폰 X 출시 일정마저 미루게 되었다. 이 기막힌 상황을 지하에서 보면서 잡스는 뭐라고 할까. 아마도 "쿡이 내 혁신 DNA는 물려받지 않고 둥근 모서리에 집착했던 찌질한 DNA만 계승한 것 같다"라고 할지 모른다. 이를 뒷받침하는 일이 2017년 9월19일 미국에서 일어났다.

경제 전문 잡지 〈포브스〉의 창간 100주년 특집 기사 '위대한 비즈니스 마인드를 지닌 현역들(Greatest Living Business Minds)' 100인 명단. 거기에 팀 쿡이 빠졌다. 세계가 놀랐다. 전세계 기업 가운데 시가총액 1위이자 혁신의 아이콘인 애플은 체면을 구겼다. 〈포브스〉는 다음날 '아시아를 넘어 전세계를 새로 빚은 다섯 기업 (5 Companies That Have Shaped Asia, And The World)' 특집에서 오늘날 아시아를 세계 시장의 최강으로 만드는 데 크게 이바지한 혁신 기업으로 삼성전자를 꼽았다. 삼성과 애플이 자리바꿈을 할 때가 왔음을 암시하는 듯한 분위기에 대해 비벡 와드와의 글이 정곡을 찔렀다. '삼성은 아이폰을 모방했지만 특색과 기능이 아이폰을 뛰어넘은 제품을 만들었다. 요즘은 애플에 기대했던 혁신이 삼성에서 이루어지고 있다. 우리가 아이폰 8과 아이폰 X에 기대했던 모든 것이 갤럭시 S 8에 있었다.'

잘코사니다. 하지만 너무 좋아할 일은 아니다. 〈포브스〉 기사가 나온 지 한 달이 채 안 된 2017년 10월16일 세계 스마트폰 3위인 중국의 화웨이華爲가 삼성과 LG가 아직 만들지 못한 스마트폰을 선보였다. 인공지능 AI 칩셋을 장착한 스마트폰 메이트 10. 애플이 최초로 AI 칩셋을 탑재한 아이폰 8을 내놓은 지 25일 만이다. 화웨이 CEO는 그것이 갤럭시 노트 8보다 16.6배, 아이폰보다 1.5배나 빠르게 이미지를 인식했다고 자랑했다. 2013년 3월27일에는 뒷면에 카메라 렌즈 3개를 장착한 후면 트리플 카메라 스마트폰 P20 Pro를 내놓았다. '우리는 삼성을 벤치마킹 한다'고 말했던 2013년의 화웨이가 아니었다.

2021년 스마트폰 1위에 오르겠다고 공언한 화웨이의 기세가 심상치 않다. 모토로라 14년, 노키아 14년에 이어 삼성전자도 세계 1위를 14년 이상 누리기를 바랐던 내 소망이 자칫 무위로 끝날지도 모른다. 판도版圖 재편은 조금만 방심하면 언제든 일어난다. 새옹지마塞翁之馬 고사처럼 지금 세 기업의 미래와 성쇠盛衰를 예측하기란 어렵다. 그렇지만 또 한편으로 미래는 끊임없이 도전하는 자의 것이기도 하다. 그 연후에 새옹 같은 행운을 바랄 일이다.

삼성·애플·화웨이, 과연 누가 새옹이 될까? (2018.4.5.)

수집가의 철학

SF영화, 공상에서 상상으로

승용차 없이는 올 수 없는 곳. 산속 박물관 시절 제일 안타까웠던 것은 휴대전화를 좋아하는 청소년과 청년층이 폰박물관에 오기 힘들다는 사실이었다. 그런데 2009년 어느 날, 고등학생 혼자서 택시를 타고 박물관을 찾아왔다. 강남구에 사는 경기고등학교 2학년인데, 서울에서부터 택시를 탔다고 했다. 내가 미안한 마음에 부탁 한 가지를 들어 주겠다고 하자 학생이 바로 외쳤다. "정말이요? 매트릭스 폰 한 번만 만져보게 해주세요."

진열장에서 SPH-N270(173쪽 사진 오른쪽)을 꺼내어 작동해 보라고 건넸다. 학생은 옆단추를 눌러 액정을 반쯤 덮은 윗덮개가 탁 튀어 올라가게 하거나, 전화기에 내장된 영화 〈매트릭스 2〉 장면들을 찾아 띄우면서 좋아서 어쩔 줄 몰라 했다. 나는 〈매트릭스 1〉에 나온 노키아 8110, 일명 바나나폰(173쪽 사진 왼쪽)도 보여 주었다. 영화에서는 이 전화를 쓸 때마다 숫자판 덮개가 자동으로 탁 튀어 내려왔는데, 실제는 손으로 덮개를 잡아당겨야 한다. 덮개가 자동으로 튀어 내린 것은 순간적으로 관객의 눈동자를 커지게 한 멋진 연출이었지만 사실은 트릭이었다. 세계 1위 노키아가 기술이 없으니 감독으로서는 관객의 눈을 속일 수밖에 없었다.

두 워쇼스키가 그렇게 한 것은, 영화에서 휴대전화가 현실과 가상현실 사이에 유일한 교신 수단이기 때문이다. 그렇게 비중이 큰데 시중에서 판매되는 폰을 그냥 가져다 쓰자니 일반인이 쓰는 것과 차별화할 눈요깃감이 필요했다. 의도한 대로 1편에서 바나나폰의 트릭에 관객이 반응하자 그들은 2편을 만들면서 다시 노키아에 액정 위 리시버 부분이 자동으로 튀어 올라가는 스트레치 형 폰을 만들어 달라고 요청했다. 그러나 노키아에는 여전히 그 기술이 없었다.

삼성도 기술이 없었지만, 영화사가 요청하자 기술인 출신인 이기태 사장이 한번 해보자고 나섰다. 그리하여 특정 영화를 위해 만든 최초의 상용화 폰 SPH-N270 매트릭스 폰이 탄생했다. 이 폰은 우주 함선艦船을 연상시키는 디자인에 안테나가 없고 영화사가 원하는 진짜 기술까지 적용되어 만천하에 기술의 삼성이라는 이미지를 심었다. 또한 딱 5천개에 고유 번호를 매겨서 미국에만 판 까닭에 전세계 애호가들의 애를 태우며 수집 목록 1위에 올랐다.

영화 〈매트릭스〉 시리즈는 1999년과 2199년 사이에서 인간이 21세기에 만든 인공지능AI에 지배당하는 이야기이다. 나는 사람이 로딩 프로그램을 통해 외부 기억장치로부터 정보와 능력을 가져다 쓴다는 설정에 특히 눈길이 갔다. 평범한 젊은이 네오(키아누 리브스)가 무술 능력을 로딩하고 깨어나 처음 한 말은 "쿵푸 할 줄 알아요"였다. 그리고는 바로 무술 고수 모피어스(로렌스 피시번)와 대련을 한다. 내가 1967년에 읽은 〈군협지群俠志〉의 주인공 서원평도 네오처럼 무술을 전혀 몰랐다. 그런데 우연히 무술 비급의 내용을 암기한 지 얼마 안 되어 싸움에 휘말리자 기억해둔 구절을 하나하나 상기하면서 무림의 고수와 겨룬다. 그 대목을 읽을 때만 해도 서원평의 기억력과 적용 능력에 감탄했는데, 겨우 30여 년이 지나 인간의 상상력은 가상현실 세계

수집가의 철학

영화에서 매트릭스 I 폰(위 왼쪽)의 자판 덮개가 저절로 내려가는 것은 눈속임이다
그러나 매트릭스 II 폰(위 오른쪽)은 휴대전화 옆에 달린 버튼을 누르면 윗부분이
실제로 튀어 올라가는 스트레치 형이다.

에서 사람의 뇌로 무술 기법이 주입되는 데까지 이르렀다.

이런 일이 상상에만 그칠까? 아니다. 〈매트릭스 1〉 이후 14년
밖에 지나지 않은 2013년 과학자들은 생쥐의 뇌에 칩을 심고 전
기 신호를 보내 새로운 정보를 기억시키는 데 성공했다. 그것은
여전사 트리니티(캐리-앤 모스)가 B212 조종법이 필요하다고 외
치자마자 이를 실행할 프로그램(헬리콥터 조종법)이 보조 기억장
치에서 주 기억장치(트리니티의 뇌)로 로딩되는 것과 비슷한 일이
머지않아 현실에서 일어날 수 있다는 시그널이다.

SF 소설이나 영화에 나오는 비현실적 사건이 진짜로 이루어

진 사례는 한둘이 아니다. 1982년 〈블레이드 러너〉에 생명체 복제 기술이 등장한 지 14년 만에 복제 양 돌리가 탄생했다(인간 복제는 윤리 문제로 실현되지 않을 뿐 훌륭한 마약탐지견을 복제하는 일은 흔하다). 2002년 〈마이너리티 리포트〉에 자율주행차가 등장했는데 2011년에 구글이 자율주행차를 내놓았다. 2015년에 화성 기지를 수리하던 탐사대원이 조난당하는 영화 〈마션〉이 나오자 2017년에 유럽우주기구가 임무 수행 프로그램을 입력하지 않고 스스로 문제를 해결하는 인간의 분신(아바타) 로봇 '롤링 저스틴'으로 하여금 화성 탐사 장비를 수리하게 했다. 현실의 과학이 공상 과학에서 아이디어를 얻는 것 아닌가 하는 생각이 들 정도다. 실현 가능성이 없는 공상 과학이라는 말 대신 '꿈은 이루어진다'는 상상 과학으로 바꿔야 할 것 같다.

상상이 실현된다면 좋은 일이다. 그러나 인공지능만은 오늘날 4차 산업혁명의 핵심을 이루면서도 그 미래를 두고 낙관과 비관이 대립하고 있다. 인공지능이 인류를 위협하는 존재가 될 것이라는 비관론을 앞장서 주장한 사람은 얼마 전 타계한 물리학자 스티븐 호킹으로 알려져 있지만, 사실은 '아니 벌써♫' 1968년에 그런 내용을 암시한 영화가 나왔다. 〈2001 스페이스 오디세이〉이다.

이 영화에서 목성 탐사 우주선의 인공지능 '할 9000'은 인간과 대등하게 체스를 둔다. 뿐만 아니라 비밀 임무를 수행하는 데 방해가 되는 비행사 두 사람을 죽이려고까지 한다. 1956년 컴퓨터 학술대회에서 인공지능이라는 말이 처음 등장했을 때 그것은 사람이 시키는 대로 따르는 존재였는데, 〈2001 스페이스 오디

수집가의 철학

세이〉는 인공지능이 사람을 뛰어넘어 위협이 될 수도 있다는 인식을 심는 계기가 되었다. 1997년 인공지능 '딥블루'가 체스 월드 챔피언을 이긴 뒤로는 〈매트릭스〉 시리즈(1999~2003년)와 〈아이로봇〉(2004년) 같은 영화들에서 보듯이 인공지능의 위협을 경고하는 쪽으로 완연히 분위기가 바뀌었다.

비관이든 낙관이든 미래는 우리 생각보다 훨씬 빨리 다가온다. 예전에 불〔火〕 심판이나 휴거携擧를 주장하던 사람들은 서기 2000년이 그렇게 빨리 올 줄 몰랐으리라. 나도 경험했다. 1964년 12월23일, 중학교 2학년 남녀와 고등학교 1학년 남녀가 수원의 작은 개척 교회에 크리스마스 준비를 도우러 갔다. 넷은 다음날 돌아오면서 이다음 어른이 되어 같은 날짜에 다시 만나자고 약속했다. 1970년 12월24일 서울역시계탑 아래서. 약속은 했지만 나는 과연 지켜질까 미심스러웠다. 1960년대를 살던 나로서 1970년대란 아득히 먼 미래였다. 그러나 그 중학생은 어느새 2010년대를 살고 있다. 1948년 조지 오웰이 〈1984년〉을 썼을 때도 그랬을 것이다. 그가 생각한 1984년은 어떤 공상을 해도 충분하리만큼 아주 먼 미래였다.

상상과학에서 우리가 체감하는 미래는 일상에서의 미래보다 훨씬 빨리 다가온다. 1968년 스탠리 큐브릭 감독이 〈2001 스페이스 오디세이〉를 만들 때 그가 생각했던 2001년은 인공지능이 사람을 해친다는 황당한 상상을 해도 괜찮을 만큼 까마득했다. 그랬는데… 큐브릭의 미래는 벌써 지나갔고, 그의 상상은 현실이 되었다. 에멜무지로(시험 삼아) 인공지능 '알파고'와 겨룬 바둑에서 인간 최강 이세돌 9단마저 속절없이 무너진 사건(2016

년)은 벌써 역사다.

인간이 저보다 우수한 존재를 거느릴 시대가 코앞에 닥쳤다. 그렇다면 우리가 최우선으로 대처할 일은 로봇을 포함한 인공지능과의 관계 설정일 게다. 인공지능 시스템과 인공지능 로봇이 통제하는 '스마트 시티'의 한쪽에서는 오늘 영국의 뇌과학자 데이비드 레비가 말한 대로 인간과 로봇의 결혼이 일상으로 벌어지는데, 다른 한쪽에서는 〈아이로봇〉에서처럼 휴머노이드(인간형 로봇)가 인간에게 반란을 일으키는 일이 벌어질 수 있다. 인공지능 로봇을 원격 제어하는 것은 어린아이도 휴대하는 슈퍼 폰(지금의 스마트폰)일 텐데, 그마저도 인공지능 폰이다. 맛집을 검색하던 기계를 잘못 다루면 호킹이 생전에 말한 대로 인공지능이 스스로 진화하고 복제하면서 인간을 대체할지도 모른다. 상상일까 공상일까? (2018.4.25.)

"개방형 수장고에서 추억을 꺼내세요"

역사관·주제관·가족관. 폰박물관의 세 전시실에는 나름 세 가지 특장特長이 있다. 하고많은 전세계 박물관 중에 폰박물관처럼 한 분야의 역사를 처음부터 끝(현재)까지, 중요한 유물을 빠짐없이 모아 완벽하게 보여주는 곳이 많지 않다는 점이 역사관에 대한 나의 긍지이다. 여기에는 휴대전화의 역사가 오래지 않다는 덕을 본 점도 있다. 주제관은, 휴대전화를 주제에 따라 이렇게 다양하게 전시할 수 있다는 시범을 보였다고 하리만큼 새로운 영역을 개척했다고 자부한다. 역사관이 휴대전화 역사를 통사通史로 다루었다면 주제관은 미시사微示史로 다루었다고도 할 수 있다.

그러나 무어니 무어니 해도 우리나라 박물관에 몇 군데 없는 색다름을 드러낸 곳은 제3 전시관인 가족관이다. 친지와 식구들이 함께 추억을 되살리라는 뜻에서 메모리 존과 키즈 존을 합쳐 가족관을 구성했다. 가족관의 색다름이란 바로 개방형 수장고(open storage) 개념을 적용한 전시를 말한다.

개방형 수장고, 혹은 보이는 수장고(visible storage)란 1970년대 후반 캐나다 브리티시컬럼비아 대학 인류학 박물관이 처음 시도한 이래 전세계 유명 박물관에서 점차 확산되고 있는 새로운 전시 개념이다. 이는 박물관을 더 속속들이 알고 싶어하는 관람객에게 소장품에 대한 접근성을 넓혀 '선별하지 않고 모두 보여주기' '좁은 면적에 많이 보여주기' '유리로 차폐되지 않은 유물을 근거리에서 관찰할 수 있게 하기'를 지향한다. 그 동안 관람객은 박물관이 선별해 보여주는 것만 보는 수동적 처지였다.

수장고에 보관된 유물은 어떤 것일까. 전시되지 못한 유물이라도 나름의 가치가 있는 것들이다. 가치가 충분한데 전시 면적이 좁아 어쩔 수 없이 수장고에 두는 것도 있지만, 일반적으로는 연구가 끝나지 않아 정리하지 못한 것들, 가령 공룡 박물관이라면 어느 공룡의 것인지 파악하지 못한 뼈들이다. 또 어떤 주제로 전시하기 위해 준비하고 있는 유물이라든가, 전시하고 난 여분의 유물도 해당한다. 미래의 전시를 위해 수집하고 있는 유물도 있겠다.

그중에는 전시된다는 기약 없이 수장고에만 보관되는 유물도 있다. 아마도 신라 토기 같은 경우이리라. 신라 토기는 우리나라에서 비교적 많이 출토되었다. 어느 박물관이 신라 토기를 많이 가지고 있다한들 그것을 다 전시할 필요가 없고, 전시할 공간도 없다. 역사의 고리를 꿰는 데는 그 시대의 생활상과 그 시대 토기의 특징을 보여줄 대표작 한두 개면 족하다. 그렇다고 해서 미국처럼 역사가 짧은 나라에는 단 하나도 없는 천 년 넘은 유물을 버릴 수도 없다. 폰박물관에도 그런 계륵鷄肋이 있었다. 역사관에는 역사상 중요한 유물들만 체계를 세워 연대순으로 정리했다. 주제관에는 특정 주제에 맞는 휴대전화만 전시했다. 그 나머지― 두 전시관 전시물의 다섯 배도 넘는 유물― 즉 우리나라에서 생산된 거의 모든 삐삐와 휴대전화는 어떻게 해야 할까. 그동안 만든 휴대전화를 다 전시하는 것은 전통적 박물관 전시 개념에서는 무의미한 일이다. 그렇다면 그것들은 신라 토기처럼 하

수집가의 철학

염없이 수장고에서 지낼 수밖에 없는 운명이다.

그런데 신라 토기와 휴대전화는 두 가지 다른 점이 있다. 첫째, 토기는 거의 비슷비슷하지만 휴대전화는 기능과 모양이 다 다르다. 비주얼 효과가 있다는 점이다. 둘째, 토기는 그것을 사용했던 사람이 볼 수 없지만, 휴대전화는 관람객이 자기가 사용했던 것을 찾아볼 수 있다. 이 점이 중요하다. 일반적으로 박물관에서 관람객이 자기가 썼거나 오래 쓰고 있는 물건을 보기란 거의 불가능하다. 박물관들이 대개 100년이 넘은 유물을 전시하기 때문이다. 그런데 폰박물관은 다르다. 어른이라면 누구나 자기가 썼던 물건을 발견할 수 있다. 얼마나 반가울까.

내가 폰박물관으로 사용될 건물의 전시 설계를 위임받았을 때 제일 고민했던 것은 건물 왼쪽 끝에 있는 둥근 방이었다. 쇼케이스를 늘어놓기 어려운 원형인 데다 141㎡(43평) 한가운데에 지름 70cm 기둥까지 있었다. 박물관을 염두에 두고 지은 건물이 아닌 것을 리모델링하다 보니 완전히 개조하는 데 한계가 있었다. 참으로 난감했다. 개관 날짜까지 넉 달 말미를 얻었는데, 이곳을 어떤 용도로 쓸지 고민하는 데만 거의 한 달을 소모하다가 결국 떠오른 아이디어가 개방형 수장고였다.

35m에 이르는 둥근 벽면은 그동안 우리나라에서 생산된 모든 휴대전화를 전시하기에 더없이 좋은 공간이었다. 그러나 두 번째 고민이 이어졌다. 휴대전화를 벽에 어떻게 붙일 것인가. 휴대전화 하나하나에 맞게 아크릴 상자를 만들어 벽에 거는 것을 비롯해 온갖 방법을 짜내다가 두 달 만에야 특수 테이프를 써서 휴대전화에 자석을 붙이기로 결론을 냈다. 그 테이프는 접착력

은 강하되 떼어낼 때 유물에 전혀 손상을 주지 않는다. 그리하여 벽에 철판을 붙이고 그 위에 도배지를 바른 뒤 휴대전화 수천 개를 붙인 가로 35m, 세로 2m 대형 벽화가 완성되었다(아래 사진).

지금 폰박물관에서 가장 인기 있는 곳은 가족관이다. '여러분의 추억을 되살려 보세요 -Try to Reminisce your Memories-'라는 글귀가 붙은 개방형 전시물 앞에서 관람객들은 마치 보물찾기를 하듯이 자기가 썼던 휴대전화들을 찾으면서 추억 밟기를 하기에 여념이 없다(이 내용은 다음 글 '모두의 박물관이자 나만의 박물관'에 더 자세히 적었다). (2017.10.1.)

2018년 폰박물관은 특별기획전 '대한민국 휴대전화 30년의 발자취'를 열면서 벽면을 13m 더 늘려 스마트폰을 전시했다. (2018. 11.15)

폰박물관 전시품 ⓒ

자기가 썼던 물건을 만나는 유일한 박물관
현재 쓰이고 있는 것까지 전시된 폰박물관의 벽면 개방형 수장고. 관람객에게 제일 인기 있는 장소이다.

수집가의 철학

모두의 박물관이자 나만의 박물관

안나푸르나는 내게 잔잔한 슬픔이었다. 최초로 히말라야 8천m급 봉우리 14개를 모두 오른 라인홀트 메스너. 그가 쓴 〈살아 돌아왔다〉의 장엄한 컬러 화보들 가운데 유독 안쓰러운 흑백 사진 하나. 거기 안나푸르나 북쪽 비탈에 자연석을 쌓아 만든 추모비가 있다. 이 산에서 죽은 알피니스트들의 이름이 적힌 돌덩어리에 낯익은 한글 몇 글자. 모르는 사람이지만, 만리타향 얼어붙은 땅에 잠든 이의 고독한 이름이 한글로 새겨져 있다는 것만으로도 눈시울이 뜨겁다. 자연의 엄혹함에 맞선 인간의 처절함이 저리도록 내 가슴으로 옮아온다. 다른 나라 사람 이름이라고 다를 바 없다. 한결같이 안나푸르나의 풍경이고 시간이며, 보는 이로 하여금 지푸라기 인생을 성찰케 한다.

1999년 봄 안나푸르나 베이스 캠프에서 날아온 엽서 한 장. 후아니토 오아르사발의 스페인 원정대에 초청된 엄홍길·지현옥 등 한국 대원들이 성공을 다짐하면서 사인한 엽서. 사인한 사람 중 지현옥이 내가 엽서를 받은 지 며칠 만에 불귀의 객이 되었다. 나는 그녀가 매킨리를 등정하던 때부터 눈여겨보았고, 그 무렵 쓴 〈미지에의 도전〉에도 소개했다. 그녀는 그 뒤로 에베레스트를 비롯해 8천m 봉을 3개나 올라 여성 산악계의 희망으로 떠올랐다.

베이스 캠프에 추모비가 또 하나 섰다. 지현옥. … 흘러가는 강물처럼 사라져버린 그 사람/ 다시는 못 올 머나먼 길 떠나갔다네 …. 엄홍길이 울고, 안나푸르나는 내게 크나큰 슬픔이 되었다.

산은 자연 그대로 아름답고 장엄하지만, 그녀 품에 잠든 사람이 풍경의 일부로 녹아들면 애틋한 숨결과 숙연한 빛깔까지 더한다. 그러나 세계의 명승지에서 볼 수 있는 한국인의 이름 중 이처럼 수긍할 수 있는 것은 극소수이다. 여행 기념이랍시고 남몰래 자연을 훼손하며 새긴 것이 훨씬 많다. 몇 해 전에는 알프스에서 국제적 망신을 당하기도 했다. 한국의 바위나 기둥에는 더 쓸 곳이 없을 만큼 이곳저곳이 이름으로 더럽혀져 외국으로 갈 수밖에 없었다는 비아냥을 샀다.

왜 우리나라 사람은 왔노라, 보았노라에서 멈추지 않고 '새겼노라'까지 해야만 직성이 풀릴까. 흔히 외국에 나가서 돈을 펑펑 쓰거나 퇴폐 업소에 가는 사례가 보도될 때마다 전문가들은 우리나라에 돈을 건전하게 쓸 여건이 마련되어 있지 않아서 그렇다고 말한다. 그 견해에 편승해 말한다면, 새겼노라족은 건전하면서도 손쉽게 이름을 남길 방법을 몰라서 그런 짓을 하는 것 같다. 그래서 평범한 사람들이 특별한 일을 하지 않고도 자기 이름을 빛내고 길이 전할 방법을 제안하고자 한다. 박물관에 유물을 기증하는 것이 그것이다.

주로 고대 유물을 취급하는 국공립 박물관과 달리 사립 박물관은 대다수가 근·현대 유물을 취급한다. 특히 생활사를 다루는 박물관의 전시물은 거개가 주변에서 흔히 보았거나 한 번쯤 썼던 것이다. 생활사 관련 사립 박물관을 찾은 사람은, 그래서 역사적 안목이나 교양을 넓히는 것에 더해 추억 밟기를 하고 가는 경우가 많다. 폰박물관에 온 분들을 관찰한 결과도 그렇다.

노년층은 옛날 유선 전화를 자세히 본다. 특히 1960년에 나온 국산 자석식 전화를 보면 거의가 빙긋이 웃으며 한마디 한다. "이거 예전엔 면사무소에 한 대밖에 없던 거요." "우체국에 가면 교환원이 핸들을 막 돌려서 걸어줬지." 장년층은 1980년대에 쓰인 차량전화와 아날로그 휴대전화를 보면 반색한다. 청년층은 최근 10여 년간 나온 휴대전화에 관심을 보이고, 청소년과 어린이는 최신 기종을 전시한 곳에서 떠나지를 못한다.

누구라 할 것 없이 그 많은 휴대전화 중에서 자기가 썼거나 엄마 아빠가 썼던 것과 같은 기종을 찾으며 즐거워한다. 여기저기서 '저거다!' '찾았다!' 소리가 나며 보물찾기를 방불케 한다. 그들은 자기 손에서 떠나버린 것을 다시 보는 기쁨과 아울러 자기가 썼던 것이 박물관이라는 거창한 장소에 전시되어 있다는 사실을 신기하게 여긴다. 엊그제 썼던 것이 벌써 박물관에 있다는 사실에 어린아이까지도 세월의 빠름을 실감하며 이야기꽃을 피운다. 말하자면 폰박물관은 관람객 한 사람 한 사람에게 그 사람의 개인사 박물관이나 다름없다.

자기가 썼던 것과 같은 기종을 보면서도 저럴진대 하물며 자기가 실제로 썼던 휴대전화를 박물관에서 본다면 그 즐거움이 오죽할까. 다 쓴 전화기를 버리지 않고 폰박물관에 기증하면 홈페이지에 기증자 이름을 올린다. 기증품의 질이나 양이 특별하면 따로 이름과 사는 곳을 소개하는 표찰이나 안내문을 붙여 전시한다. 수신인 부담으로 택배를 이용하면 외국에 나가서 남의 눈을 피해 낙서하는 것보다 훨씬 편할 것이다. 게다가 자식이나 손자를 데리고 와서 젊었을 때 자기가 썼던 것을 가리키며, 거기에 남겨진 흠집의 사연을 말하고 그 시절의 사회상을 들려주면 얼마나 뿌듯할까. 즐겁게 살기 노후대책으로도 손색이 없다.

　한국의 박물관 수는 1천개에 근접했다. 일본은 3천5백 개가 넘는다고 한다. 영국은 5천, 미국은 1만이다. 전세계의 10만이 넘는 박물관 중에 현재 쓰는 물건을 바로 사들여야 하는 곳은 폰박물관뿐일 것 같다. 몇 달만 지나면 과거 유물이 될 정도로 휴대전화의 진화 속도가 빠르니 어쩔 수 없다. 또 수십 년이 될지 수백 년이 될지 모르는 채 기약 없이 유물을 사들여야 하는 곳도 폰박물관 하나이다. 국산 휴대전화를 사들이는 데만도 해마다 엄청난 돈이 드니 개인의 힘으로는 꾸려가기가 벅차다. 폰사사(폰박물관을 사랑하는 사람)가 되어 기증에 적극 동참하자.

　로마 제국의 아우구스트 황제 시절, 유력가 가이우스 마에케나스는 예술가를 재정적으로 도와 그 시절의 시문학을 꽃피우는 데 이바지했다. 15세기에는 이탈리아 피렌체의 메디치 가문이 미켈란젤로와 다빈치 같은 예술가들을 후원함으로써 르네상스에 크게 공헌했다. 오늘날 우리는 이들처럼 문화예술인을 돕는 기업을 마에케나스Maecenas의 이름에서 딴 프랑스 말로 메세나Mecenat라고 부른다. 폰박물관에 자기가 썼던 휴대전화를 기증하는 일은 기업인이 아니라도 메세나가 될 수 있다는 뜻이다. 추억 밟기뿐만 아니라, 언젠가 인류의 문화유산이 될 휴대전화를 보존함은 물론 사립 박물관 운영을 돕는 흐뭇함까지 누릴 수 있을 것이다.(깊디깊은 숲속 박물관을 어렵사리 찾은 미술평론가 최병식 교수가 예전에 썼던 것이라며 들고온 까만색 자그마한 삐삐. 박물관을 열고 나서 맨처음 유물을 기증받은 그 날의 기쁨을 잊을 수 없다.) (2008.11.28.)

　　　　　　　　　　　　　　　　수집가의 철학

소리를
멀리 보내기
위하여

4장

"물 전화기를 아시나요?"

1876년…… 세계 최초 전화기 Bell's Liquid Transmitter

"전화기를 누가 발명했을까요?"

"벨이요."

예전이나 지금이나 어린이들은 다 알아맞힌다. 그러나 '그 전화기가 어떻게 생겼죠?'라는 질문에는 묵묵부답이다. 그런데 이상하게도 '벨이 전화로 제일 처음 한 말이 뭘까요?'라고 물으면 또 정답이 나온다. "왓슨 씨, 이리 와봐요라고 했어요."

물론 10년 전에 비해 이렇게 대답하는 어린이가 많이 줄었다. 위인전을 안 읽는 세상이니까. 어쨌든 이 정답이 사실은 오답이다. 위인전에서 읽은 대로 말했는데 왜 틀렸다고 할까. 벨 전화기를 바르게 소개한 책이 없어서 그렇다. 교사나 부모도 모르기는 마찬가지이다.

1.

2012년. 〈조선일보〉 4월13일자 D6면에 전면 광고(**187쪽 사진**)가 실렸다. 광고주인 LG U⁺는 자기네가 4세대 LTE에서 다른 통신사보다 앞섰음을 강조하려고 그 큰 지면에 달랑 세 가지 문장과 일러스트 3개만을 내세웠다.

　1877　세계 최초, 그레이엄 벨의 전화기 (전화기 사진)

　1969　세계 최초, 아폴로 11호의 달착륙 (우주비행사 암스트롱 사진)

수집가의 철학

통신사通信社가 모르는 통신사通信史

세계 최초 전화기가 발명된 연대와 전화기 모양이 틀린 이 광고를 천만 명이 넘게
보았을 것이다. 그들이 얻은 잘못된 지식을 이제 와서 바로잡기는 너무 어렵다.

2012 세계 최초, U⁺LTE의 전국망 (LG U⁺ LTE 로고)

여기서 달 착륙이란 셀룰러 통신 이전에 달에서 사람의 목소리를 지구까지 전해온 모토로라의 혁신적 기술을 말하는 것이겠다. 이 광고는 다른 일간지에도 실렸을 터이다. 조선 중앙 동아 한국 경향 한겨레 여섯 신문만 해도 최소 600만 부가 넘고, 신문 한 부를 두 사람이 본다고 치면 1천200만 명이 이 광고를 보았을 것이다. 세계 최초 전화기가 어떻게 생겼는지 궁금했던 사람들에게 대기업 통신사가 낸 글과 사진이 얼마나 미더웠을까. 그러나 이 정보는 세 가지가 틀렸다. 첫째는 1877년이 아니라 1876년이다. 둘째는, 사진으로 소개된 전화기가 벨 전화기가 아니라 한국에서도 널리 쓰인 '모시모시 전화기'이다. 셋째는, 그 전화기에조차 송화기가 거꾸로 걸렸다. 나라 전체를 잘못된 지식으로 몰아간 죄 참으로 크다.

\# 2.

2015년. 'Who?' 시리즈가 나왔다. 한국공학한림원이 추천한 국내 유일의 과학 기술 분야 위인전이라고 내세웠다. 그러나 제11권 〈알렉산더 그레이엄 벨〉을 보니 너무 오류가 많았다. 작가는 '어린이들이 좋은 책을 읽고 자기만의 멋진 꿈을 가지게 되길 소망하는' 아무개라고만 소개되어 있었다. 감수자인 '전국 과학 교사 모임'에서는 누가 벨 전화기의 원리와 모양도 모르면서 감수했을까? 잘못된 내용 중 핵심이라고 할 세 가지만 말하겠다.

첫째, 일러스트의 상당 부분이 전화기와 관련된 것인데, 막상 인류 최초로 말을 보내고 받는 장면에서 전화기의 모양은 물론

수집가의 철학

원리조차 단 한 글자도 소개되지 않았다.

둘째, 벨이 소리를 보내는 데 성공한 것은 물을 담아 쓰는 '액체 송화기'인데, 몇 달 뒤 자석에 코일을 감아 전혀 다르게 만든 '미국 독립 100주년 기념 박람회 전화기'로 잘못 그려져 있다. 수신기도 '교수대 수화기'여야 하는데 정체 불명의 원통형으로 되어 있다.

셋째, 황산이 어디에 쓰였는지 모르니 황산을 엎질렀다는 말만 있고 설명이 없다. 그동안 위인전마다 벨이 처음 한 말이 '왓슨 씨, 이리 와 봐요'라고 잘못 쓴 것을 되풀이했다.

벨이 처음 전화로 위층에 있는 왓슨에게 목소리 한 문장을 보낸 상황은 이렇다.

벨은 전자석을 황산이 든 물로 바꿈으로써 전기 저항을 낮추었다. 그가 수화기에 귀를 갖다 댔더니 희미한 소리가 잘 들렸다. 그가 황산을 더 넣자 소리는 더 커졌다. 그는 왓슨에게 그 물을 건드리게끔 긴 침을 양피지에 붙이자고 말했다. …

1876년 3월10일 저녁 왓슨은 황산이 첨가된 물이 금속 컵에 가득 담긴 송신기를 벨의 작업실에 설치했다. 왓슨은 벨의 침실에서 귀를 수신기에 가까이 대고 대기했다. 왓슨은 그 때 벌어진 일을 이렇게 기록했다. '벨의 목소리를 들은 순간 깜짝 놀랐다. 그가 한 말은 아주 또렷했다. 'Mr. Watson, come here, I want you!'(왓슨 씨, 이리 와서 나 좀 도와줘요)' 나는 그의 방으로 뛰어 내려갔다가 황산에 옷자락을 태운 모습을 보았다. 벨은 이틀 뒤 실험 노트에 자기가 이렇게 말했다고 썼다. 'Mr. Watson – come here – I want to see you.'(왓슨 씨, 이리 와 봐요. 나 좀 봅시다) 이 문장에 대해 왓슨은 이렇게 반응했다. '벨의 글을 보니 그는 새 송신기가 성공한 일에 도취해 황산 사건을 잊었다. 그가 전화로 처음 한 말은, 황산 사고가 빠진 채 그가 노트에 쓴 대로 역사에 남을 것이다. 그래도 괜찮다. 어쨌든 전화가 태어났으니까.' (John Brooks <Telephone –The first hundred years-〉에서)

우리나라 사람들이 벨 전화기가 어떻게 생겼는지 모르는 사정은 내가 벨 전화기를 처음 들여온 2008년이나 지금이나 똑같다. 벨 전화기는 세 가지이다. 액체 송화기(Liquid Transmitter)**(191쪽 사진)**, 교수대 수신기(Gallows receiver)**(192쪽 위 사진)**, 100주년 전화기(Centennial telephone)**(192쪽 아래 사진)**.

액체 송화기는 옛날 영국 신사의 모자를 연상케 하는 나팔관과 그 밑의 작은 컵으로 이루어졌다. 나팔관 아래쪽을 얇은 양피지(진동판)로 막았는데, 양피지 아래에는 기다란 침이 달렸다. 빈 나팔관 윗부분에 입을 대고 말하면 소리가 진동(A)을 일으킨다. 그러면 나팔관 아래쪽을 막은 양피지가 울리는데, 그때의 울림은 진동(A)와 동일하다. 그러면 양피지에 매달린 침이 양피지와 똑같이 위아래로 울리면서 바로 아래 컵에 담긴 액체(황산 넣은 물)를 들락거리게 된다. 이때 물속에 생기는 파장 역시 진동(A)와 동일하다. 침은 구리선으로 배터리에 연결되어 있으므로 그 진동 파장은 황산이 전기 저항을 변화시킨 전기 파장(신호)이다. 사람의 목소리가 전기 신호로 바뀐 것이다. 이 신호가 전선

수집가의 철학

목소리를 전기 신호로 바꾸는 액체 송화기

검정색 원통 안에 말을 하면 그 울림이 원통 아래를 막은 흰 가죽을 울린다. 그때
가죽과 더불어 거기에 달린 침도 위아래로 움직이며 물 담긴 작은 컵 속을 들락거리면
물속에 파장이 생긴다. 침에 전기를 흘려보내면 그 파장은 전기 파장(신호)이 된다.

전달된 전기 신호를 목소리로 바꾸는 수화기

액체 송화기에서 전달된 전기 신호가 흰 가죽 위 떨림판을 울리면 가죽이 똑같이
울린다. 동시에 그 아래 나무 원통 속의 공기도 울린다. 이 울림은 처음 액체
송화기의 빈 원통을 울린 목소리가 재생된 것이다. 이 소리가 원통 아래로 빠져나가
사람에게 전달된다.

액체 송화기를 대체한 전자석 '100주년 송화기'

액체 송화기는 말할 때마다 성공하지는 못했다. 자석에 코일을 감아 액체를
대체하자 이 송화기는 언제나 목소리 송신에 성공했다. 이것을 미국 독립 100주년
박람회에서 팔고, 벨과 왓슨의 집에도 설치했다.

수집가의 철학

을 타고 수신기로 흘러간다.

교수대처럼 생긴 수신기는 1875년 처음으로 '아' 하는 짧은 소리를 재생함으로써 전화기 발명에 확신을 심어준 것을 개량했다. 송신기에서 전달된 전기 파장(신호)이 이 수신기의 양피지 위에 설치된 얇은 떨림판을 울리는데, 역시 진동(A)이다. 그 진동이 떨림판 밑 울림통 안에서 똑같이 울리는 것이 바로 재생된 사람 목소리이다. 목소리는 울림통 아래 큰 구멍으로 빠져 나가 사람의 고막을 울린다.

액체 송화기는 역사상 처음으로 사람의 말을 전달했지만, 그 뒤로는 제대로 작동하지 않았다. 물을 소금물이나 알코올로 바꾸어도 소용없었다. 몇 달 고심한 끝에 벨과 왓슨은 액체 대신 자석에 전기 코일을 감아 통화에 성공했다. 여러 번 시험해도 언제나 작동되었다. 벨은 그것을 미국 독립 100주년 박람회 때 사람들 앞에서 시연하고 5달러에 팔았는데, 판매액이 1년간 3천 달러였다. 그것이 100주년 전화기이다. 그때의 수신기는 길다란 원통형이었다. 벨과 왓슨이 3.2km 떨어진 그들의 집을 전화로 연결한 뒤 전화기는 급속히 확산되었다. 그 뒤로 벨은 교환기와 장거리 전화 시스템을 발명했다. 그가 세운 벨 전화회사는 오늘날 미국 최대의 통신회사 AT&T가 되었다.

진품 벨 전화기는 미국에 하나뿐인데 내가 수집한 벨 전화기는 정체가 무엇일까. 벨 전화회사가 1976년 전화기 발명 100주년 때 근속 30년을 넘긴 직원 몇 사람에게 기증한 레플리커(replica)이다. 원뜻은 제작자가 자기 물건을 똑같이 다시 만들었다는 것이다. (2017.11.5.)

에펠 탑 전화기라고 불린 사연

1892년…… 가장 아름다운 전화기 '에펠 탑'

전화기 박물관을 하면서 이따금 드는 생각. 전화기라는 산업 유물은 박물관보다 과학관에 더 어울리는 것이 아닐까. 우스갯소리로 박물관 유물은 겉이 멀쩡해야 하고, 과학관 유물은 속이 온전해야 한다. 유물의 모습을 통해 그 시대를 알고자 하는 곳이 박물관이고, 유물을 작동시켜 과정이나 결과를 입증해야 하는 곳이 과학관이기 때문이다. 여기에 또 한 가지가 덧붙는다. '아니, 미술관에 가장 어울리는 아이템일지도 몰라.' 최근의 휴대전화뿐만 아니라 옛날 유선 전화기도 사람들을 감탄시킬 정도로 디자인이 빼어나기에 하는 말이다.

디자인이 출중하기로는 L.M.에릭손 전화기가 첫손가락에 꼽힌다. 미국의 웨스턴 일렉트릭이 유럽을 대표한 L.M.에릭손과 더불어 전화기 제조에 양대 산맥을 이루었지만, 디자인에서 만큼은 L.M.에릭손의 상대가 되지 못했다. 높이 70cm, 너비가 45cm에 이르는 L.M.에릭손의 벽걸이 전화기에 새겨진 통신사 로고(**207쪽 사진**)를 사람들이 유럽 왕실의 문장이라고 착각할 정도로 이 전화기는 중후하고 고전적이며 기품이 있다. 고종 때 덕수궁에 처음 설치된 전화기와 교환대도 L.M.에릭손 제품이었다. L.M.에릭손 전화기는 가히 명품이었다.

19세기 말 L.M.에릭손의 전화기 라인업에서 가장 걸작은, 유럽에서 '에펠 탑 전화기'(**197쪽 사진**)로 통하는 스켈러튼skeleton 타입이다. 나는 늘 이 1892년산 전화기를 가리키며 100년이 훨씬 넘도록 가장 아름다운 전화기로 군림해 온다고 소개한다. 관람객들은 아— 하고 감탄하거나 고개를 끄덕인다. L.M.에릭손도 자기네 제품에 이 전화기 모양을 상표로 새겼을 정도이다. 물론 세계의 수집가나 박물관 들도 이 전화기를 그들의 컬렉션 첫머리에 올리려고 애쓴다.

이 탁상용 전화기는 그러나 하나하나 뜯어보면 언밸런스 투성이다. 무게가 5.5kg이나 나가는 쇳덩이답게 전체를 받치는 다리 부분은 묵직하고 안정감이 있다. 거기에 톱니바퀴·핸들·배터리·자석과 벨 2개가 달려 있다. 그러나 다리 바로 위 중간 부분에는 조그마한 종鐘 하나뿐. 마지막으로 종 위에 아랫부분 너비보다 더 긴 송수화기가 가로놓였다. 송수화기를 받침대 위에 걸쳐 놓는 크래들 전화기로는 세계 최초인데, 이것이 1960년대에 우리가 널리 썼던 다이얼식 전화기 디자인의 원조이다.

이 송수화기는 몸체에 비해 너무 긴 데다 스피커 쪽이 리시버 쪽보다 더 길게 구부러져 한쪽이 기운 듯한 느낌이다. 대칭이나 비례를 고려한 흔적이 전혀 보이지 않아 매우 불안정하다. 그런데도 이 전화기의 전체 모습은 아름답다. 질감 따스한 나무로 가렸어야 할 기계 부품들이 다 드러나 차갑고 어수선한데도 아름답다. 과거와 현대, 조각과 기계가 뒤섞였는데도 아름답다. 파격의 미도 아니고 일탈의 멋도 아니다. 혼돈 속의 질서라고 할 수도 없다. 그런데도 아름답다. 직접 보면 저절로 옮아오는 이 느낌은 불가사의하다.

그런데 답답한 점이 한 가지 있었다. 왜 에펠 탑이라고 부를

까. 비슷한 데라고는 받침 부분뿐인데 그런 별명이 붙다니. 그 연유를 모르고 소개하자니 찜찜했다. 그러던 어느 날 문득 이 전화기가 스켈러튼 타입이라고 불린다는 데서 실마리가 풀렸다. 스켈러튼? 골격·해골·뼈대·골자… 아! 그렇다. 골조骨組다! 에 펠 타워와 에펠 텔레폰의 공통점은 겉모습이 아니라 강철 골조 만으로 이루어졌다는 데 있었다.

철강 7,300t을 들여 만든 에펠 탑은 미학과 공학 면에서 기념 비적인 랜드마크이다. 그 이전에 세워진 가장 높은 건축물보다 두 배가 높다든가, 이 엄청난 구조물을 1년도 안 되어 세웠다든 가 하는 기록도, 인류가 처음으로 겉을 포장하지 않고 골격만으 로 완성한 건축물이라는 특징에 비하면 얘깃거리가 안 된다. 치 솟은 철강 골조를 보며 완공되기까지 아직 멀었거니 했던 파리 지앵과 파리지엔 들이 공사가 다 끝난 줄 알았을 때 얼마나 놀 랐을까. 에덴 동산에서 쫓겨날 때부터 겉을 감싸는 데 몰두해온 인류가 바로크 시대를 거친 직후 맞닥뜨린 해괴한 골조 탑. 사람 마다 저 흉물이 파리의 미관을 해친다며 당장 철거하라고 난리 였던 것이 당연하다.

그렇다. '골조'였다. 에펠 탑은 스켈러튼 타워이고, L.M.에릭 손 전화기는 스켈러튼 텔레폰이다. 사실 에펠 탑 전화기(**197쪽 아래 사진**)는 그보다 7년 전에 나온 원조元祖 전화기(**197쪽 위 사진**) 에서부터 스켈러튼이라고 불렸다. 귀스타브 에펠 이전에 이미 L.M.에릭손의 디자이너는 목재를 쓰지 않은 쇳덩이 골조만으로 기계 부품이 모두 노출된 특이한 전화기를 만들어 스켈러튼이라 는 애칭을 얻었다. 원조는 수화기와 송화기가 분리되고, 2호는 송

수집가의 철학

1호 스켈러튼

에펠탑보다 4년 앞섰는데도 왜
에펠탑 전화기라고 불릴까.

2호 스켈러튼

역사상 가장 아름다운 전화기로
꼽히는데도 하나하나 뜯어보면
언밸런스 투성이다. 그런데도 아름답다.

수화기가 합쳐졌다는 차이뿐이다. 이 원조 스켈러튼을 L.M.에릭손은 에펠 탑이 세워지기 4년 전인 1885년에 내놓았다.

나는 상상하고 추리한다. 그렇다면, 공예학교 출신인 귀스타브 에펠이 공예품이라고 해도 손색이 없으리만치 아름답고 특이한 전화기에서 '골조 탑'의 힌트를 얻었을지도 모른다. L.M.에릭손이 1876년 창업해 1880년대 들어 대형 벽걸이 전화기와 스켈러튼 전화기를 내놓은 뒤부터 'L.M.에릭손 / 스톡홀름'이라는 글자가 새겨진 전화기는 유럽을 석권했다. 그 유명한 전화기를 귀스타브 에펠이 못 보았을 리가 없다. '스켈러튼 전화기의 아랫부분이 어딘지 모르게 에펠 탑 기단부를 연상시키더라니.'

에펠 탑은 프랑스대혁명 100주년을 기념한 조형물인데도 그에 걸맞는 명칭이 없이 제작자의 이름을 따서 불린다. 골조라는 점이 특징이고 논쟁거리였으므로 스켈러튼이라는 이름을 붙였어야 하지 않을까. (이 대목에서 나의 추리는 점입가경이다.) 그런데 이미 스켈러튼 전화기가 있으니, 세계에서 제일 높은 건축물에 조그만 전화기의 별명을 따다 붙이기는 낯간지러웠으리라. 결과는? 스켈러튼 전화기가 에펠 탑을 본떴다는 듯이, 전화기의 별명이 에펠 탑으로 바뀌어버렸다. 에펠 탑보다 먼저 나온 원조 스켈러튼이나, 에펠 탑보다 나중에 나온 2호 스켈러튼이나 속절없이 '에펠 탑 전화기'로 불리게 된 사연이다.

각설하고, L.M.에릭손의 후예인 에릭손은 이동통신 시대에 들어서도 탄탄했다. 에릭손은 모토로라와 노키아 다음인 3위를 오랫동안 지켰다. 외국산 아날로그 휴대전화가 우리나라 시장을 휩쓸던 1990년대 초 한국 사람들은 에릭손의 1831이나 altima도

수집가의 철학

많이 썼다. 그러나 지금 유럽 사람들 손에는 삼성·LG ·노키아가 들려 있고, 에릭손이라는 이름은 소니 뒤에 붙어 소니에릭슨이 되었다. 스웨덴 발음 '손'도 영어 발음 '슨'으로 바뀌었다.

엊그제 나는 스켈러튼 원조를 구했다. 송화구送話口(mouthpiece) 달린 쇠막대가 빙빙 돌아가는 아름다운 전화기. 우리나라에는 상륙한 적 없는 이 희귀한 전화기를 구하느라 나는 있는 힘을 다 쏟았다. 태풍처럼 몰아닥친 경기 침체와 고환율 시대에 누구나 탐내는 당대의 걸작을 사들이기란 보통의 결단으로는 어려웠다. 온갖 심리적 갈등을 겪고 나서야 나는 원조 스켈러튼을 구해 2호 스켈러튼 옆에 놓았다. 날마다 바라보고 쓰다듬고, 관람객에게 보여주어 탄성을 자아낼 수 있다면 어떤 어려움을 겪어도 좋다고 생각했다. (2008.12.20.)

원조 스켈러튼은 이 글을 쓴 몇 년 뒤 어떤 사람에게 맡겼다가 돌려받지 못했다. 가장 귀한 휴대전화가 경매에 나왔을 때 골동품 수집가인 줄 모르고 잠깐 돈을 빌린 것이 천추의 한이 되었다.

"덕률풍德律風으로 아룁니다"

1896년…… L.M.에릭손 벽걸이 전화기 ①

우리나라에서 제일 처음 전화기를 사용한 사람은 누구일까. 1882년 2월25일 유학생과 장인 들을 인솔한 영선사領選使 김윤식金允植이 중국 톈진에서 전기국을 시찰할 때 처음 전화기를 보고 통화까지 해보았다. 그가 일기에 '전기국에 가서 말하는 통을 보니 양쪽이 구리선에 연결되어 있었다. 귀에 대고 들으니 겨우 말을 알아들을 수 있었다(至電機局 見語話筒 兩頭係銅線 側耳聽之略可辨認 견어화통 양두계동선 측이청지 약가변인)'는 기록을 남겼으니, 김윤식이 우리나라 사람으로는 처음 전화를 사용했다고 할 수 있다. 그렇다면 우리나라에 전화가 가설된 뒤 가장 먼저 전화기를 사용한 사람은 누구일까?

1.
仁監署趙光熙 德律風傳語 英艦五 俄艦一 美艦一 尙今留碇而下陸英兵 本日上午十點還爲上舶 인감서조광희 덕률풍전어 영함5 아함1 미함1 상금유정이하륙영병 본일상오십점환위상박 (《外衙門日記 외아문일기》光武二年 一月二十四日條)

이 글은 1898년(광무 2년) 1월24일에 외아문外衙門(외교와 통상을 맡은 관청인 外務衙門)이 개항장(외국과 물건을 사고 팔기 위해 개방한 항구) 업무를 맡은 인천 감리서 감리사서리 조광희로부터 덕률풍(전화기)으로 보고받은 기록이다. '인천감리사서리 조

수집가의 철학

광희가 덕률풍으로 아룀. 영국 군함 5척, 러시아 군함 1척, 미국 군함 1척이 오늘까지 닻을 내리고 머물렀는데, 영국 병사들이 상륙했다가 오전 10시에 배로 돌아감.' 이것은 우리나라 역사에 최초로 기록된 전화 통화 내용이다. 주의할 것은, 통화를 기록한 것으로 최초라는 뜻일 뿐 위의 내용이 최초로 전화기를 사용한 기록은 아니라는 점이다.

  # 1을 보면 한 가지 의문이 든다. 고종황제가 집무하던 경운궁慶運宮(지금의 덕수궁) 궁내부宮內府 (나랏일 가운데 왕실 업무는 궁내부가, 행정 업무는 의정부가 맡았다)에서 있었던 전화 통화가 최초로 기록된 것은 1898년 1월28일이다. 이 날 궁내부에서 외아문에 외무협판外務協辦이 대령하도록 전화로 시달했다는 사실과 인천감리가 오후 3시에 영국 범선 3척이 입항할 예정이라고 보고한 두 가지 기록이 있다(《外衙門日記》 光武二年 一月二十八日條). 왕실 내에서 전화가 쓰인 최초 기록보다 인천 바닷가에서 관찰된 일을 전화로 보고한 기록이 나흘이나 앞서는 것은 무슨 까닭일까. 또 통신원通信院이 경영하는 공중통신용 전화가 한성(서울)-인천 간에 공식으로 개통된 때가 1902년 3월인데 그보다 무려 4년이나 앞서 한성이 아닌 곳 중 인천에만 비공식으로 전화가 가설되어 통화가 이루어진 것은 무슨 까닭일까.

  인천에까지 전화선을 가설하기가 만만치 않은 일인데, 그것도 비공식으로 이루어졌다는 점, 전화가 놓인 감리사에서 상당히 멀리 떨어진 해관海關(개항장에 설치한 세관) 일이 궁내부에 보고되었다는 점으로 미루어 이는 왕실의 살림살이와 밀접한 관련이 있음을 알 수 있다. 그 무렵 몹시 쪼들리던 왕실 재정에서 인천 해관의 관세 수입이 차지하는 비중이 상당히 높았다는 증거이다. 그 해 8월 바닷가 해관에까지 전화가 가설된 것이 이를 뒷받침한다.

전화기는 언제 우리나라에 들어왔을까? 문헌에는 1882년 3월 말께로 되어 있다. 톈진에서 양전기陽電氣 원리를 배운 유학생 상운尙澐이 인천으로 귀국할 때 가지고 온 전기기기 가운데 덕률풍 2대가 있었다. 그밖에 전종電鐘 2개, 전선 120m 등 몇 가지도 전화기 가설에 필요한 것들이었다. 그러나 더 자세한 기록이 없고, 상운이 가지고 온 전화기는 그 해 7월 임오군란 때 파괴되었다. 전화기에 대한 더 확실한 기록은 1893년부터 나온다.

'1893년 11월27일 정부는 총해관總海關(오늘날의 관세청)에 일본 동경에서 사들여 오는 궁내부가 사용할 전화기에 세금을 물리지 말라고 지시했다. 전화기는 다음해 1월26일 인천항에 도착했다. 기록(《續記》甲午 二月二十二日條)에 따르면 궁내부가 2월22일 한성전보총국(華電局)에 상운을 보내 전화기를 함께 시험하자고 청했다. 화전국은 3월1일 오후 5시에 연회를 겸해 전화기 시험을 하겠다고 사람들을 초청했다. 그 날 여러 사람이 역사적인 전화기 시험을 참관하고 감탄했을 것으로 추측된다. 시험을 마치고 궁중에 전화를 가설할 예정이었으나 동학군이 봉기하고 청일전쟁이 일어나는 등 정세가 급변해 실현되지 못한 것 같다.' (체신부 〈한국전기통신 100년사〉에서)

1894년에 실현되지 못한 궁내부 전화 가설은 4년이 지난 1898년 이루어졌다. 1897년 12월31일 정부는 또 한 번 전어기傳

수집가의 철학

語機에 세금을 물리지 말라고 지시했다. 중국에서 쓰던 덕률풍이라는 말 대신 우리가 만든 전어기가 전화기를 가리키는 말로 새로이 쓰였음을 알 수 있다. 궁내부에 전화 시설이 마련되어 외아문 등 서울에 있는 아문들과 인천에까지 개통되고 있었다는 기록이 있고(《거래존당去來存檔》第三冊 光武二年 一月十八日條), 전화선이 경운궁을 중심으로 가설되었다는 기록도 있다(《京城府史》 제1권 1934년 3월4일 778쪽).

그런데 1897년 12월31일 궁내부가 전화기에 관세를 물리지 말라고 지시한 기록에 한 가지 의문이 따른다. 앞서 # 1에서 밝혔듯이 1898년 1월24일에 인천 해관과 한성 간에 통화가 이루어졌으니, 한성에서 인천까지 전봇대를 세워 전화선을 가설하는 일이 겨우 24일 만에 이루어졌다는 말이 된다. 이것은 당시 여건으로는 물리적으로 불가능한 일이므로 1897년 12월31일 이전에 전화선이 가설되기 시작했다고 볼 수밖에 없다. 그런 사례는 # 2에도 나온다. 여기에는 1897년 12월31일보다 40일 앞서 전화를 사용한 근거가 있다.

2.

農商工部技師 金澈榮 … 倂加資, 電報司主事 李昇來 … 各 兒馬一匹賜給 농상공부기사 김철영 …병가자, 전보사주사 이승래 … 각 아마일필사급

이 글을 풀이하면, 농상공부 기사인 김철영 등 3명은 벼슬의 품계를 정3품 통정대부通政大夫로 올리고, 전보사 주사인 이승래 등 4명에게는 벼슬아치가 작은 공을 세웠을 때 나라가 상으로

내리는 어린 말을 각각 한 필씩 준다는 뜻이다. 무엇에 대한 공을 따져서(論功) 상을 주었기(行賞)에 전화와 관련이 있다는 것인가?

이 글은 1897년 12월5일자 인산시별단因山時別單의 '전화기거행조電話機擧行條'에 들어 있다. 인산시별단이란, 1897년 11월22일 명성황후 인산因山(장례식)을 치른 후 12월5일 궁내부가 고종에게 올린 글의 별단別單(임금에게 아뢰는 글에 덧붙이는 인명부)에 적힌 전화기 가설 유공자 명단이다. 이 기록으로 미루어 명성황후 장례 때 궁내부가 전보사電報司(전신 업무를 맡은 관청) 관원들을 시켜 장례용 임시 전화를 가설했으니, 최소한 1897년 11월22일 이전에 전화가 궁궐에서 쓰였음을 알 수 있다.

우리나라 전화 역사를 거론할 때 한두 가지 기록만 가지고 1898년 1월24일 혹은 1월28일을 전화가 처음 쓰인 날로 내세우는 사례가 더러 있는데, 이 글이 그러한 주장을 재고하는 데 도움이 되기를 바란다. (2017.11.23.)

수집가의 철학

고종의 전화가 김구를 살렸다

1896년······ L.M.에릭손 벽걸이 전화기 ②

폰박물관에는 1895년 이전 스웨덴 L.M.에릭손 사가 만든 자석식 벽걸이 전화기(**207쪽 사진**)가 걸려 있다. 가로 30.4, 높이 78, 두께 22 cm이니 웅장하다 말고는 달리 표현할 말이 없다. 조선 말기에 처음 들어온 전화기이고 고종과 신하들이 썼다고 알려져 있다. 이 전화기는 웅장할 뿐 아니라 대단히 아름답다. 그 시절 세계 전화기 시장은 미국(웨스턴 일렉트릭 등 5~6개 회사)과 스웨덴(L.M.에릭손)이 양분하고 있었는데, 튼튼해 보이기만 하는 미국의 네모 상자형 벽걸이 전화기들과 달리 스웨덴 전화기는 벽걸이와 탁상용을 불문하고 아름다운 장식을 많이 쓴 바로크 풍 디자인이다. L.M. 에릭손은 전화기를 여러 가지 만들었지만 대표작은 탁상용 에펠탑 전화기와 벽걸이 전화기이다.

L.M.에릭손 벽걸이 전화기는 1881년 처음 만들어진 뒤로 1910년대까지 형태가 거의 변하지 않았다. 바뀐 것이라고는 송화기가 기역자로 꺾인 모양에서 일자형으로 바뀌었다가 송수화기 일체형으로, 본체 아랫부분 문양이 조금씩 달라지다가 에릭손 전화기의 상징이 된 에펠탑 전화기 마크로 고정된 것 정도이다. 문양이나 에펠탑 전화기 마크가 아니라 유럽 왕실 문장 같은 것이 들어간 전화기도 있는데 그것은 통신사 로고이다. 우리 옛 문헌에는 고종高宗 때 왕실에서 스웨덴제 벽걸이 전화기와 교환기를 썼다고 되어 있으니, 단언컨대 L.M.에릭손제 벽걸이 전화

기가 틀림없다. 그 시절에 그 전화기를 안 썼다면 그것이 도리어 이상하다. 나는 L.M.에릭손이 만든 1886, 1892, 1911년 카탈로 그를 가지고 있으니 고종 때 전화기가 L.M.에릭손 것이 아니라고 생각하는 사람이 있다면 언제든 토론하고 싶다.

이 전화기에는 얽힌 이야기가 많다. 구리선을 쓰지 않고 철선을 쓴 탓에 전달되는 소리가 모기 소리만큼 작아서 누가 통화할 때는 주변 사람 모두가 숨소리마저 죽여야 했다는 얘기, 고종의 전화를 받게 된 신하는 임금 계신 곳을 향해 절한 뒤 무릎을 꿇고 전화를 받았다는 얘기, 고종이 승하한 뒤 순종이 매일 아침 전화기로 능참봉을 불러 곡哭을 했다는 얘기…. 그 중에서 제일 사람의 이목을 집중시키는 것이 김창수 이야기이다.

김창수는 백범 김구가 상해에서 독립운동을 하기 이전 청년 시절 이름이다. 그는 명성황후가 시해되자 분을 참지 못하고 일본군 장교를 때려 죽였다가 인천 감옥에 갇혔다. 그리고 사형 선고를 받았으나 마침 그 사흘 전 개통된 한성—인천 전화 덕에 목숨을 건졌다. 고종이 김창수의 사연을 듣고 급히 전화를 걸어 인천 감리에게 사형을 면하도록 감일등減—等하라고 지시했다. 김창수는 감옥살이를 하다가 탈옥해 중국으로 건너갔다.

이 이야기는 백범이 직접 썼다고 알려진 〈백범일지〉에 실린 내용이므로 그동안 아무런 검증도 거치지 않고 인구에 회자되어 왔다. 그러나 일부 역사학자와 문화계 인사는 그 내용을 100% 믿기 어렵다고도 말한다. 〈백범일지〉에 나오는 이야기와 역사에 기록된 사실 간에 시제時制가 맞지 않는다는 것이다. 한 예로 '대한민국 문화예술인' 공동대표 남정욱이 〈조선일보〉

수집가의 철학

2017년 10월28일자에 쓴 '김구를 정말 고종의 전화가 살렸을까'를 보자.

'… 백범을 살린 전화 사건의 시간적 배경은 1896년 10월. 한국전자전기통신연구소에 기록된 우리나라의 최초 전화 개통일은 1898년 1월이다. 전화 자체가 없었다. 그런데도 이런 이야기가 마치 진짜처럼 돌아다니는 것은 〈백범일지〉의 권위 때문이다. … 〈백범일지〉에는 '(감옥에서) 아침에 신문을 보니 인천에 있는 살인강도 김창수를 교수형에 처한다는 기사가 나와 있었다'는 기록도 있다. 백범이 인천 감옥을 탈출한 것은 1898년 3월, 황성신문이 창

폰박물관 전시품 ⓒ

고종황제 전화기
황제의 손때가 묻은 전화기는 전해지지 않아 같은 모델을 스웨덴에서 구해 왔다.

간된 것은 1898년 9월이다. 역시 순서가 맞지 않는다. 물론 사람의 기억은 온전할 수 없다. 게다가 원본 〈백범일지〉는 난해하기로 유명하다. … 떨리는 손으로 글씨를 쓰다 보니 가뜩이나 판독이 어려운 내용을 기이한 서체가 뒤덮고 있다. 해서 백범 생존 시에도 원문이 아닌 윤문으로 소개되었고 우리가 이제껏 읽은 〈백범일지〉는 그 윤문한 것을 다시 현대어로 쓴 것들이다. 백범은 윤문한 책들이 출간된 뒤에도 원문에 꾸준하게 첨삭을 하고 일부는 먹칠로 지워버렸다.… 그 누구도 읽어보지 못한 것이 〈백범일지〉일지도 모른다. …'

꽤 설득력 있는 글이지만 김창수 사건 때 전화 자체가 없었다고 한 말은 틀렸다. 최초 전화 개통일이 1898년 1월이라는 한국전자전기통신연구소의 기록을 인용했는데, 아마도 앞글 #1에 나온 최초 '통화 기록'을 '최초 통화' 기록으로 잘못 안 결과인 듯하다. 남교수가 쓴 최초 전화 개통일(1898년 1월24일, 혹은 1월28일)은, 앞글에서 밝혔듯이 수입되는 전어기에 관세를 물리지 말라고 지시한 때(1897년 12월31일)보다 겨우 24~28 일 지나서이다. 어떻게 그 짧은 기간에 당시의 기술 수준으로 한성-인천간에 전봇대를 세우고 전화선 가설을 끝낼 수 있었겠는가. 전화선은 그 전에 가설되었을 것이고, 전화도 진작 사용했을 개연성이 높다. 백범이 회고한 바 고종황제가 전화해 자기를 살렸다는 1896년 10월보다 훨씬 앞선 1895년 3월25일에 '전화 및 그 건설 보수에 관한 사항을 농상공부가 장리掌理한다'고 제7조 2항 관제官制에 적시한 칙령 제48호가 공포된 것 또한 전화가 1898년 1월 이전부터 쓰였을 수 있음을 뒷받침한다.

수집가의 철학

더 결정적인 근거는 앞글에 밝혔듯이 궁내부가 전화를 최소한 명성황후 인산일인 1897년 11월22일 전부터 비공식으로 썼다는 사실이다. 그 시기가 백범이 기록한 1896년 10월2일(음력 윤 8월23일)일 수도 있고 아닐 수도 있다. 1882년 상운이 처음 중국에서 전화기를 가지고 온 이래 조선 왕조는 여러 차례 전화기를 사들이거나 시험했다(1905년 4월30일 현재 통신원이 보유했던 전화기가 189대, 교환기가 12대나 된다는 사실은 전화에 대한 조선 정부의 투자가 만만치 않았음을 말해 준다). 그런 사실이 기록에서 많이 누락된 것까지 감안한다면, 남교수 말대로 기록이 확실치 않으니 그 때문에라도 전화기가 백범을 살린 날짜가 잘못되었다고 단정할 수는 없다는 것이 내 생각이다.

한성-인천 전화 가설은 궁내부가 비공식으로 진행했으므로 언제 시작해 언제 끝났는지 공식 기록이 없다. 하지만 대규모 역사役事였으니 전봇대를 세운 지역마다 온갖 말이 돌았을 것이다. 청년 김창수가 그런 소문을 듣고 기억한 날짜일 터이니 그가 기록한 1896년 10월이 맞는다고 할 근거도, 틀렸다고 단정할 근거도 없다. 이런 점을 고려하면, 김창수가 감옥에서 신문을 읽은 날짜와 황성신문 창간일의 시제時制가 다른 것 또한 납득할 수 있지 않을까. 남교수 말대로 백범이 총격 사건 후유증이 있고, '사람의 기억은 온전할 수 없'는데 백범이 '원문을 첨삭하고 일부는 지워버렸'을 정도로 기억이 오락가락했음을 드러냈으니 말이다. 물론 백범이 거짓을 말할 사람이 아니라고 믿어야 가능한 얘기다. 어쨌든 이 논쟁에서 팩트는 김창수가 일본군 장교를 죽이고도 사형을 면한 것이 당시로서는 고종의 지시가 없고서는 이루어지기 어려운 일이었다는 점이다. 가장 불확실한 시제만 가지고 백범 살린 이야기가 사실이 아닌데도 진짜처럼 돌아다닌 다고 단정하는 것은 팩트를 벗어난 결론이다.

폰박물관의 L.M.에릭손 전화기를 나는 고종황제 전화기라고 부른다(황제 즉위 1년 전에 들여왔지만 그 후 11년을 썼으니, 고종 일 때보다 고종황제일 때 쓴 기간이 더 길다). 하지만 그 옛날 황제 의 손때가 묻은 전화기는 아니다. 1945년 광복 이후 산업유산조 차 45%가 사라졌는데 19세기 유물이 남아 있겠는가. 그래서 나 는 L.M.에릭손의 카탈로그 책자(**아래 사진, 211쪽 사진**)들을 공부해 황제가 쓴 것과 같은 모델임을 확신하고 스웨덴에서 이 전화기를 구해왔다. (2017.11.23.)

L.M.에릭손
카탈로그(1892년판)
물건뿐만 아니라 그와 관련된 자료를 곁들여 구하는 것은 수집가에게 매우 중요하다.

수집가의 철학

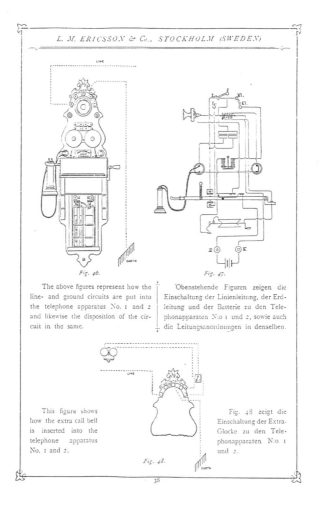

Fig. 46.

Fig. 47.

The above figures represent how the line- and ground circuits are put into the telephone apparatus No. 1 and 2 and likewise the disposition of the circuit in the same.

Obenstehende Figuren zeigen die Einschaltung der Linienleitung, der Erdleitung und der Batterie zu den Telephonapparaten N:o 1 und 2, sowie auch die Leitungsanordnungen in denselben.

This figure shows how the extra call bell is inserted into the telephone apparatus No. 1 and 2.

Fig. 48 zeigt die Einschaltung der Extra-Glocke zu den Telephonapparaten N:o 1 und 2.

Fig. 48.

해설집 같은 L.M.에릭슨 카탈로그

A4 용지 크기에 200쪽이 넘으며, 전화기에 배선도까지 곁들여 자료 가치가 뛰어나다.

작은 불꽃에서 무선 통신이

― 불꽃으로 부호 전파를, 진공관으로 음성 전파를 만들다 ―

1896년······ 전파 발생 장치 스파크갭 Spark-gap

1912년 4월14일 낮까지 사람들은 그 배를 불침선不沈船이라고 불렀다. 그러나 그날 밤, 세계에서 가장 크고 화려한 5만 t짜리 여객선 타이태닉은 북해에서 떠내려온 얼음덩어리에 부딪혀 침몰했다. 자정 무렵 현장에서 수백 km 떨어진 곳을 항해하던 카르파티아호 무선통신사 H. T. 코텀은 문득 타이태닉호를 불러보고 싶었다. 그가 타이태닉의 호출 부호 MGY를 호출하자마자 전신기에서 뜻밖의 응답이 튀어나왔다.

"─.─. ──.─ ─..   ─.─. ──.─ ─.."

" ... ─── ...   ... ─── ..."

첫 번째 신호는 CQD CQD이고, 두 번째 신호는 SOS SOS였다. CQD나 SOS나 위험에 처했으니 빨리 와서 구해 달라는 신호이다. 타이태닉의 무선통신사 잭 필립스는 왜 CQD와 SOS 두 가지 신호를 보냈을까. 어느 것이 그 사고를 알리는 적절한 신호였을까. CQD는 1904년에 만들어진 구조 요청 신호이다. Come Quick Danger, 위험하니 빨리 와달라는 뜻이다. 그런데 이 신호는 위기에 처한 사람이 당황한 상태에서 숨가쁘게 타전하기에는 너무 복잡하다. SOS는 1908년 독일에서 만들어졌다. SOS에는 아무 뜻이 없다. 하지만 단점(·) 3개와 장점(─) 3개로 구성되어 아무리 상황이 다급해도 잊어버리거나 헷갈리지 않고 누구나 칠 수 있다. 수신자 역시 주변이 어수선하고 시끄럽다 해도 헷갈리지 않고 알아들을 수 있다. 그래서 모든 나라가 1908년부터 SOS를 쓰기로 했다.

타이태닉호 침몰은 SOS를 쓰기로 정한 뒤 처음 발생한 대형 사고였다. 타이태닉의 무선통신사는 아직 써본 적이 없는 신호보다는 그 동안 쓰인 신호를 먼저 보내고, 이어서 새로 만든 신호를 보냈다. 즉시 뱃머리를 돌린 카르파티아호는 최대 속도 14노트보다 더 빠른 17노트로 달려갔다. 그 결과는? 1천514명은 죽었지만 그래도 706 명의 목숨을 구했다.

19세기 중반부터 세계는 바다를 통해 급속히 가까워졌다. 바다를 통한 사람 이동과 물류 운송은 엄청났다. 그러나 통신은 육지에서 전신주를 따라 연결된 구리 전선을 통해서만 이루어졌다. 수에즈 운하와 함께 19세기의 최대 역사役事로 꼽히는 대서양 해저 케이블이 1866년 유럽과 미국을 전신으로 연결했다 한들 바다 위에서는 여전히 통신을 할 수 없었다. 1876년 전화가 발명되었지만 역시 육지에서만 가능한 유선 통신이었다. 그러던 때에 발명된 무선 전신은 인류로 하여금 바다에서도 육지에서처럼 활동할 발판을 마련케 한 엄청난 사건이었다. 무선 전신이 없었다면 타이태닉호 승객은 한 명도 살아날 수 없었을 것이다.

마르코니가 시작한 무선 통신은 오늘날의 정보통신 혁명을 일으킨 밑바탕이다. 부호를 주고받던 무선 통신이 사람의 목소리를 주고받는 데로 발전했고, 한손에 들고 다닐 수 있는 무전기를 탄생시킴으로써 휴대전화 시대를 연 출발점이 되었다. 마르코니는 어떻게 전선을 통해 이동하던 전기 신호를 전선 없이 이동하는 전파 신호로 바꾸었을까. 스파크갭 Spark-gap(**아래 사진 타원 안**)이 그 해답이다.

스파크갭은 양쪽의 금속 봉이 서로 마주보는 모양이다. 모스 발신 키를 눌러 강한 전류를 두 금속 봉에 동시에 보내면, 금속 봉 사이(갭)에 스파크가 일어나 전류가 방전된다. 불꽃 방전放電이다. 이 전류가 콘덴서와 동조同調 장치를 거치면서 진동을 일으킨 것이 전자 에너지 파동, 즉 전파이다. 마르코니가 이렇게 발생시킨 전파를 송출해서 2.5km 떨어진 곳에서 수신한 때가 1896년이다. 1901년 영국에서 캐나다까지 대서양을 건너

폰박물관 전시품 ⓒ

뜻밖에 간단한 전파 제조기
콘덴서 상자 앞에 달린 두 금속봉에 전류를 흘려 일으킨 불꽃을 콘덴서와 동조장치를 거치게 한 뒤 진동시키면 전자 에너지 파동, 즉 전파가 된다.

수집가의 철학

2,900km 무선 송수신에 성공하자 그는 마르코니 무선회사를 세워 무선 통신을 실용화했다.

이후 통신은 이원화했다. 목소리를 전달하는 유선 전화와 부호를 전달하는 무선 전신. 당연히 인류에게 주어진 다음 단계 과제는 이 두 가지를 합친 것, 즉 목소리를 무선으로 전달하는 수단이었다. 전파에 실린 음파는 통신 거리가 길수록 약해지므로 당시로서는 모스 부호밖에 보낼 수 없었다. 짧거나 긴 점보다 훨씬 복잡한 사람의 목소리를 분명하고 정확하게 보내려면 전파의 진폭振幅을 늘려야 했다. 증폭增幅 기술이다. 이 대목에서 '라디오의 아버지'라고 불리는 리 디 포리스트가 등장한다.

… 리 디 포리스트는 어느 날 스파크갭을 실험하다가 이상한 현상을 발견했다. 스파크가 발생할 때마다 실험실 가스등 불꽃이 하얗게 변하면서 커졌다. 그 현상이 전자기 파동 때문이라고 생각한 그는 약한 전파를 증폭시키는 데 가스를 사용하기로 했다. 그는 세 전극을 똑같은 간격으로 배열하고 가스로 채운 전구를 만들었다. 그가 오디언이라고 이름 붙인 이 전구는 상당히 출력이 높아 또렷한 신호를 보낼 수 있었다. 1910년 디 포리스트는 오디언을 갖춘 무선 장치로 바다 위 선박에서 육지로 사람의 목소리를 전달하는 데 성공했다.

디 포리스트가 오디언의 특허를 전화회사 AT&T에 판 지 얼마 안 되어 AT&T의 벨 연구소는 오디언의 결함을 찾아냈다. 가스는 전혀 전파 증폭에 도움이 안 될 뿐 아니라 오히려 효율성을 떨어뜨렸다. 그들은 전구에서 가스를 빼내고 완전한 진공 상태로 밀폐해 송신기와 수신기에 설치했다. 그것이 진공관(tube)이다. 전자

공학의 혁명에서 이루어낸 첫 돌파구였다. 진공관은 전기 신호가 필요한 어떤 기계나 기술에서도 전기 신호를 증폭할 수 있는 기구였다. … (스티븐 존슨 〈우리는 어떻게 여기까지 왔을까〉에서)

3극 진공관은 부호를 전달하던 전파를 사람의 목소리를 전달하는 전파로 바꾸었다. 그 뒤로 전파(radio) 운용은 그것을 일방으로 보내는 라디오 방송과 쌍방향 무선 통신으로 나뉘었다. 아래 사진은 3극 진공관이 무선 통신에 사용된 초창기 사례로 1935년 독일 경찰의 모습이다. 이어폰을 꽂은 채 등에 구리선으로 만든 거미줄 같은 안테나를 메고 가슴에는 송화 장치가 달린 3극 진공관을 안고 있는 모습이 우습기도 하고 신기하기도 하다.

무선으로 이루어지는 음성 통신은 군대가 개발을 주도했는데, 초창기 통신 장비는 무겁고 커서 차량이나 말에 실려 운송되다가 1938년 사람이 등에 메고 운반할 수 있는 기계가 탄생했다.

80여 년 전 첨단 무선 통신기기
3극 진공관 무전기와 거미집
안테나를 갖춘 독일 경찰
투캅스(1935년).

수집가의 철학

걸으면서(walk) 말하는(talk) 기계 워키토키 1호이다. 1941년에는 한손으로 들고 다니면서 통화할 수 있는 핸디토키 1호가 탄생했다. 휴대전화의 효시인 SCR-536이다.

　내가 그렇게도 귀한 마르코니의 스파크갭을 구한 것은 전혀 우연이다. 눈이 충혈될 정도로 날마다 몇 시간씩 e-bay를 검색하던 2008년 어느 날 이상한 것이 눈에 띄었다. 마르코니 스파크갭이라고 씌어 있었다. 휴대전화만 모으던 때여서 스파크갭이 무엇인지 몰랐다. 그러나 마르코니라면 전파를 처음 통신에 이용한 사람이니 이동통신과 연관이 있겠다 싶어 바로 구했다. 그리고 나서 이것저것 자료를 찾아 보니, 스파크갭이야말로 무선통신 역사의 맨 처음이었다. 횡재도 그런 횡재가 없었다. 그 뒤로 나는 스파크갭·진공관·변압장치를 다 갖춘 모스 송수신기들을 구했다**(아래 사진)**. (2017.10.24.)

폰박물관 전시품 ⓒ

진공관식 전파 발생 장치 일체형 무선 송신기
독일 지멘스의 1870년 Morse Station(위 왼쪽)은 수신기도 갖추었다. 1940년대 미국 유나이티드 트랜스포머의 S-53(위 오른쪽)은 한국전쟁 때 쓰였다.

워크walk하면서 토크talk하다

1938년······ 휴대전화의 조상 SCR-195

제1차 세계대전 초. 특공대가 적진에 숨어들었다. 한 병사는 등에 가는 나뭇가지를 결어 만든 상자를 멨다. 작전을 마친 그들이 상자에서 꺼낸 것은 비둘기. 본부에 전할 글을 쪽지에 적은 뒤 비둘기 몸통에 달아맨 작은 통에 넣고 비둘기를 날렸다. 비둘기가 숲을 벗어날 무렵, 그곳을 포위하고 있던 적군이 일제히 총구를 겨누었다. "탕!" "탕!" "탕!"

세월이 흘러 제2차 세계대전이 일어났다. 유럽 전투에서 미군은 처음으로 사람이 운반할 수 있는 무선 통신기기를 갖게 되

사라지지 않은 노병老兵
비둘기 다리에 통신문을 달아매는
미군 병사. 1차대전 때 활약한
군용 전서구는 2차대전 초기에도
쓰였다.

수집가의 철학

었다. " … meaning you could walk and talk. … meaning it could be carried in your hand."

사람이 다루는 기계는 처음에 부피가 컸다가 점점 작아져 왔다. 집채만 했던 최초의 컴퓨터는 PC로 작아졌다가 다시 휴대용 PDA가 되었다. 또한 트랜지스터, GPS, 디지털 통신 CDMA에서 보듯이 20세기 들어 등장한 뛰어난 발명품은 대개 군사 목적으로 개발되어 나중에 민간에서 널리 쓰이게 되었다. 휴대전화의 조상도 아주 커다란 군용이었다.

"20세기에도 말이 전쟁에 쓰였어요?"

1940년에 찍은 미국 육군 통신대의 라디오 호스Radio Horse를 본 사람들이 흔히 묻는 말이다. "그럼요. 한국전쟁 때 우리 국군에도 기병대가 있었는 걸요. 요즘도 군대 소총 교범에 '인마人馬 살상용'이라는 말이 나온답니다."

전투기 시대에도 말을 썼다니 어린이나 젊은이들은 좀 생경한 모양이다. 그러나 사실이다. 히틀러가 탱크로 전격작전을 펼치며 폴란드를 침공했을 때 이에 맞선 폴란드군은 백마 타고 투구 쓰고 긴 창 꼬나쥔 창기병槍騎兵이었다. 16세기부터 등에 큰 날개를 달고 긴 창으로 적진을 유린했던 폴란드왕국 윙드 후사르Winged Hussars의 후예 3천명은, 그러나 단 일합으로 기갑사단 캐터필러에 무참히 짓밟혔다.

"말은 자동차가 갈 수 없는 산꼭대기나 골짜기에도 대포나 통신장비를 나를 수 있잖아요."

그제서야 관람객들은 "아하—" 하면서 고개를 끄덕인다.

221쪽 위 사진에 보이는 라디오 호스의 통신장비는 2차 세계대전 때 말 안장 위에 싣고 다니며 쓴 통신기기로는 마지막인 SCR-203이다. 보병용으로는 1938년에 나온 SCR-194와 SCR-195(**221쪽 아래 사진**)가 있었다. 이 기기는 14(W)×20(H)×22(D) cm 크기에 무게가 11.4kg이어서 차량이나 말에 의존하지 않고 사람이 운반했다. 등에 메는 백팩back pack형이니 포터블 혹은 웨어러블 통신기기의 효시이다. 휴대전화의 오스트랄로피테쿠스!

병사가 SCR-195를 메고 장교가 그것에 연결된 송수화기로 통화하는 모습(**223쪽 아래 사진**)을 보자. walk하면서 talk하고 있다. 걸으면서 통화하는 기계. 이것이 바로 워키토키Walkie-Talkie 1호, 즉 휴대전화의 조상이다. SCR-194와 SCR-195는 언뜻 똑같아 보이지만 다른 점이 두 가지 있다. SCR-194의 주파수는 28~52 MHz이며 헤드폰 수신기와 동그란 송화기가 분리되어 있다. SCR-195는 52~65 MHz이고 다이얼 전화기처럼 송수화기 일체형이다.

수집을 하다보면 온갖 우여곡절을 겪고도 구하지 못한 것이 있는가 하면 지레 포기한 물건이 뜻밖에 굴러들어오는 경우도 있다. 말 그대로 횡재다. SCR-195가 그렇다. 어느 날 무심히 컴퓨터를 켜고 경매 코너를 찾아들어간 지 5분도 안 되어 발견했다. 전후 사정을 헤아려 보니, 이 보물은 며칠 전 '즉시 구매'로 나왔는데 알아보는 사람이 없어 하염없이 임자를 기다리고 있었다. 그도 그럴 것이 물건에 대한 설명이 없는 데다 송수화기가 딸린 네모난 철제 상자의 앞면이 계기판 2개와 다이얼로 꽉 차 있어 무슨 통신 관련 계측장비로 보였으니 말이다. 원매자가 물

수집가의 철학

말이 나른 마지막 통신기기

말은 차량이 가지 못하는 곳에도 간다.
SCR-203은 라디오 호스가 운반한 마지막
대형 이동통신 기기였다.

사람이 나른 첫 번째 통신기기

처음으로 사람이 운반한 이동통신 기기인 SCR-195는
휴대전화의 조상이다.

건 옆에 놓아둔 35cm쯤 되는 쇠파이프를 자세히 살펴보니 늘였다 줄였다 할 수 있는 텔레스코픽telescopic 안테나였다(!) 그것을 본체에 끼워 225cm로 늘여서 높다랗게 세운 사진을 올렸더라면 이 물건은 내 눈에 띄기 전에 일찌감치 팔렸을 것이 틀림없었다. 녀석은 내 심장이 얼마나 쿵쾅거리는지, 그 진동으로 말미암아 자판을 두드리는 내 손길이 얼마나 떨리는지 아랑곳하지 않았다. 모르는 사람은 눈길 한번 주지 않을 고철 모습으로 화면에 고정되어 있었다.

기적은 다시 일어나지 않았다. SCR-194와 SCR-195는 그날 이후 10년이 넘도록 거의 매일 뒤져도 더 나타나지 않았다. 그래서 SCR-195는 내 수집품 가운데 희소 가치 첫 순위에 꼽힌다. 오스트랄로피테쿠스를 찾지 못했다면 화석인류학자들은 인류의 역사를 복원할 마음조차 먹을 수 없다. 그 날 무심히 컴퓨터를 켜지 않았다면, 휴대전화 역사라는 목걸이를 꿸 첫 번째 구슬은 아직도 '잃어버린 고리'로 남아서 내 애간장을 태웠으리라. (2017.9.6.)

인터넷에 보면 1942년에 나온 SCR-300을 최초 워키토키라고 한 자료를 많이 본다. 그러나 무선 통신에 관해 가장 권위 있는 미국 월간지 〈Radio News〉의 1942년 11월호와 1944년 2월호에 실린 스페셜 이슈 'U.S.Army Signal Corps'에는 SCR-194와 SCR-195가 '워키토키'로, SCR-300은 'FM 워키토키'로 소개되어 있다. 또 하나, 인터넷에 올라 있는 글에는 워키토키와 핸디토키를 구별하지 못하는 글이 너무 많다.

수집가의 철학

언제 어디서든 통신한다

차량이 없어도 말이 없어도
사람이 갈 수 있는 곳이라면
어디서든 SCR-195로 통신할 수
있게 되었다(1939년 미국 육군
R.S. 노스 대위).

걸으면서도 통신한다

SCR-195를 메고 걷는 병사와
나란히 walk하면서 송수화기를
들고 talk하는 장교(1942년).

들고 다니면서handy 말하다talk

1941년······ 최초 개인 휴대 통신기기 SCR-536

군용 통신기기는 1940년대 들어 둘로 나뉘었다. 출력이 높고 무거운 지휘관(본부)용과 가볍고 작은 하급 지휘관용. 중대장이나 소대장은 통신병이 메고 다니는 15kg짜리 대형 FM 워키토키(SCR-300)를, 전투 현장의 분대장이나 병사는 손에 들고 다니는 2.3kg짜리 SCR-536(**225쪽 사진**)을 썼다. 1941년에 생산된 SCR-536은 미군의 이탈리아 상륙작전 때 로마 근처 안지오에서 처음 선보였다. 독일군을 충격에 빠트린 SCR-536은 1944년 6월 연합군의 노르망디 상륙작전 때 오마하 해변에서 진가를 발휘했다. 최일선에서 분대 단위나 척후병이 통신기기를 휴대하게 되자 전쟁의 양상이 바뀌었다. 연합군이 유럽 전선의 지상전에서 승리한 요인 중 하나는 SCR-536이다.

SCR-536을 개발한 갤빈 사는 뒷날 회사 이름을 모토로라로 바꾸었는데, 자기네가 만든 FM 워키토키(SCR-300)와 짝을 이룰 개인용 통신기기 이름을 워키토키에서 힌트를 얻어 핸디토키 Handie-Talkie라고 지었다. 손에 쥐고(handheld) 통화(talk)한다, 혹은 휴대하고 다니면서(handy, to carry) 통화한다는 뜻이니, 즉 핸드폰이다. 핸디토키라는 말은 그 뒤로 세계 최초 무선호출기인 '핸디토키 라디오 페이저'에 이르기까지 모토로라가 만든 개인용 통신기기에 널리 쓰였다(흔히 모토로라의 작은 통신기기들을 워키토키라고 부르는데, 잘못된 표현이다). 그렇다면 우리나라에서 수십 년간 써온 무전기無電機라는 말은? '무선전화기'라는 다섯 글자를 세 글자로 줄인 말이다. 선線(wire) 없이 전파로 통신하는 전화기라는 뜻이다. 휴대전화나 스마트폰도 선 없는 전화기이니 무전기라고 해도 틀린 말이 아니다.

SCR-536 네임 태그에는 Radio Transmitter & Receiver(무선 송화기·수신기)라고 표시되어 있다. 두 번째 핸디토키인 PRC-6에는 Radio Tranceiver(무선 송수신기), 그 뒤로는 Radio Telephone(무선 전화기)이라고 표기되었다. SCR-536 핸디토키는 △한손으로

최초 휴대전화 SCR-536
우리는 무전기라고 부르면서 그것이 무선
전화기라는 말을 줄인 것인 줄 몰랐다.

들고 △이동하면서 △멀리 떨어진 곳과 △목소리를 주고받았으니 휴대전화의 네 가지 조건을 충족했다. 사상 최초의 휴대전화이다. 미국에서는 휴대전화 역사를 말할 때 맨 앞에 놓이지만, 유럽에서는 아는 척 모르는 척 시큰둥하다. 그렇다고 해서 부정하는 것도 아니다.

SCR-536 핸디토키는 전쟁터에서 쓰인 것이므로 자체에서 전파를 만든다. 작은 기계이다 보니 전파 출력이 약해서 통화 가능한 거리는 1.6km였다(지휘관용 FM 워키토키의 통화 가능 거리는 3.2km). SCR-536은 단방향(one way) 통신 방식이다. 한쪽의 말이 끝나야 상대가 말할 수 있다. 세로로 길쭉한 버튼을 손가락으로 누른 채 말을 하다가 "over!"라는 말로 끝맺으며 손가락을 떼면 상대방이 말할 차례이다. 전쟁 영화를 통해 우리 눈에 꽤 익은 모습이다.

나는 휴대전화를 수집한 지 2년쯤 지나서야 SCR-536이라는 존재를 알았다. 성능은 보잘것없지만 인류가 처음 가진 휴대용 무선전화기. 0세대 초창기 차량전화가 화석인류학에서 오스트랄로피테쿠스 같은 존재라면, 0세대 중반기의 SCR-536은 화석인류학에서 오스트랄로피테쿠스 아파렌시스 같은 존재이다. SCR-536을 구하지 못하면, 0세대에서 1세대 아날로그에 이르는 과정에 화석인류학에서 말하는 '잃어버린 고리'가 생겨 계통을 나타내는 완벽한 목걸이를 만들지 못한다. 그런데 그 귀한 것을 어떻게 구한단 말인가. SCR-536은 13만 개나 생산되었지만, 70년 가까이 지난 데다 군용물품이니 절대로 구할 수 없으리라고 생각했다. 그런데 나는 그것을 2009년에 구했다! 휴대전화의

독일군은 없고 미군은 있었다
최일선 전투 현장의 병사에게 통신 장비가 보급되고 나서 전쟁의 양상이 달라졌다.

아파렌시스를. 그 기쁨을 무엇에 비하랴! 그 심정을 어떻게 표현하랴! 도널드 조핸슨이 아파렌시스를 발굴했을 때 말고는 어떤 것도 비교 대상이 될 수 없으리라.

1974년 11월30일 에티오피아의 하다르. 조한슨 교수는 40도가 넘는 무더위 속에서 대학원생 그레이와 함께 아파르 골짜기를 두 시간 가량 뒤지면서 화석을 찾았다. 허탕을 치고 지프 있는 곳으로 돌아가려던 그가 무심코 고개를 돌려 언덕을 바라보았을 때다. 뭔가 길쭉한 것이 흙 위에 가로놓여 있었다. 순간 그는 사람의 팔뼈가 틀림없다고 느꼈다.

"사람 팔 같은데."

"너무 작아요. 원숭이 뼈일 겁니다."

그레이는 고개를 가로저었다. 조핸슨이 그리로 다가가 한쪽
무릎을 꿇자, 팔뼈 옆에 골통뼈 뒷부분 드러난 것이 눈에 띄었
다. 그의 가슴이 세차게 뛰기 시작했다. 뭔가 엄청난 사건과 맞
부딪쳤음을 직감했다. 찬찬히 둘레를 살펴보니 사람 뼈가 여기
저기 흩어져 있었다. 곧이어 엄청난 뼈 노다지! 그들이 찾아낸
것은 몸 전체가 40%쯤 남아있는 사람의 뼈였다. 그동안 학자들
이 발굴한 것 중에서 그만큼 완전에 가까운 뼈대는 10만 년 넘
는 것들 중에는 하나도 없었다. 하물며 그 뼈들은 무려 350만 년
전 것이었다.

조핸슨은 3주일이나 걸려 그 뼈들을 모두 맞추어 한 인간을
만들어냈다. 그 뼈의 주인공은 여성이었고, 온전히 두 발로 서서
걸었지만, 팔이 긴 것으로 미루어 나무타기도 썩 잘했으리라고
짐작되었다. 또한 오래 전 초기 인류의 몸집과 팔다리 사이의 비
율도 알 수 있게 되었다. 이것은 화석인류학 사상 처음 있는 '완
전한 발견'이었다. 뼈를 다 맞춘 1974년 12월 어느 날, 밤이 늦도
록 조핸슨과 그레이는 이 여자를 처음 발견했을 때 얘기를 되풀
이하면서 맥주를 마시고 또 마셨다. 그때 카세트 테이프 리코더
에서 리버풀 악단의 연주가 흘러나왔다. 비틀스가 부르는 〈Lucy
in the sky with diamonds(다이아몬드가 뿌려진 밤하늘의 루시)〉였
다. 조핸슨이 외쳤다.

"이 여자 이름을 루시라고 하자!"

이렇게 해서 화석인류학에서 잃어버린 고리 중 하나였던 오

스트랄로피테쿠스 아파렌시스, 루시가 탄생했다. 나도 SCR-536
을 구한 그날, 밤을 꼬박 새우며 이 녀석을 쓰다듬고 보듬으며
맥주를 마시고, 마시고, … 또 마셨다.

SCR-536은 한국전쟁 초기에 2년 가량 지휘관용 PRC-9과 함
께 쓰이다가 1953년 레이시온이 만든 PRC-6, 흔히 '피 식스'라
고 불린 FM형 핸디토키로 교체되었다. PRC-9도 PRC-10과 임
무 교대를 했다. 나는 1973년 최전방에서 기관총소대 소대장을
할 때 PRC-10과 PRC-6(230쪽 사진)를 썼다. 그때는 그것들을 무
전기라고만 알았다.

나는 손에 드는 PRC-6보다는 등에 메는 PRC-10에 관한 추
억이 더 새록새록하다. 1973년 5월 보병학교에서 유격장으로 가
는 과정은 56km를 뛰다 걷다 하는 살인적 행군이었다. 11.8kg인
PRC-10을 10명이 돌아가면서 5 km씩 메기로 했다. 내가 두 번
째였는데, 첫 번째 주자로부터 PRC-10을 넘겨받은 뒤 50여 km
를 끝까지 메고 뛰었다. why? 당신이라면 철모든 M1 소총이든
다 내던지고 싶은 상황에서 10kg이 넘는 짐을 넘겨받으려 했겠
는가. (흑흑)

PRC-6와 PRC-10은 1970년대 중반 베트남 전쟁 때 PT-300
등 런치박스형 핸디토키(231, 232쪽 사진)와 PRC-77 워키토키로
교체되었다. (2017.9.7.)

한국전쟁에서 베트남전쟁까지

소대에서 쓰인 RT-176A/PRC-10 백팩형 무선전화기(사진 왼쪽)와 분대에서 쓰인
RT-196/PRC-6 무선전화기는 4반세기 동안 미국과 한국 야전군에서 통신을
도맡았다.

수집가의 철학

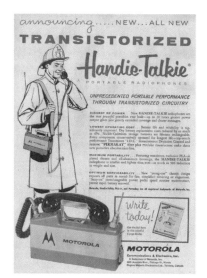

소방관에게도 유용했고

"전쟁터나 다름없는 화재 현장에서
제일 중요한 것은 소방관끼리의 의사
소통이죠."

경찰관에게도 필수였다

"무거운들 대수라! 핸디토키 없이 순찰
없고, 순찰 없이 방범 없다!"

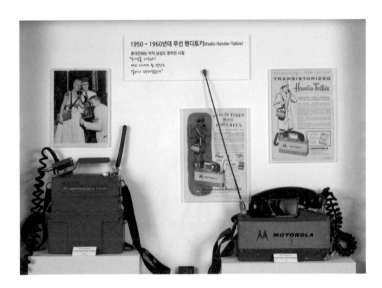

휴대전화 이전의 휴대전화

휴대전화가 개발되기 전 미국에서 군용 핸디토키가 사회에서도 유용했음을

알려주는 데는 설명보다 시각 자료가 훨씬 효과 있다.

수집가의 철학

휴대전화에도 선사시대가 있다

1961년…… 0세대 MTS 방식 차량전화 47E

0세대 이동전화라는 말을 처음 알고 바로 떠오른 의문은, 처음 시작된 이동전화인데 왜 1세대가 아니고 0세대일까였다. 이리저리 생각해 보다가 도저히 알 길이 없어 그냥 나 편한 대로 생각하기로 했다. 1921~1981년의 0세대 기간을 셀룰러 이전 시대(pre-cellular)라고도 하는데, 역사시대 이전을 역사 이전 시대—선사시대先史時代—라고 하는 것과 통한다. 초기의 기록이 거의 없고 유물도 별로 없다. 제로 베이스에서 시작했기에 완전한 이동통신을 이루지 못했다. 그러니 역사라는 관점에서는 0세대라고 해도 괜찮겠지 싶다.

0세대 이동전화에 대한 두 번째 의문은, 과연 0세대 전화기를 구할 수 있을까였다. 야심만만하고 도전적인 수집가일지라도 그것만은 못 구할 거라고 지레 단념할 수밖에 없는 물건이 한둘쯤은 있게 마련이다. 내게는 0세대 이동전화가 그랬다. 0세대가 소개된 미국 사이트에조차 사진으로 나온 유물이 극히 적을 뿐 아니라 온전치 못한 것도 꽤 있었다. 본고장이 저럴진대 한국에서 그것을 어떻게 구한단 말인가.

혹시나 하면서 몇 년을 검색했지만 역시나였다. 인터넷만 검색한 것이 아니다. 댈러스에 살면서 항공사에서 컴퓨터 엔지니어로 일하는 고등학교 후배 이시훈과 포틀랜드에 사는 누이를 꽤나 닦달했다. 두 사람은 수집에 미친 사람을 선배와 오빠로 둔 탓에 내 일에 자주 동원되어 혁혁한 전과를 올렸지만, 0세대 전화기만은 구하지 못했다. 얄궂게도 그럴수록 더 구하고 싶어지는 것이 수집가의 마음이다. 한시도 잊지 못하는 미망未忘이 갈피를 잡지 못하고 헤매는 미망迷妄에까지 이르렀다.

행운은 예고 없이 뜻밖에 찾아왔다. 어느 날 인터넷에서 0세대 사진을 살펴보고 있는데 어떤 사진에 눈이 고정된 순간 전율같은 떨림이 가슴을 관통했다. 미국 할머니가 차 안에서 통화하는 전화기(235쪽 아래 사진)가 내 수집품 하나와 비슷해 보였다. 부리나케 전시실로 날려가 보니 맞았다! 그 전화기였다! 몇 달 전 열쇠가 꽂힌 것이 흔치 않아 보여서 별 생각 없이 사들인 작은 검정색 전화기. 설명이 없어서 사진만으로는 1950년대의 흔하면서도 어딘지 색다른 유선 전화기로 보았는데 웨스턴 일렉트릭이 만든 0세대 47E의 컨트롤 헤드였다.

그 일이 있고 나서 나는 한 세트 전체를 모바일폰 카테고리에서 찾으려고 한 것이 잘못이었음을 깨달았다. 0세대 차량전화는 한 세트가 여러 개로 구성되었다. 웨스턴 일렉트릭 47E(235쪽 사진)의 경우 우리가 흔히 유선전화기라고 착각하기 쉬운 컨트롤 헤드뿐만 아니라 유닛과 안테나, 거기에 자동차 트렁크를 가득 채우는 세 가지 기계(송수신 장치와 셀렉터)로 이루어진다. 모토로라의 MJ 스탠더드도 컨트롤 헤드와 10kg 넘는 유닛이 기본이다. 그것들이 온전히 한 세트를 이루어 경매에 나올 것이라고 생각한 내가 어리석었다.

그 뒤로 나는 일반 기계로까지 검색 카테고리를 넓혔다. 그리고 3년 걸려 47E의 안테나와 셀렉터를 따로따로 찾아냈다. 한

수집가의 철학

47E 차량전화 송신기·수신기·셀렉터

MTS 방식 0세대 차량전화 가입자는
자동차에 통신장비를 다 싣고 다녔다.

47E 셀렉터·VHF 안테나·컨트롤 헤드

송·수신기는 못 구했지만 이 세 가지에 위·아래 사진과 유닛을 더하니 0세대가
재현되었다.

"이렇게 편할 수가!"

사진 왼쪽 끝 열쇠 꽂힌
컨트롤 헤드가 가운데
사진 오른쪽 끝 열쇠 꽂힌
컨트롤 헤드와 똑같다.

세트를 온전히 채우지는 못했지만 사진을 함께 전시했더니 아쉬운 대로 지난 세월 모습을 그려 볼 수 있었다. 그 뒤로 차례차례 MTS와 IMTS 방식 이동전화들을 모아 0세대 역사를 폰박물관에 복원했다. 우리나라에서도 1960년부터 1984년까지 0세대 이동전화를 쓴 사실이 나로 하여금 그 일을 고집스럽게 해내도록 부추겼다.

말 타면 경마〔牽馬〕 잡히고 싶은 법. 1910년대에 전화기가 널리 보급되자 사람들은 이동할 때도 전화를 할 수 있기를 바랐다. 미국 얘기다. 자동차로 거리를 순찰하거나 범인을 뒤쫓는 경찰로서는 수시로 본부와 연락할 수단이 절실했다. 왕진이 잦은 의사나 비즈니스맨도 차량으로 이동하는 동안 긴급히 통화할 일이 많았다. 이제 막 무겁고 큰 유선전화를 쓰기 시작했으니 들고 다니는 휴대전화는 상상도 못했다. 차에 전화를 싣고 다니며 쓸 수 있다면 얼마나 좋을까 정도로 깜냥을 벗어나지 않는 소박한 꿈이었다.

이 바람은 1921년이 되자 실현될 수 있음이 증명되었다. 디트로이트 경찰은 사상 최초로 순찰차에 이동통신을 갖추었다. 그것은 기껏 교환원을 통해 연락되는 삐삐 수준이었지만 샌프란시스코에서는 더 확실한 실험이 이루어졌다. 자동차 지붕 위에 앞뒤로 십자가 모양 지지대를 높이 세우고 구리줄 일곱 가닥을 연결했다. 건조대에 빨랫줄이 늘어진 것 같은 안테나였다(**237쪽 사진**). 시속 50km로 달렸는데 차에 실은 무선 장비가 160km 떨어진 곳에서 발신된 오케스트라 연주와 사람의 목소리를 수신

수집가의 철학

했다. 신시내티에서는 무선 기술자 두 사람이 반지름 8km 내에서 통화하는 데 성공했다. 그들은 구리선 네 가닥으로 차량 지붕에 안테나를 설치하고 차 안에서 말을 주고받았다. 그들 말고도 여러 사람이 이동전화를 실험했다.

누가 누구를 모방한 것이 아니었다. 같은 시대를 사는 사람들이 비슷한 생각을 가지고 여기저기서 이동전화에 도전했다. 스티븐 존슨이 말한 복수 발명(multiple invention), 즉 멀리 떨어진 곳에 사는 각각의 연구자가 자기 생각과 힘으로 거의 똑같은 발견을 이루어내는 현상이다. 그런 사례는 인공 제빙, 전지, 전신, 증기기관, 디지털 음악 등 수백 가지이다. 복수 발명 현상이 일어날 만큼 1920년대 미국에서는 이동통신을 갈망하는 사람이 많았다.

폰박물관 전시품 ⓒ

"오! 들린다, 들려!"

1921년 샌프란시스코.
자동차에 안테나를 세우고
달리면서 멀리서 발신된 소리를
차량전화로 수신하는 데
성공했다.

1946년 역사상 처음으로 세인트루이스에서 민간용 차량전화 서비스가 시작되었다. MTS (Mobile Telephone Service) 방식인데 통화 채널이 3개뿐이어서 여섯 사람만 동시에 통화할 수 있었다. 군용 무전기처럼 한 사람씩 교대로 말하는 단방향 통화였다. 1964년 AT&T가 좀더 개선된 IMTS(Improved MTS) 방식을 내놓았다(아래 사진). 교환원 도움 없이 자동 다이얼로 걸고 자유로이 대화하게 되었지만, 통화 채널은 여전히 적었고 통화중에 자주 혼선되었다. 통화 불능 지역도 많았다.

사람들에게 0세대를 소개할라치면 바로 나오는 말이 "네? 영세대요?"이다. 너무 생소하고, 그것이 무엇인지 짐작되지 않는다는 반응일 것이다. 0세대를 어떻게 설명해야 할까? 고심한 끝에

폰박물관 전시품 ©

IMTS 방식 MJ Standard 컨트롤 헤드
교환원 도움 없이 상대를 부르는 자동 다이얼 시스템이다. 다른 도시로 가면 네모 버튼들을 눌러 그곳 주파수에 맞추었다.

수집가의 철학

나는 그 특징을 이렇게 요약했다. '0세대는 한 도시에서만 쓰인 이동전화이다. 그 시절에는 송신탑을 높이 세우고 전파를 쏘았는데, 전파에 실린 음파는 멀리 갈수록 자꾸 약해져서 나중에는 소리가 거의 들리지 않게 된다. 그래서 한 도시 내에서만 썼다. 설사 전파가 다른 지역까지 가더라도 주파수가 달라 통화가 끊기면 다시 연결하는 핸드오프 기술이 없었다.'

그밖에도 0세대의 단점은 많다. 스마트폰 시대에 사는 사람의 눈으로 보면 그야말로 선사시대이다. 가장 큰 약점은 몇 사람밖에 못 썼다는 점이다. 주파수를 재사용하는 셀룰러 기술이 없어 통화 채널이 적었기 때문에 기껏 몇백 명밖에 가입할 수가 없었다. 0세대 이동전화는 서울에서도 1960년부터 대통령과 장관들이 썼다. 1961년에 민간인 80명을 가입시켰고, 1976년 반전자식 IMTS 때 더 늘린 뒤로 1984년 셀룰러 1세대 차량전화가 개통되기 전까지 그대로 유지했다. 그 숫자는? 대한민국 4천40만 인구 중에서… 겨우… 348명이었다. (2017.11.15.)

1956년 스웨덴이 개발한 MTA(Mobile Telephone A)는 미국의 0세대 이동통신보다 훨씬 뛰어나다. 교환을 거치지 않고 가입자끼리 네트워크를 이룬 기계식 자동교환 시스템이고, 자동차에 설치한 단말기도 다이얼식 전화기였다. 나는 그것을 15년이 넘도록 못 구했다.

5장

호모 모빌리쿠스
탄생

삐삐, 어린 백성이 처음 가져본 모바일

1974년…… 휴대용 이동통신을 대중화한 최초 무선호출기 페이지보이
Pageboy

■ "닥터 앤더슨, 응급실로 빨리 와주세요"

1980~1990년대에 우리나라에서만도 천만 명이 넘게 애용한 무선 호출기(Pager, 삐삐). 인류 역사상 처음으로 민간인이 널리 사용했던 이동통신 수단으로서 한 시대를 풍미한 삐삐. 지금이야 과거 유물이 되어 버렸지만, 서른다섯 살이 넘은 사람에게는 온갖 추억과 사연이 깃든 애틋한 물건이다.

무선 호출 시스템이 미국에서 처음 출현한 때는 1921년. 디트로이트 경찰이 이동통신 수단으로 사용했는데, 이동전화라기보다는 단방향 호출 시스템을 쓰는 무선호출기에 더 가까웠다. 민간에서 처음 쓰인 때는 1955년이다. 미국 뉴욕 마운틴 시나이 종합병원. 병동이 무려 20개나 되는 이 병원 복도마다 설치된 확성기에서는 시도 때도 없이 큰소리가 울려퍼졌다.

"닥터 앤더슨, 에이(A)동 칠호실 환자 응급 상황입니다!"

"닥터 데이비드, 시(C)동 중환자실 환자 심장발작입니다!"

다급하게 의사나 간호사를 찾는 소리가 울릴 때마다 수천 명에 달하는 환자와 병원 종사자들이 스트레스를 받았다. '급한 용무를 당사자에게만 알릴 방법이 없을까?' 어디에 있는지 모르는 사람이나 이동중인 사람에게 메시지를 보내는 것은 무선을 이용한 이동통신 기능인데, 아직 휴대전화가 없던 시절이었으니

수집가의 철학

만만한 문제가 아니었다. 이 일을 맡은 모토로라는 끝내 해결책을 찾아냈다. 병원 종사자들에게 단말기를 휴대하게 하고, 특정인에게 연락할 일이 생겼을 때 그 사람 단말기에만 메시지를 보내는 선별選別 신호 송출(selective signaling) 기술이다. 마침내 전혀 새로운 통신기기 핸디토키 라디오 페이저Handie-Talkie Radio Pager(아래 사진)가 탄생했다.

수석 엔지니어 대니얼 노블이 발명한 전자식 떨림 송출막은, 주파수가 저마다 다른 호출기 중 특정 호출기에 주파수를 맞추어 시그널 전파를 보냈다. 호출음이 울리면 사용자는 '누름-to-들음' 버튼을 누르고 메시지를 들었다. 전화기처럼 양방향 통신이 아니어서 보내오는 메시지만 들을 수 있는 일방통행 전화기였지만, 개발 목적에 딱 들어맞는 획기적 기술이었다. 낮은 주파수(50~100 KHz)로도 병원 전체가 전파 수신 범위에 들도록 안

폰박물관 전시품 ⓒ

사상 최초 무선호출기 핸디토키 Radio Pager
모토로라가 개발해 뉴욕 마운틴 시나이 병원에서
쓰였는데, 음성을 단방향으로 전달했다(1995년).

테나 줄로 건물 20동을 감쌌다. 그 길이는 자그마치 10km였다. 의사와 간호사에게 지급된 280kg짜리 핸디토키 라디오 페이저 는 175대, 중앙 교환실 교환원은 11명이었다.

　마운틴 시나이 병원에서만 쓰이던 무선호출 단방향 전화기 를 전세계가 쓰게 된 것은 그로부터 19년이 지난 1974년이었다. 소리를 보내는 휴대전화는 꿈도 못 꾸던 시절, 무선으로 신호만 보낼 수 있어도 적은 비용으로 전세계가 이동통신의 혜택을 누 릴 수 있으리라는 모토로라의 아이디어는 적중했다. 모토로라 가 만든 상용화 무선호출기의 이름은 페이시보이Pageboy(**245쪽 사 진**). 우리가 무선호출기의 신호음을 따서 삐삐라고 불렀듯이 페 이지보이는 미국인에게 Beeper라는 애칭으로 통했다.

"박사님, 응급실로 빨리 오십시오"
뉴욕 마운틴 시나이 종합병원 의사가 핸디토키 라디오 페이저로 자기를 호출하는
메시지를 듣고 있다.

　　　　　　　　　　　　　수집가의 철학

최초 상용화 무선호출기 Pageboy

음성 전달 기능을 신호음 전달 기능으로 바꾼 페이지보이는 싼값에 널리 사용된
사상 최초 서민용 이동통신 기기이다(1974년).

무선호출기 등장은, 군대와 경찰만 쓰던 휴대용 이동통신 수
단을 일반 대중도 가지게 되었음을 의미했다. 그것은 2m를 벗어
날 수 없었던 통신 공간에서 사람들을 해방시키는 첫걸음이었
다. 유선전화기와 송수화기를 연결한 선의 길이에 그쳤던 사람
들의 행동 반경이 수백, 수천 km로 넓혀진 것이다. 모바일 통신
수단을 얻은 인류는 그 옛날 불〔火〕을 얻었을 때처럼 새로운 진
화의 단계로 접어들었다. 호모 모빌리쿠스(또는 호모 '모빌리언스,
호모 모바일런스), 그 원년元年은 1974년이었다.

■ 0498253 → "빵 사가지고 빨리 오세요"

1.

1974년; A가 무선호출기를 허리에 차고 걷는데 삐- 하고 호출음이 울린다. A의 호출 번호를 알고 유선전화로 신호를 보낸 사람은 사전에 약속된 B 한 사람뿐. 호출음만으로도 A는 누가 자기를 부르는지 안다. A는 즉시 공중전화를 찾아 B에게 전화를 건다.

2.

1980년; C가 전화로 통신사 코드를 누른 후 A의 호출기 번호를 눌렀다. 신호음이 들리자 다시 자기 전화번호를 눌렀다. A가 무선호출기를 허리에 차고 걷는데 삐- 하고 호출음이 울린다. 액정을 보니, A의 호출 번호를 아는 여러 사람 중 C의 전화번호가 찍혀 있다. A는 즉시 공중전화를 찾아 C에게 전화를 건다.

앞의 글에서 #1은 무선호출기 초창기의 tone only 방식이다. 오로지 신호만 받는다. #2는 신호음과 함께 발신인이 보낸 숫자(전화번호)가 액정에 뜨는 tone & display 방식이다. 1980년 숫자를 이용할 수 있는 누메릭 페이저가 나오자 전세계 무선호출 가입자가 320만명으로 껑충 뛰었고, 세계적 베스트셀러 브라보 **(247쪽 사진)**가 나온 뒤로 1990년 2천200만명, 1994년 6천100만명으로 늘었다. 1997년 우리나라의 무선호출 가입자가 1천519

　　　　　　　　　　　　　수집가의 철학

폰박물관 전시품 ⓒ

전설적 베스트셀러 Bravo
'아저씨 삐삐' 브라보는 전세계에 누메릭 무선호출기 붐을 일으켰다(1990년).

만 명이었으니, 한국이야말로 무선호출기의 혜택을 톡톡히 본
것 같다(일본에서는 1996년 1천61만 명으로 정점을 찍었다).

　사람의 욕심이 늘 그렇듯이, 신호만 보내도 감지덕지하던 사
람들은 오래지 않아 상대와 소통하기를 원했다. 1995년 모토로
라가 내놓은 양방향 호출기 탱고Tango는 미리 내용을 정해놓은
메시지 16개 중 하나를 골라 송신하는 정형문定型文 통신 방식
이다. 01을 누르면 'please call me', 02를 누르면 'can you meet'가
발신되었다. 1998년에는 역시 모토로라가 PageWriter 2000(**248쪽
사진**)을 내놓았다. 숫자와 문자로 메시지 내용을 마음대로 보낼
수 있는 자유문自由文 방식 양방향 알파누메릭 삐삐였다. 그러나
이 기기는 부피가 커서 휴대하기 불편하고, 더구나 그때는 e메일

양방향 e메일 송수신 PageWriter

정해진 내용 16개 중 하나를 보내던 제약에서 벗어나 무슨 내용이든 마음대로 보낼
수 있었다(1998년).

전송기 블랙베리와 휴대전화까지 널리 쓰일 무렵이어서 무선호
출기 시대는 시나브로 저물고 있었다.

   미국과 달리 한국에서는 가입자가 창의적으로 숫자를 조합
해 메시지를 만들었다. ㄱ이 ㄴ에게 '너하고 이제 친구가 되었
어'라고 다짐하고 싶을 때 누른 숫자는 7942(친구사이)였고, '빨
리 와. 보고 싶어'를 전하고 싶으면 8282(빨리빨리)를, '사랑해 나
의 천사여'라는 메시지를 전하려면 1004(천사)를 눌렀다. '둘이
서 만나요'는 2241000045, '열렬히 사모해'라면 1010235(열열이
사모), '오로지 당신 생각만 하고 있어'는 444(思思思) ···. '일찍 오
렴'은 1750, '빵 사가지고 오라'고 045(빵사오)를 누르고는 잠시
를 못 참아 다시 498253을 눌렀다(사고빨리오삼: 사가지고 빨리
오셔요). 그뿐인가, 디지털 숫자 폰트로 1772는 'Me'이고, 38317
은 '사랑'이다(38317을 거꾸로 보면 독일어 LIEBE이다). '호출번호+

호출자 생일 날짜'는 '늘 만나는 장소'에서 보자는 뜻이 되는 등 삐삐 숫자는 간첩의 난수표처럼 연인들의 암호 교환에 사용되었다. (사실은 일본에서도 포켓벨ポケットベル(삐삐) 숫자로 메시지를 전했다. '안녕(おはようオハヨウ)'은 0840을 눌렀다. 0은 알파벳 오, 8은 핫はつ, 4는 요よ, 0은 오 발음을 나타낸다. '오핫요오→ 오하요우'이다. '늦을거야(おくれるオクレル)'를 나타낸 숫자는 0906이다. 0은 알파벳 오, 9는 쿠く, 0은 레이れい, 6은 롯ろっ 발음이니 '오쿠레이롯→ 오쿠레루'이다.)

'힘들고 지칠 때면 내게 전화하라고 내 손에 꼭 쥐어준 너의 전화카드 한 장…' (꽃다지 〈전화카드〉) 누가 엿들을까 걱정할 필요 없는 공중전화 부스에서 연인과 속삭이던 시절의 살뜰한 선물은 공중전화 카드였는데, 1980년대가 되자 삐삐를 선물하게 되었다. 그것은 너와 내가 비밀과 암호를 공유하게 됨을 인증하는 절차였다. 1997년에 나온 영화 〈접속〉에서 김태우가 전도연에게 빨간색 삐삐를 줄 때처럼 '수준 높게' 작업을 거는 방식이기도 했다. 돌이켜보면 삐삐는 누구나 쓴 통신기기이면서도 유독 청춘을 상징하는 독특한 캐릭터였다.

■ IT 산업은 삐삐에서부터

우리나라는 1982년 tone 방식 1만 회선으로 무선호출 서비스를 시작했다. 가입비 1만5천원, 설비비 15만원, 월 사용료 1만 2천원이었다. 1986년 모토로라가 만든 세계적 베스트셀러 브라보를 아저씨(주로 영업사원)들이 허리에 차고 다니던 시절을 거쳐, 1992년 가입자 100만을 돌파한 뒤, 연인끼리 암호 메시지를 전하던 형형색색 예쁜 삐삐는 1997년 들어 1천5백만 가입자로 정점을 찍었다. 1988년 휴대전화 서비스가 시작되었지만 워낙 비싼 탓에 서민들은 계속 삐삐를 썼다.

음성 사서함은 전화를 걸어 무선호출 음성 사서함에 목소리나 음악 따위를 녹음(저장)하면, 호출 받은 가입자가 전화로 음성 사서함과 연결해 그것을 들을 수 있는 서비스다. 상대가 사정이 있어 즉시 호출에 응하지 못할 경우 아주 유용한 메시지 전달 방법이다. 이는 중고등학생들로 하여금 쉬는 시간마다 공중전화 앞에 늘어서게 했고, 오직 '너'한테만 알려주는 음성 사서함 비밀번호는 양날의 칼─믿음이자 속박이었다.

1996년에는 받기만 하는 삐삐를 보완하려고 시티폰 서비스가 시작되었다. 삐삐로 호출 받은 사람이 공중전화 부스 근처로 가서 시티폰으로 전화를 거는 풍경이 낯설지 않았다. 두 가지를 휴대하는 불편함을 해소하려고 닉소텔레콤이 삐삐 내장형 시티폰 SPIXX(251쪽 사진)를 내놓기도 했다.

삐삐의 운명은 거기까지였다. 1997년 PCS 휴대전화가 시티폰보다 싼값으로 풀리자 1천597만이던 삐삐 가입자는 1998년 918만으로 줄었다. PCS 신규 가입자는 588만. 6백만 명 가량이 삐삐에서 PCS로 갈아탔다는 얘기다. 1999년에는 삐삐 303만, PCS 1천9만. 그리고 마침내 2000년 삐삐는 45만명으로 급락한 뒤 역사의 뒤안길로 사라졌다.

삼성전자 애니콜 담당 부장이 신입 사원들을 10명씩 폰박물관에 보낸 적이 몇 차례 있다. 4시간 가량 함께 커피를 마셔가며 그들에게 휴대전화 역사에 관하여 여러 가지를 얘기해 주곤 했

수집가의 철학

삐삐 내장형 시티폰 HCT-101 SPIXX
걸기 따로 받기 따로였던 불편을 해결한 CT-2
Plus 시스템. 호출 신호를 받고 버튼을 누르면
호출한 사람에게 전화가 걸렸다.

다. 내가 그들에게 던진 첫 질문은 언제나 같았다. "삼성전자가
삐삐를 만들었을까요?" 대개 열에 아홉이 "아니오!"라고 힘차게
대답했다. 그 외침에는 삼성전자가 삐삐 따위를 만들었을 리 없
다는 자부심이 넘쳐흘렀다. 한 사람만이 "네"라고 답했다. 답을
확신해서가 아니라 '저런 질문을 하는 데는 까닭이 있겠지'라는
눈치에서 나온 것이었다.

　나의 두 번째 질문이 이어진다. "삼성전자가 시티폰을 만들었
을까요?" 결과는 전前과 동同. 아홉 사람은 자신 있게 "아니오!",
한 사람은 쭈뼛쭈뼛 "네-". 다음 순서는 삼성전자의 '애니폰' 삐
삐들과 '시티콜' 시티폰을 보여주며 그들의 실망한 표정을 재미
있게 바라보기. 웬만큼 뜸이 들었다 싶으면 비로소 이런 요지로

그들에게 '역사'를 말해 주었다.

'삐삐는 단지 추억을 불러일으키는 물건이 아니다. 대한민국 IT 기술의 시발점이 바로 삐삐이다. 수많은 강소強小 기업이 삐삐를 만들며 터득한 기술과 모토로라·노키아의 부품을 만들고 조립하던 기술을 합쳐 한국 휴대전화 초창기의 기술 발전에 이바지했다.'

현대전자·맥슨전자·팬택·스탠다드텔레콤·대영전자·텔슨전자·신호전자·해태전자·어필텔레콤·와이드텔레콤·크레텔·한국전지·공성동신선자·도원텔레콤·나우정밀·두일전자·미래통신·현성전자·델타콤… 수많은 회사가 명멸한 과정에서 one of them으로서 그들과 함께 경쟁하면서 정보통신 기술의 걸음마를 떼었던 삼성전자·LG전자는 끝까지 살아남아, 세계 스마트폰 시장의 강자로 군림하고 있다. (2017.9.8.)

■ 서민용 이동전화 시티폰

삐삐를 말하다 보면 으레 떠오르는 것이 시티폰(**253쪽 사진**)이다. 시티폰은 1996년부터 삐삐와 짝을 이루어 쓰이다가 겨우 3년 만에 사라진 비운의 주인공이다. 널리 쓰인 기간은 채 1년도 안 된다. 공중전화가 있는 대도시 시가지에서만 쓰여서 흔히 City폰이라고 아는데, 실은 CT-2 폰, 2세대 무선 전화(Cordless Telephone Second Generation)라는 뜻이다. CT-1은 아날로그 무선 전화이고, CT-1⁺는 디지털 무선 전화이다.

유선 전화가 한곳에 고정되어 있던 시절, 전화를 쓰려면 사람이 전화기 놓인 곳으로 가야 했다. 통화하는 동안 사람의 행

수집가의 철학

이름도 외우기 어려운 '발신 전용 휴대전화용 통신기기'

2, 3년 반짝 하다가 사라진 비운의 통신기기 시티폰은 정부의 잘못된 정책에
희생되어 6천억원을 허공에 날렸다.

동반경은 송수화기에 연결된 줄의 길이에 국한되었다. 1990년대
말 이런 불편을 해소한 '집안의 이동통신'이 실현되었다. 유선 전
화 본체에 꽂힌 무선 송수화기를 빼서 들고 다니면서 집안 어디
에서나 통화하게 된 것이다. 그것이 CT-1⁺이고, 통화 범위를 더
넓혀서 길거리에서도 쓰게 한 것이 CT-2이다. 시티폰을 공중전
화 근처에서만 쓴 것도 요금이 쌌던 것도 이처럼 유선망을 이용
한 무선 전화였기 때문이다.

국내에서 시티폰의 정식 명칭은 '발신 전용 휴대전화용 무선 기기'이다. 영국에서 양방향 통신으로 개발된 것을 한국 정부는 발신 기능만 허가했다. 왜? 시티폰이 나온 1996년은 휴대전화가 쓰이던 때였지만 단말기 값과 통화료가 너무 비싸서 국민 대다수가 삐삐를 사용했다. 삐삐는 걸 수만 있으니 받는 것도 마련해 주자. 이것이 정부 생각이었다. 단말기 값도 싸게, 통신 요금도 유선 전화와 같은 수준으로! 공중전화 부스 앞에 길게 늘어선 줄의 맨 뒤에 서지 않아도 되고, 동전이나 카드를 챙기지 않아도 되니 서민들이 좋아할 거다!

서민을 위한 이동전화. 발상은 좋았지만 공중전화 부스 200m 이내에서만 통화할 수 있다는 것은 큰 약점이었다. 그뿐인가. 쌍권총처럼 삐삐와 시티폰을 차고 다니며 이걸로 받고 저걸로 걸게 하다니. 이렇게 불편한 점을 정부는 왜 애써 외면했을까. 제러드 다이아몬드가 퓰리처상을 받은 〈총, 균, 쇠〉에서 그 답을 찾을 수 있을 것 같다.

'일본은 미국이 발명한 트랜지스터 기술을 들여다 라디오를 만들면서부터 가전제품의 강자가 되었다. 트랜지스터가 진공관보다 좋은 줄 몰라서 웨스턴 일렉트릭이 소니에 제조 허가를 넘긴 것은 아니다. 미국이 당시 진공관 모델을 많이 생산하고 있었기 때문이다. 결국 미국의 진공관 제품들은 일본의 트랜지스터 제품에 지리멸렬하고 말았다.'

가스등 얘기도 있다. 미국과 독일이 도로의 조명을 전기로 바꾼 지 한참인데도 영국 도시들은 1920년대까지 가스등을 썼다. 스위치 하나로 여러 군데 불을 동시에 켜는 전기등과 달리

가스등은 사람이 다니면서 하나하나 불을 붙였다. 밝기도 훨씬 못했다.

잉그리드 버그먼에게 아카데미 여우 주연상을 안긴 명화 〈가스등〉(1944년)에 보이는 런던의 저녁을 말로 표현하기는 델리킷하다. 불빛은 흐릿하지만, 거리는 전깃불 조명과는 비교할 수 없이 신비롭다. 사람이 하나하나 불을 붙이는 모습도 종교의식인 양 경건해 사위에 내려덮인 고즈넉한 어둠이 서서히 사라지는 것에 시적詩的인 전율을 느끼게 한다. 그렇지만 편하고 밝은 전깃불을 놔두고 언제까지나 가스등의 불편함을 감수할 수는 없다. 그런데도 영국 도시들은 전기 조명 회사들을 규제하면서까지 가스등을 고집했다. 가스 조명에 많이 투자한 회사들을 살리려고 그랬다. 시티폰도 마찬가지다. 정부가 시티폰에 수신 기능을 허락하지 않은 것은, 천만 가입자를 가진 삐삐 사업자들이 무너지지 않기를 바랐기 때문이다. 하지만 불편한 시티폰은 결국 사라질 수밖에 없었다.

가입자가 나날이 늘던 때가 있었지만 시티폰을 키운 정부는 끝내 시티폰을 죽였다. 결정타는 1998년 1월에 시작한 개인 휴대전화 서비스 PCS(Personal Communication Service)이다. 휴대전화가 시티폰보다 쌌고, 공짜 폰도 허다했다. 사이지차事已至此, 일이 이미 이 지경에 이르렀는데 무슨 수로 명命줄을 늘리겠는가! 2000년 1월 시티폰 서비스는 끝났다. 6천억원이 허공으로 사라졌다. 3년 앞을 내다보지 못한 정부는, 손실을 감내하고서라도 통신산업의 국가경쟁력을 높이고자 했다고 말하고 싶을 것이다. 명줄이 짧아서 슬픈 기계여! (2008. 12. 3.)

셀룰러 없이 이동통신 없다

1981년······ 최초 셀룰러 이동전화 세네터Sanator

1.

셀룰러폰을 말하려니 오버랩되는 기억이 있다. 1985년 평전 〈석주명〉을 펴냈을 때다. 일면식도 없는 한양대 생물학과 박은희 교수가 전화를 걸어와 다짜고짜 고맙다고 했다.

"어떻게 국문학도가 나비를 연구해서 책을 쓰셨는지, 생물학자로서 정말 고맙습니다."

"별 말씀을요. 그저 좋아서 한 일입니다."

"진작 나왔어야 할 책인데, 우리 학자들은 내용을 알아도 글을 쉽게 못 쓰고, 작가는 내용을 모르니 이런 자연과학 분야 책은 나오기가 어렵잖습니까."

"그건 저도 공감합니다. 리더스 다이제스트에 이따금 고고학을 쉽고 재미있게 쓰는 전문 작가가 부러웠으니까요."

"바로 그겁니다. 전문 분야를 공부해서 쉽고 재미있게 소개하는 작가가 많이 나와야 자연과학이나 공학 쪽에도 사람들이 흥미를 느끼게 됩니다."

2.

암만 읽어도 모르겠다? 겪은 사람은 안다, 그 답답함을. 쉽게 좀 못 쓰나, 자기나 알아 볼 거면 왜 쓰나? 10년 전 셀룰러를 설명한 책들이 그랬다.

수집가의 철학

'셀룰러 이동통신은 전체 서비스 지역을 다수의 무선기지국으로 분할하여 소규모의 서비스 지역인 셀cell들로 구성하고 이러한 무선기지국들을 교환시스템으로 집중 제어하여 이동국이 각 셀 간을 이동하면서도 통화를 계속할 수 있도록 하는 방식이다.' 이동국? …???

'하나의 무선기지국에 의한 서비스 지역을 셀이라고 하며 이들 셀이 여러 개 뭉쳐서 하나의 시스템에 의한 서비스 지역을 형성한다. … 가입자 수가 많아짐에 따라 최번시에는 …매우 높은 호손율이다.'

최번시? …? 아! 알겠다. 가장 바쁠 때(最繁時), 통화가 몰릴 때로구나! 호손율? …???

셀룰러 이동통신에 관한 한 아직도 쉽게 설명한 책은 없지만, 어쨌든 세월이 흘러 나도 이제는 셀룰러가 무엇인지 알게 되었다. 주제넘는 일이겠지만 감히 설명해 보겠다. 1970년대까지 0세대 이동전화는 통화 채널이 적어 가입자가 한 도시에서 수백 명에 지나지 않았다. 통화 거리도 그 도시 안으로 제한되었다. 그것을 '어디서나 누구든지 어디라도' 통화하게 만든 것이 셀룰러 시스템이다. 이동통신 역사를 바꾼 사건은 많았다. 그러나 셀룰러가 1981년 상용화한 뒤로 그것을 바꾼 통신 방식은 아직까지 없다. 휴대전화 1세대에서 4세대에 이르기까지, 음성통화만 하던 것에서 데이터와 동영상을 주고받게 되기까지, 아날로그에서 디지털을 거쳐 스마트폰에 이르기까지 모든 통신은 셀룰러 방식으로 이루어지고 있다.

셀룰러란 무엇인가? 먼저 무선 통신에서 제일 중요한 두 가지를 짚어 보자.

첫째, 통화 내용을 다른 사람이 듣지 못해야 한다. 그런데 같은 주파수를 쓰면 남의 말을 엿들을 수 있다. 그래서 모든 이동통신은 같은 장소에서는 통화 당사자끼리만 연결되도록 주파수 대역을 잘게 쪼개어 주파수 한 조각(통화 채널)씩을 통화자에게 나누어 준다. 주파수대역의 폭이 좁으면 쪼갤 것(통화 채널)이 적어 가입자가 적을 수밖에 없다. 0세대 통신이 그랬다.

둘째, 사람의 음성(음파)을 싣고 지표면을 따라 전달되는 통신용 전파는 멀리 갈수록 약해져서 나중에는 소리를 들을 수 없게 된다. 0세대에서는 송신탑을 높이 세워 전파를 보냈는데, 중간에 약해지는 전파를 증폭하지 못해 이동전화를 한 도시 안에서밖에 쓸 수 없었다.

이 두 가지 제약을 없애려면, 나라마다 쓸 수 있는 주파수대역은 한정되어 있으니 이용 효율을 높여야 했다. 셀룰러가 그 해답이다. 셀룰러는 통화 지역을 셀이라는 작은 덩어리로 나누고, 셀마다 기지국을 하나씩 세우는데, 무슨 거창한 시설이 아니라 우리 주변 빌딩이나 주택가에서 흔히 볼 수 있는 작은 규모 중계탑이다. 기지국 하나가 셀 하나를 관할한다.

셀은 육각형이어서 인접한 셀들과 빈틈없이 맞닿으므로 육각형 7개가 모여 덩어리를 이루면 (이론적으로) 벌집 모양이 된다. 그 벌집을 A라고 하고, A에 속한 셀 7개를 각각 A-a, A-b, A-c, A-d, A-e, A-f, A-g라고 하자. A-a부터 A-g까지 딱 붙은 셀 7개끼리는 전파 간섭 때문에 같은 주파수를 못 쓰지만 멀리 떨어진 다른 벌집의 셀과는 간섭 현상이 없다. A-a에서 쓰인 주파수를 다시 A와 인접한 벌집 B에 있는 B-a가 써도 상관이 없다는 말씀. A-b와 B-b, A-c와 B-c도 그렇다. 벌집 수에 따라 A-a, B-a, C-a, D-a 등 얼마이고 다시 쓸 수 있다. 이것이 주파수 재사용이다. 셀이 많을수록 주파수 재사용이 많아져 적은 주파수 대역으로 수백만, 수천만 명도 쓸 수 있다.

예컨대 어느 지역에 15MHz(15,000KHz) 주파수대역폭으로 서비스한다고 하자. 휴대전화 하나의 통화채널 대역폭이 30KHz라면 통화채널은 500개다(15,000÷30=500). 옛날 같으면 가입자가 500명에서 그쳤겠지만, 셀룰러에서는 벌집이 2개면 가입자가 두 배로 는다. 기지국을 늘리는 만큼 가입자가 늘어난다는 말씀. 반대로 가입자가 늘어 셀 수용량을 초과하면 셀을 더 작게 분할한다(셀의 반경을 줄여서 용량을 더 늘린 것이 PCS이다).

전파가 멀리 갈수록 약해지는 것은, 기지국과 기지국 간의 중계(relay)로 해결한다. 한 기지국에 배정된 주파수를 멀리 떨어진 다른 기지국에서 재사용할 수 있도록 기지국이 적절하게 송출 전력을 제어함으로써 다른 기지국으로 가는 동안 전파가 약해지지 않게 한다. 가장 신경 쓸 것은, 가입자가 통화하면서 셀과 셀 사이를 빠르게 이동할 때 주파수대역이 달라지는 데서 말미암는 통화 끊김이다. 셀의 범위가 좁을수록 자주 발생하는데, 이것도 기지국이 해결한다. 단말기가 사용하는 주파수는 특정 주파수로 고정되지 않고 기지국이 신호 채널을 통해 지정하는 데 따라 수시로 바뀐다. 그러므로 가입자가 이동하는 데 따라 기지국은 단말기가 적절한 주파수로 자동 전환되도록 한다. 통화자가 알지 못하는 사이에 새 기지국 주파수로 바꾸어 통화가 끊기지 않게 하는 통화 채널 전환(hand off) 기술이다.

휴대전화 역사는 셀룰러 방식이 적용된 1세대 아날로그 차량 전화를 출발점으로 한다. 1947년 벨 연구소가 셀룰러 이론을 처음 정립한 뒤로 미국에서 여러 차례 시험 운용되었지만 처음 셀룰러 시스템을 구축한 것은 일본이다(1979년). 그런데 서비스를 언제 어떻게 했는지, 어떤 단말기를 사용했는지는 알려지지 않았다. 그 다음이 1981년 북유럽에서 서비스된 NMT(Nordic Mobile Telephone system) 방식이다.

나는 국제 경매에서 몇 년에 한 번꼴로 1981~1982년 생산된 포터블 폰들을 보았다. 어느 것이 먼저 쓰였는지 모르지만, 비즈니스 인사이더(2012년)와 IDG-월드 베스트 테크 포털(2009년)이 첫 번째 셀룰러 전화기라고 인터넷에 소개한 것은 모비라가 1982년에 만든 NMT 방식 세네터Sanator(261쪽 아래 사진)이다. 그런데 틀린 정보다. 1981년 핀란드에 셀룰러 서비스가 시작되었는데, 단말기를 1982년에 만들었다니.

이 문제는 휴대전화를 수집한 지 15년이 넘어 겨우 세네터를 구하고 나서야 풀렸다. 내가 구한 세네터(261쪽 위 사진)는 1981년에 만든 것이다. 사진에서 보듯이 들고 다니는 포터블이 아니라 본체가 분리되는 차량용이었다. 이것을 구하고 나서 1년 뒤 세네터가 차량 운전석 옆에 built-in된 광고 사진(262쪽 사진)을 구함으로써 더 확실해졌다. 세네터는 1981년 차량용, 1982년 포터블형으로 만들어졌다. (2017.11.14.)

수집가의 철학

최초 셀룰러 방식 차량전화 Sanator

다른 전화기가 먼저라는 근거가 발견되지 않는 한 이 세네터가 1981년 세계에서 처음
셀룰러 방식으로 서비스된 전화기이다.

최초 셀룰러 방식 포터블폰
Sanator

1982년 핀란드 모비라 사가 만든 이
폰은 차량에 장착하던 것을 사람이
들고 다닐 수 있게 개조했다.

EXECUTIVE CAR TELEPHONES

Immediately available:
British Telecom Direct dial Carphone £29 per week
Contact Marc, Jeff or Paul
01 368 4321/4888

운전석 옆 콘솔박스 자리에 built-in된 Sanator

1981년 잡지에 실린 이 광고를 찾아냄으로써 세네터가 그 해에 차량전화로 처음
제작되었음을 밝힐 수 있었다.

달 착륙 때까지도 못 만든 휴대전화

1983년 …… 최초 휴대전화 다이나택 8000X

자동차 한 대를 만드는 데 드는 부품 숫자는 만 단위이고(2만
~2만5천개), 우주 로켓에 드는 부품은 십만 단위이다(나로호의
경우 15만개). 스마트폰은 몇 년 전까지 백 단위(2011년 갤럭시 S2
가 700)이다가 2016년 무렵부터 천 단위로 살짝 올라섰다. 기계
공학 측면에서 보자면 기술이 진보함에 따라 단위가 올라가므
로 십만 단위 산업은 백, 천 단위 산업이 이루어진 수십 년 뒤에
야 가능하다. 이 상식을 휴대전화가 깼다. 사람을 십만 단위 우
주 로켓에 태워 달에 보낸 1969년에 백 단위 휴대전화는 아직 없
었다.

1983년, 다이나택 8000X 벨 연구소가 셀룰러 방식 이동통
신 개념을 고안한 지 26년 만이고, 모토로라가 하얀 벽돌(White
Brick)이라고 불린 프로토 타입 전화기로 시험 통화에 성공하고
나서도 10년이 지나서야 상용화商用化에 성공한 인류 최초의 민
간용 휴대전화이다. 물론 이동통신 분야가 이토록 어려운 길을
걸어온 원인이 기술 문제만은 아니었다. 기지국을 비롯해 넓디넓
은 미국 대륙에 통신 기반 시설을 갖추느라 오랜 세월과 1억 달
러가 넘는 엄청난 투자가 필요했다는 점이 어쩌면 더 중요한 이
유였을 수도 있다. 셀룰러 통신은 기지국을 많이 세울수록 가
입자를 늘리고 통화 가능 범위를 넓히므로 땅이 넓을수록 불리
하다. 통신 강국이 되는 데는 우리나라처럼 국토가 좁아 새로운

휴대하기 거추장스러운 휴대전화

길이가 40cm에 가까운 8000X를
가죽 가방에 넣어 메고 다녔는데,
안테나를 분리해 넣을 수 있었다.

8000X의 원형 White Brick

'하얀 벽돌'을 든 디자이너 마틴 쿠퍼. 하얀 벽돌이 시험통화에 성공한 지 10년 만에
이를 상용화한 8000X가 세상에 나왔다.

수집가의 철학

통신시설이나 기지국을 적게 설치하는 환경이 유리하다. 어쨌든 전화기를 손에 들고 다니는 모바일 시대는 암스트롱이 달 표면을 산책한 지 14년이 지나서야 열렸다.

1973년 1,300g이던 '하얀 벽돌'은 1983년 8000X에서 771g까지 감량에 성공했지만, 10시간 충전에 고작 30분 통화였다. 게다가 물경 3,995달러(당시 환율로 약 320만원). 지금 원화 가치로 2천만 원이 넘는다. 그런데도 미국인들은 너도나도 마트 앞에 줄을 섰다. 8000X를 처음 선보인 영화는 〈월 스트리트〉(1987년)이지만, 나는 〈귀여운 여인〉(1990년)에서 미국 사람들이 8000X에 얼마나 열광했는지 더 잘 느꼈다. 리처드 기어가 줄리아 로버츠를 데리고 옷을 사주러 갈 때 번화가를 오가는 사람들이 흰색 다이나택 8000X를 들고 통화하는 모습은 무척 인상적이었다. 우리나라 사람들은 그보다는 홍콩 누아르 장면을 더 잘 기억하고 있다. 저우룬파周潤發와 장궈룽張國榮이 동아시아를 휩쓸던 시절, 따거大哥들이 썼던 무전기 같은 전화기로.

다이나택DynaTAC이란 Dynamic Adaptive Total Area Coverage에서 머리글자들을 딴 것으로 통화 가능 지역을 모든 곳으로 넓혔다는 뜻이다. 고작 한 도시 안에서만 쓸 수 있었던 0세대 이동통신의 한계를 벗어나, 기지국이 있는 곳이면 전세계 어디든지 통화할 수 있는 셀룰러 시스템을 적용한 1세대 아날로그 통신의 첫 주자임을 축약했다.

그로부터 25년이 지난 2007년 9월15일 미국 전국지 〈USA Today〉가 미국 시민들에게 '지난 25년간 우리의 삶을 가장 크게 바꾼 발명품' 스물다섯 가지를 고르라는 조사를 했다. 노트북,

MP3, 디지털 카메라, 발신자 표시장치 등 여기에 뽑힌 발명품 25개 중에서 1위는 휴대전화였다. 그로부터 또 10년이 흐른 지금도 세상을 숨가쁘게 바꾸고 있는 것은 변함없이 휴대전화(스마트폰)이다.

내가 처음 휴대전화를 모을 때 다른 나라 휴대전화는 구할 수도 없었지만, 구할 필요를 느끼지 못했다. 우리나라 휴대전화 산업이 세계에서 미미한 존재였기 때문이다. 그러나 내가 국산을 모으는 동안 삼성전자가 유럽에서 SGH-T100을 히트시켜 세계 3위에 올랐다. 한국의 기술과 시장점유율이 세계 톱 클라스가 되었으니 내 수집품도 국내에 한정되어서는 안 되었다. 나는 비로소 해외로 눈을 돌렸다. 그리고 8000X를 구하기로 마음먹었다.

인터넷 경매를 검색한 지 2년 만에 처음으로 즉구(즉시 구매)로 나온 8000X를 찾아냈다. 그러나 사기였다. 8000X가 아니었다. 하마터면 큰돈을 날릴 뻔했다. 그 뒤로 여기저기 자료를 찾아보니 8000S를 비롯한 후속 모델들 모양이 다 8000X와 똑같았다. 또한 8000X에도 세 가지가 있음을 알았다. 모토로라 상표 아래 DynaTAC 8000X라고 표시된 미국 AMPS(Advanced Mobile System) 방식 오리지널, British Telecom이라고만 쓰인 1985년산 영국 ETACS(Extended Total Access Com-on System) 방식, 나중에 그냥 8000X라고만 찍혀 나온 것도 있다. 안테나도 시기에 따라 길이와 모양이 달랐다.

2008년. 이번에는 진짜 8000X가 시장에 나왔다. 전세계에서

수집가의 철학

수집가 수십 명이 달려들었다. 경쟁자가 많으면 인터넷 경매는 정말 어렵다. 크리스티나 소더비 같은 오프라인 경매라면 계속 값을 올려 경쟁자를 넉다운시킬 수 있다. 그러나 마감 시각이 정해진 국제 인터넷 경매에서는 베팅 금액 못지않게 응찰 타이밍도 중요하다. 경매 마감 시각에 제일 근접해서 가장 높은 액수를 제시해야 한다.

내 전략은, 마감 시각 4초 전쯤 베팅 액수를 입력하는 것인데, 타이핑에 걸리는 시간이 2초쯤이다. 두 사람이 동시에 접속할 수 없으니 그 2초란 '나는 마감 시각 안에 타이핑을 끝내면서 동시에 경쟁자에게 1~2초만 남김으로써 마감 시각을 놓치게끔 하기'에 딱 맞는 시간이다. 눈치싸움하면서 초읽기를 하다가 더 미룰 수 없는 결정적 타이밍에 자판을 번개같이 두드려야 하니, 빠른 손놀림에 인터넷 속도가 뒷받침되어야 한다. 한국 사람에게는 꽤 유리한 셈이다. 그렇다고 해도 내 워딩 실력으로는 어림없었다. 다행히 맏이가 잘 아는 대학생 ㄱ이 한국 최고 수준 고수였다. 키 두드리는 것이 안 보일 정도로 자판을 훑으면서도 오타를 내지 않는 그가 내 일을 돕겠다고 나섰다. 나는 그를 번개라고 불렀다.

8000X 응찰가는 경매일 아침에 수백만 원을 훌쩍 넘어섰다. 번개와 나는 인터넷을 주시하면서 수시로 통화했다. 자정이 되자 내 능력으로는 벅찬 금액에 진입했다. 미국이나 영국은 우리와 시차가 있어서 중요한 물건의 경매는 대개 새벽 3~4시에 마감한다. 그럴 때는 밤을 새우기 마련이다. 새벽 4시. 마감 5분 전이니 베팅 금액을 정해야 할 때였다. 이미 내 현금 능력을 벗어난

지 오래고, 그 시점에서 내가 예상하는 낙찰 금액은 은행 대출을 받아야 할 정도였다. 마지막까지 남은 경쟁자 다섯은 계속 값을 올리고 있었다.

4분 전, 나는 마음을 굳혔다. 8000X에 올인하자! 세계 최초 휴대전화가 빠진 휴대전화 컬렉션이 무슨 의미가 있으랴. 뒷일은 생각지 말자. 나는 번개에게 맨 마지막에 베팅하는 사람보다 무조건 00 파운드를 더 얹어 베팅하라고 일렀다. 마감 30초 전. 입술이 마르고 식은땀이 흘렀다. 29초- 28초- ······ 7초- 6초- (새로운 응찰가가 화면에 떴다) 5초- 4초- 3초- 2초 (더 높은 응찰가가 화면에 떴다)- 1초- 땡!

마지막 응찰자가 누굴까? 번개의 전화를 기다리는 몇 분이 그렇게 느리게 흘러갈 수가 없었다. 마침내 전화가 울렸다. 번개가 숨을 몰아쉬는 것이 느껴졌다. "제가 땄어요!" "그래? 잘했어! 정말 잘했어! 번개 최고다!!" (2017.9.15)

번개. 그가 아니었다면 이 컬렉션이 존재할 수 있었을까? 그는 후손을 위해 좋은 일을 하자는 내 말에 아무 대가도 바라지 않고 나를 도왔다. 고비 고비마다 숱한 밤을 지새우며 경매에 참여해준 순수한 젊은이의 헌신이 오늘의 폰박물관을 만들었다. 금동기 군에게 진심으로 고마움을 전한다.

수집가의 철학

'휴대전화 허가증을 가지고 다니시오'

1988년······ 한국에서 처음 쓰인 휴대전화 PC-105A

#1.

'안보'라는 말 한마디면 무소불위無所不爲, 못 할 일이 없던 때가 있었다. 1978년 국책 기관에 다닐 때, 한 손님이 거드름을 피우면서 명함을 던지듯이 내 책상에 놓았다. 흘낏 보니 무궁화 로고 안에 '안보'라는 금박 글자가 아주 크고 또렷했다. 그는 이것저것 캐묻더니 뭔가를 협조하라고 했다. 내가 건성으로 대하자 발끈해서 내 윗사람을 만나겠다면서 자리를 떴다. 기관원을 사칭한 사기꾼이었다.

#2.

1980년 신군부가 계엄을 선포하고 서울시청에 신문·잡지 검열단을 배치했을 때다. 매달 잡지를 만들면 초교본을 가지고 시청에 찾아갔다. 시청 본관 2층의 풍경은 언제나 똑같았다. 다리 꼬고 앉은 군인들과 그들 책상 앞에 차렷도 아니고 열중쉬어도 아닌 채로 벌쓰듯 서있는 선량한 백성들. 나도 내가 장교에 임관한 해보다 한참 아래인 육군 대위 앞에 서서 그들이 잡지를 보다가 말고 담배를 피우거나 옆 사람과 낄낄댈 때, 빨간색 수성 펜을 까딱거리며 거만을 떨 때 애써 외면하며 검열 도장을 찍어 줄 때까지 하염없이 기다렸다.

3.

1984년 4월 다니던 직장을 그만두었다. 아니, 그만둘 수밖에 없었다. 신군부는 정권을 잡자 사장이 최고위직이던 공공기관에 이사장 자리를 만들고 억지로 전역시킨 군 선배들을 내려보냈다. 신문에 낙하산이라는 말이 처음 등장했다. 내가 원고를 청탁한 손봉호 교수가 그것을 예산 낭비일 뿐 아니라 옥상옥屋上屋이라고 비판했다. 글을 쓴 이는 대쪽 같은 선비였고, 글을 실은 이는 세상 물정 모르고 피만 끓던 젊은이였다. 곧바로 불려간 내가 들은 말에는 군더더기가 없었다. '너는 정부를 비판했으니 북한을 이롭게 한 것이고, 북한을 이롭게 했으니 빨갱이다.' 이 삼단 논법이 9년 다닌 생업의 터로부터 나를 몰아냈다.

4.

1987년 잠시 신문사 생활을 접고 기업으로 옮겼을 때다. 문공부(문화공보부)를 찾아가서 사외보 정기간행물 등록을 하려고 했는데 여의치 않았다. 허가만 받으면 바로 인쇄하려고 외부 원고도 다 받아놓은 상태였다. 기업이 만드는 사외보인데 정부 허가를 받아야 한다는 것도 이해할 수 없었지만, 별 이유 없이 끝내 허가되지 않은 것은 더 기가 막히다.

내 얘기를 네 가지나 늘어놓은 것은, 겪지 않은 사람은 한국의 휴대전화 서비스가 다른 나라보다 2~3년 늦은 것이 '안보' 때문이었다고 하면 의아해 할 것 같아서이다.

1983년 모토로라가 세계 최초로 휴대전화를 만들어내자 다

수집가의 철학

른 나라들도 대부분 1985년 무렵부터 휴대전화 서비스를 시작했다. 그러나 우리 정부는 간첩이 북한과 교신할까 봐 허가하지 않았다.

1980~1990년대에 시민 생활과 직결되거나 국민 정서와 관련된 일에 여론의 반응을 떠본 사례가 몇 있다. 통금 해제, 컬러 TV 방송, 중앙청 철거가 팽팽한 시비 끝에 이루어졌다. 그런데 유독 휴대전화 서비스 불가만은 정부가 혼자 결정했기에 모르는 사람이 많다.

올림픽을 유치해 놓고도 국가 안보라는 신성불가침에 가로막혀 휴대전화 서비스를 하지 못하는 상공부나 체신부로서는 속이 터질 일이었다. 그런데 올림픽 개막일이 다가오자 분위기가 조금씩 달라졌다. 북한이 전쟁을 일으킬 수도 있다며 서울 개최에 반대한 IOC 위원이 꽤 있었는데, 그들을 의식해 공산권 국가를 모두 불러 평화 올림픽을 열기로 한 것도 도움이 되었다. 경제 부처들도 목소리를 내기 시작했다. 결국 정부는 올림픽 개막 전에 휴대전화 서비스를 시작하기로 했다. 그러나 너무 촉박했다. 올림픽 개막은 1988년 9월17일, 휴대전화 서비스 개시는 7월1일이었다.

끝내 우리는 국산 전화기를 못 만든 채 휴대전화 서비스를 시작했다. 삼성전자가 올림픽 개막식에서 국산 휴대전화를 선보였지만, IOC 위원 47명에게만 선물했을 뿐 일반에 판 것은 이듬해 5월이었다. 휴대전화 서비스가 시작된 7월에 처음 쓰인 휴대전화는 모토로라의 다이나택 8000S(SL)와 영국 테크노폰의 PC-105A(272쪽 사진)이다.

폰박물관 '한국에서 처음 쓰인 휴대전화' 코너에는 8000S·
PC-105A와 함께 두 가지 문서 자료가 전시되어 있다. 첫 번째 주
민등록증만한 노란색 카드는 휴대전화 소지를 허가했다는 증표
이다. 내용에서 무선국·이동국은 휴대전화를 말한다. 이 '쫑'이

폰박물관 전시품 ⓒ

국산을 못 만들어서

1988년 7월1일 휴대전화 서비스가 시작되면서 우리나라에서 처음 쓰인 휴대전화는
미국제(다이나택 8000S, 8000SL 위 왼쪽)와 영국제(PC-105A 위 오른쪽)였다.

수집가의 철학

있어야 휴대전화를 가지고 다닐 수 있다는 말씀인데, 안전판을 마련해 두려고 애쓴 안보 관계자들의 집념이 엿보인다(아래 사진). 이 소중한 자료는 2014년 폰박물관에 온 관람객이 수십 년을 보관해온 지갑에서 끄집어내 기증했다.

무선국 허가증표

시설자명; 남정희

허가번호; 86931033650

종별 및 기기명; 육상이동국

호출명칭; 266-9849

설치장소; 휴대용

유효기간; 97.6.30

상기와 같이 무선국 허가를 득하였음을 증명함

서기 1993년 5월8일 서울체신청장

폰박물관 전시품 ⓒ

간첩이 쓸까 봐

이 '무선국 허가증표'를 가지고 다니게 했다. '무선국'은 휴대전화, '시설자'는 소유자, '육상이동국'은 지상 이동전화라는 뜻이다.

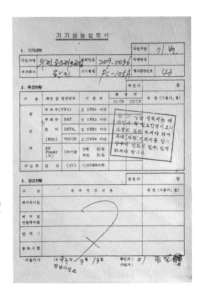

휴대전화 '기기 성능 성적서'
주파수·RW Power 등 성능에 관한
사항이 적혀 있는데, 전화기를 팔 때 이
성적서도 반드시 함께 넘겨야 했다.

또 한 가지 자료는 테크노폰 PC-105A의 '기기성능 성적서'
(**위 사진**)이다. 주파수 기준치와 측정치가 적혀 있고 '본 기기성능
성적서는 재가입시 꼭 필요한 것이오니 소중히 보관하셔야 하
며, 휴대(차량) 전화기를 양도양수시 반드시 인수, 인계하셔야 합
니다'라는 글이 고무인으로 찍혀 있다. 이 자료는 테크노폰 PC-
105A 전화기와 함께 2009년 서립규씨로부터 기증받았다. 그는
기업을 운영하는 산악인으로서 한국 산악운동에 큰 발자취를
남긴 석주명을 취재하려고 나를 찾아왔다. 그가 박물관을 구경
하고 나서 뜻밖의 말을 했다.

"내가 우리나라에서 제일 먼저 휴대전화를 쓴 몇 사람 중의
한 사람일 거요. 서울올림픽 조직위원장을 지낸 박세직씨가 수
입한 영국제 휴대전화를 썼어요. 그땐 정말 비쌌지요. 오백만 원

수집가의 철학

이나 했어요. 잘 보관해 놨는데, 서울 오시면 들르십시오. 기증하겠습니다."

우리나라에서 처음 쓰인 전화기가 다이나택 8000S(SL) 말고 영국제도 있었다는 정도만 막연히 알고 있었는데 그것을 구하게 될 줄이야! 나는 이틀을 못 참고 서울로 달려갔다. 충무로 2가 조양빌딩 서회장 사무실에서 휴대전화는 물론 기기성능 성적서까지 얻었다.

영국 테크노폰 사는 1991년 노키아에 팔렸지만, EXCELL M1, M2라고 불린 PC-105 시리즈는 1,990 파운드(당시 환율로 약 260만원)라는 비싼 값에도 불구하고 1986년 유럽에서 인기몰이를 했다. 전화기가 크고 무겁던 시절 휴대전화를 와이셔츠 주머니에 반쯤 집어넣은 사진을 곁들인 '포켓 폰' 광고(**아래 사진**)는 눈길을 끌기에 충분했다. 이 전화기는 통화 가능 시간 20분에 대기시간 6시간이다. 크기는 7.5×18.5×3cm에 본체 길이와 같은

'와이셔츠 주머니에 들어갑니다'
무게 531g에 7.5×18.5cm인 '거대한' 전화기를 겨우 반만 주머니에 넣고 포켓에 들어가는 유일한 폰이라고 선전했다.

안테나가 달렸다. 무게는 531g이니 다이나택 무게의 3분의 2지만 셔츠 주머니에 넣고 편히 활동하기는 어렵다. 어쨌든 1989년 모토로라가 플립형 마이크로택을 내놓기 전까지는 유일하게 주머니에 들어가는 폰이었다.

PC-105는 묵직한데도 얇고 세련된 느낌을 준다. 또 사용자 편의성을 고려해 번호판을 아래로 내리고 조작 버튼들을 위로 올려 나중에 나온 폰들에 본보기가 되었다. 한국에 수입된 PC-105A는 유럽의 ETACS 방식인 PC-105T나 PC-105C와 달리 한국의 AMPS 방식에 맞춘 것인데 우리나라에서 널리 쓰이지 않아 매우 희소하다. 한진전자가 1988년 4월20일 형식검정에 합격한 뒤 포켓폰을 포케폰PockeFone으로 바꾸어서 광고했다. (2017.11.21.)

수집가의 철학

저 산이 마케팅을 도왔다

— 세계 경영학계가 명명命名한 '애니콜 신화' —

1988년······ 최초 국산 휴대전화 SH-100
1994년······ 최초 '판매 1위' 국산 전화 SH-770

우리나라 휴대전화 산업은 오늘날 글로벌 톱 위상을 차지하게 되기까지 결정적인 모멘트를 여섯 번 거쳤다.

- 1988년 처음 국산 제품을 만들고, 1995년 국내 시장에서 국산품이 1위를 했다.
- 1989년 처음 해외(유럽)에 수출을 시작했다.
- 1996년 세계 최초로 CDMA 휴대전화를 만들고, CDMA 통신을 상용화했다.
- 1998년 폴더형을 만들면서 작고 얇고 가볍게 만드는 기술을 터득했다.
- 1999년 다른 분야와 융합해 MP3폰, 카메라폰, TV폰을 만들었다.
- 2002년 첫 텐밀리언 셀러를 내놓고 수출 시장 확대에 나섰다.
- 2011년 안드로이드 OS 스마트폰(갤럭시 S 2)으로 아이폰과 2강 체제를 구축했다.

이 일곱 단계에서 첫 번째는 음성 통화만 하던 아날로그 1세대이다. 삼성전자는 1996년까지 SH 모델을 10개 만들었다. 100 200 300 400 500 600 700 770 800 880. 그 중 SH-200은 모토로

라 마이크로택에 밀려 폐기했고, SH-300은 유럽에 수출했지만
(모델명은 SH-310) 성과가 미미했다. SH-500(차량전화 겸용)과
SH-600은 일본 도시바 제품이고, SH-880은 아날로그와 디지
털을 겸한 과도기 제품이다. 이 중에서 역사적 의미가 깊은 것은
SH-100과 SH-770이다. SH-100은 성능이 별로이고 너무 컸지만
첫 국산이라는 상징성에서, SH-770은 외국 제품을 몰아낸 주역
이라는 점에서 우리나라 아날로그 시대를 대표한다.

■ SH-100

1980년대에 우리나라는 '안보' 때문에 이동통신을 민간에 널
리 개방하지 못했다. 1984년 차량 전화 서비스 이전까지 고작
348명만이 혜택을 누렸다. 1988년 서울올림픽 개막을 79일 앞둔
7월 1일에야 부랴부랴 휴대전화 서비스가 시작되었다. 미국보다
5년, 영국보다 3년, 그밖의 나라들보다 2년 늦었다.

1988년 올림픽을 서울에서 여는 데 반대한 IOC위원들은 그
이유로 전쟁이 일어날지도 모른다는 점을 내세웠다. 우리는 교
류가 없었던 공산권 국가들도 초청해 평화 올림픽을 열기로 해
서 해결했다. 반대론자들이 또다시 통신망을 제대로 갖추지 못
한 점을 문제 삼자 한국이동통신(현 SK텔레콤)이 나서서 잠실 주
경기장 주변 통신망을 개선하고 확장했다. 그러나 휴대전화도
못 만드는 나라라고 비아냥거리는 데는 해결책이 없었다. 올림픽
을 열면 국격國格이 올라 수출 경쟁력이 높아질 텐데 수출할 휴
대전화를 만들지 못한다는 사실도 안타까웠다.

그러자 삼성이 나섰다. 미국에서 다이나택 8000X를 10대 사

왔다. 아파트 값에 상당하는 거금이 들었다. 그것을 40여 명이 1년간 분석했다고 전해진다. 그리하여 1988년 9월17일 우리 기술로 만든 휴대전화 47개가 잠실 메인 스타디움에 등장해 올림픽 개막식에 참석한 IOC위원 47명에게 증정되었다. "자, 이 전화기를 써보십시오. 메이드 인 코리아입니다."

그 날 선보인 휴대전화는 SH-100이다. 그런데 이 전화기는 우리가 구할 수 없다. IOC위원에게만 증정되었기 때문이다. 일반인용은 이듬해 5월부터 SH-100A와 SH-100S(**아래 사진**)라는 모델명으로 출시되었다.

폰박물관 전시품 ⓒ

최초 '메이드 인 코리아'
서울올림픽 개막식에서
IOC위원들에게 증정된
SH-100은 다음해부터
일반에 판매되었다.

당시 광고가 내세운 세 가지 핵심은 □ 국내 최초 자체 개발 □ 국내 최다 기능 □ 국내 최저가이다. 국내 최저가가 얼마였을까. 165만원이었다. 1988년 우리나라에서 처음 쓰인 외국 휴대전화가 500만원대였으니 싸긴 쌌다.

내가 휴대전화를 수집한 직접 동기는 SH-770에 있지만, 박물관을 열기로 확실히 결심한 계기는 2007년 SH-100A를 구한 것이다. 휴대전화를 수집하면서도 박물관을 여는 문제에 어정쩡했던 것은 가장 중요한 '최초 국산 휴대전화'가 없었기 때문이다. SH-100A는 무려 여섯 번을 시도한 끝에 손에 넣었다. 소유자는 나를 몇 달이나 만나면서도 내색하지 않았다. 눈치를 챈 내가 보여만 달라고 세 번이나 간청한 끝에 겨우 물건을 보았다. 그 뒤로 또 세 번 만나서 끈덕지게 조른 끝에 겨우 샀다. 마지막 만남은 보글보글 끓는 찌개와 술병을 앞에 놓고서였다. 값은 처음 출시 때보다 비쌌다.

■ SH-770

1.

삼성전자는 1994년 처음으로 유럽에 아날로그 폰 SH-310을 수출했다. 1995년에는 디지털 폰 SGH-100을 수출했다. 그러나 1998년 SGH-600을 수출하기까지 유럽 시장에서 아날로그 폰 3종과 디지털 폰 4종 판매 실적은 아주 낮았다. 판매가도 노키아나 모토로라보다 훨씬 쌌다. SGH-600은 달랐다. 간결하고 세련된 디자인에 작고 가벼웠다. 가격도 노키아나 모토로라보다 10% 비쌌다. 그런데도 잘 팔렸다. SGH-600 광고는 네 가지인

수집가의 철학

데, 처음 두 가지는 그저 그랬으나 판매가 늘어나자 세 번째부터는 세련된 커리어우먼을 내세운 고급 광고로 변신했다. 2000년에는 올림픽 후원 폰으로 유명세를 탔고, 2001년에는 낭떠러지에서 떨어져 급류에 휘말린 프랑스인이 물에 젖은 SGH-600으로 통화에 성공해 구조된 일로 더 널리 알려졌다. 그때부터 날개 돋친 듯이 팔려 940만 대를 팔았다. 순위 밖이던 삼성은 세계 4위로 올라섰다.

#2.

(날짜를 정확히 기억할 수 없지만) 1990년대 중반 비슷한 일이 우리나라에서도 일어났다. 동해안에서 서울로 돌아오던 차가 강원도 산속에서 골짜기로 굴렀다. 운전자는 죽을 지경에서 휴대전화 덕분에 구조되었다. 산속에서는 휴대전화가 필수 장비이고, 산이 많은 우리나라에서는 산속에서 잘 터지는 것이 제일 중요하다는 인식이 사람들에게 널리 각인되었다. 휴대전화가 너무 비싸서 쓰는 사람이 많지 않던 때인데, 그 사건 이후로 엄청나게 팔리기 시작했다.

1994년까지 삼성전자는 모토로라를 이길 수 없었다. 모토로라는 세계 1위 기업인 데다 한국 시장 점유율도 1위(1992년 63.3%)였다. 나머지 시장도 거의 유럽과 일본 기업 차지였으니 국산은 찾아보기 힘들었다. 모토로라가 만든 마이크로택 시리즈는 세계적인 히트작이었다. 국산은 모두 바bar 형인데 마이크로택은 세계 최초의 플립 형이었다. 삼성전자가 1993년 10월 심혈을 기울인 '고품질 휴대폰' SH-700을 내놓았지만 역부족이었다. SH-700은 200g 이하를 처음 달성(199g)했고 초소형(14.5cm)이었다. 게다가 더블 안테나를 써서 그 시절의 숙제이던 수신 불량도 해소했다. 삼성으로서는 기술 면에서 모토로라에 뒤질 것이 없는 제품이었다. 그러나 모토로라는 언제나 앞서 갔다. 한 가지 사례.

장례식장 영정 앞에서 절하던 사람의 전화기에서 느닷없이 경쾌한 음악 소리가 터져 나온다든가, 음악회 도중에 전화 벨소리가 크게 울려 연주하던 외국 가수가 화를 내고 퇴장했다든가 하는 일이 빈번해 사회적으로 문제가 되던 때, 국산 제품은 속수무책이었지만 모토로라는 재빨리 마이크로택 2800을 내놓았다. "쉿! 지금은 연주중…"이라는 헤드라인과 '작은 속삭임까지 선명하게 전해 줍니다'라는 부제가 달린 이 광고는 에티켓 모드(벨소리 진동 기능)를 탑재했다는 말이었다(마이크로택 2800은 95만원, SH-770은 공장도가 63만원, 소매가 70만원대였다)(283쪽 위 사진).

삼성전자 연대표에 한 획을 긋는 브랜드 마케팅 전략은 1994년 탄생했다. 아무리 잘 만들어도 회사 지명도에서 밀리자 삼성은 따로 브랜드를 만들었다. 제품은 SH-700을 거의 그대로 쓰되 모델명을 SH-770(283쪽 아래 사진)으로, 브랜드를 '삼성'에서 '애니콜'로 바꾸었다. 핵심 전략은 뛰어난 통화 품질. 여론조사에서 78%가 통화 품질을 지적했을 정도로 전화가 잘 안 걸리거나 통화가 자주 끊기던 시절이었다.

삼성은 그 점을 활용했다. 광고는 '한국 지형에 강하다 애

수집가의 철학

세계 1위 기업의 재빠른 대응

장례식장 영정 앞에서 경쾌한 음악 소리가 울리는 등 벨소리가 공해로 떠오르자
모토로라는 곧바로 진동 모드를 채택한 마이크로택 2800을 내놓았다.

폰박물관 전시품 ⓒ

똑같은 기계인데
'삼성' 브랜드를 단 SH-700
(맨 왼쪽)은 많이 팔리지 않았고
'애니콜' 브랜드를 단 SH-770
(왼쪽)은 판매 신화를 썼다.

니콜' 단 한 줄의 헤드라인으로 채웠다(아래 사진). 산이 많은 우리나라 지형을 감안해 만든, 언제 어디서나 잘 통하는(Anytime Anywhere Call) 전화기!

브랜드 전략은 대성공을 거두었다. 산 많은 지형을 감안해 만들었다는 점은 무섭게 소비자의 심리를 파고들었다. 애니콜을 1994년 11월에 출시했는데도 그 해 말 삼성전자는 10%대이던 국내 시장 점유율을 26%로 끌어올렸다. 1위 모토로라(54%)에 이은 2위. 1995년에는 40만대를 팔아 38%를 차지했다. 그리고 마침내 1996년 애니콜은 47%를 차지해 모토로라(25%)를 끌어내리고 1위로 올라섰다.

이것은 현대판 신화였다. 코카콜라와 펩시콜라의 예에서 보듯이 2위 기업이 1위 기업을 추월하기란 거의 불가능할 정도로 지난한 일이다. 하물며 무명 기업이 세계 1위를 추락시키고 그

(산이 많은) **한국 지형에 강하다!**
무박 산행이 유행할 정도로 등산객이 늘어나던 시절, 산속 조난자가 휴대전화 덕분에 구조된 사건이 생겼으니 강렬한 인상을 줄 수밖에 없는 헤드라인이다.

수집가의 철학

자리에 올라선 일이란 세계 마케팅 역사에 없었다. 세계 경영계가 경악했다. 세계 경영학자들은 이를 두고 '마케팅 신화' '애니콜 신화'라고 경탄했다. 얼마 안 되어 외국 제품들은 우리나라 시장에서 모두 국산품에 밀려나고 말았다.

일본의 휴대전화 1위 기업 이름이자 상표인 도코모DoCoMo(どこも)도 '어디에라도'라는 뜻이다. 현대전자는 브랜드를 (걸면 걸리는) 걸리버라고 했다. 초창기에 우리나라 휴대전화 소유자들이 가장 튜닝을 많이 한 부품은 안테나이다. 폰박물관에 따로 전시했지만, 군용 무전기처럼 잡아 빼서 길게 늘리는 안테나, 옆에 달린 스위치를 누르면 불쑥 튀어나오는 안테나, 접시형 안테나 등 가지가지(286쪽 사진)다. 모두 잘 걸리고 끊기지 않는 통화를 간절히 바라던 시대의 유물이다.

삼성전자가 마케팅 신화를 쓴 데에는 애니콜 전략 외에도 품질 경영을 지향한 이건희 회장과 이기태 사장의 소신도 중요한 몫을 했다. 가장 널리 회자되는 것이, 구미 사업장으로 임직원 2천여 명을 불러놓고 불량 휴대전화 15만대를 불태운 사건이다. 또한 이건희 회장이 IOC위원이 되고 나서 삼성 휴대전화를 올림픽 공식 후원 제품으로 만든 1998년 나가노 겨울 올림픽 때부터 삼성 휴대전화는 세계적 브랜드로 올라서는 가속 페달을 밟았다. (2017.12.5.)

"안테나를 튜닝하자!"

전화가 잘 안 걸리고 통화가 자주 끊기던 시절 소비자가 신경 쓴 것은 안테나였다.
위 왼쪽부터 시계 방향으로 '번호의 자부심이 다릅니다. 011' '수신 불량 지역에선
안테나가 저절로 쑥쑥' "본부! 본부! 꺾을 수 있어서 편해" "안테나의 지존은 접시"
'단추만 누르면 늘어난다'

수집가의 철학

통신에서 정보통신으로

1992년…… 최초 문자 메시지 수신 폰 TPU-901

1.

1992년 12월3일 영국에서 사상 최초로 발송된 문자 메시지(SMS)를 올바텔 사가 만든 TPU-901 포터블 폰이 수신했다. 발신인은 휴대전화로 메시지를 보내고 싶었지만 PC로 보낼 수밖에 없었다. 휴대전화 제조사들이 문자 메시지를 보낼 수 있도록 자판을 깐 휴대전화를 미처 만들지 못했기 때문이다. 문자 메시지 송신 기능이 있는 휴대전화는 1993년 11월10일이 되어서야 세상에 나왔다.

2.

1995년 9월16일 미국에서 사상 최초로 오늘날 스마트폰이라고 불리는 PDA폰이 나왔다. IBM이 만든 사이먼 퍼스널 커뮤니케이터였다. 기본적인 스마트폰 기능을 다 갖춘 사이먼은 그러나 얼마 쓰이지 못하고 사라졌다. 그렇게 혁신적인 단말기가 나올 것을 예상하지 못한 통신사들이 스마트폰의 기능을 구현할 통신 시설을 미처 갖추지 못했기 때문이다. 스마트폰에 맞는 통신 인프라가 갖춰진 뒤 두 번째 스마트폰이 나온 때는 1996년이었다.

통신 시설과 단말기의 기능이 서로 맞아야 하는 이동통신(mobile) 환경에서 #1은 통신이 단말기를 앞질러서, #2는 단말기

최초로 문자 메시지를 수신한 TPU-901

크리스마스 파티장 한구석 테이블 위에 놓인 전화기 액정에 문자가 떴다. '메리 크리스마스.' 1992년 12월2일이었다.

폰박물관 전시품 ©

가 통신을 앞질러서 생긴 일이다.

사람의 목소리를 그대로 보내는 아날로그와 달리 디지털은 모든 정보를 숫자로 바꾸기 때문에 목소리뿐만 아니라 부호화할 수 있는 것이면 무엇이든 무선으로 주고받을 수 있다. 디지털 시대가 되자 인류는 그 과정을 차례로 밟았다. 처음에는 문자(2세대), 그 다음에는 데이터와 정지 영상(2.5세대), 그 다음에는 동영상(3세대).

문자 메시지는 지금 보면 제일 기초적인 기능이고 쉬운 기술인 것 같지만, 디지털 시대를 구현한 첫 단계라는 점에서 의의가

288

수집가의 철학

크다. 문자 메시지는 우리가 사람의 목소리를 주고받는 것이 통신이라고 알던 개념을 완전히 뒤엎은 혁신이다. 문자 메시지를 보내게 됨으로써 우리는 소리 말고도 모든 데이터와 모든 영상을 통신으로 주고받을 수 있는 시대를 열었다. 그것은 기술 혁신에 그치지 않고 '통신'에서 '정보통신'으로 개념이 바뀌어버린 혁명이었다.

하지만 2세대 통신이 시작되고 나서 바로 문자 메시지를 보낼 수 있었던 것은 아니다. # 1에 나오는 TPU-901(**288쪽 사진**)은 첫 번째 디지털 GSM 폰이다. 책상 위에 놓기도 하고, 손잡이가 있어 들고 다니기도 한 2.1kg짜리 포터블폰인데, 최초로 문자 메시지를 받았지만 메시지를 보낼 수는 없었다. 같은 해 조금 늦게 나온 최초 디지털 GSM 휴대전화인 인터내셔널 3200은 SIM 카드를 꽂아 쓴 첫 번째 휴대전화였지만 문자 메시지는 보내지도 받지도 못했다. 다음 모델인 인터내셔널 3300은 문자를 받을 수는 있지만 보낼 수는 없었다. 노키아가 1993년 11월10일에 출시한 1011이 비로소 문자 메시지 기능을 온전히 사용할 수 있었다고 알려져 있다. 정식으로 SMS 기능이 있다고 발표된 휴대전화는 1994년 출시된 노키아 2110이었다.

우리나라도 사정이 비슷하다. 최초 디지털 CDMA 폰인 LG전자 LDP-200(1996.3.)과 삼성전자 SCH-100(1996.4.) 역시 단말기에 한글 문자판이 없다. 숫자와 쓸데없는 알파벳만 있다. 디지털만 쓰이게 된 1997년에 들어서도 사정은 마찬가지였다. 내가 수집한 단말기에만 근거해 말하자면(그보다 더 이른 것이 있는지 확실히 모르겠지만), LG는 1997년 말 SD-3900F부터, 삼성은

1998년 SCH-500, SPH-4019부터 휴대전화 버튼에 한글 자모가 새겨졌다.

　1992년 영국 세미그룹 텔레콤스 소속이던 소프트웨어 개발자 닐 팹워스는 보다폰 통신이 추진하던 문자 메시지 시스템 개발 프로젝트에 참여했다. 몇 달을 애쓴 끝에 12월2일 작업이 끝났다. 마침 그 때 그 일을 관장하던 보다폰의 기술 부문 간부 리처드 자비스는 근처에서 열린 크리스마스 파티에 참석하느라 자리를 비웠다. 보다폰 관계자는 팹워스에게 잘 되는지 시험할 겸 자비스에게 문자를 보내는 것이 어떻겠느냐고 제안했다. 그런데 그들이 가진 휴대전화에는 숫자판만 있을 뿐 문자판이 없었다. 생각 끝에 팹워스는 PC를 이용해 문자를 보냈다. 크리스마스 파티장에 가있는 사람에게　보내는 것이니 메시지는 '메리 크리스마스'가 좋겠다고 생각했다. 그 메시지는 파티장 옆 책상 위에 놓인 TPU-901의 액정에 떴다. 역사상 가장 기념될 만한 '메리 크리스마스'였다.

　20년이 흐른 뒤 팹워스는 한 인터뷰에서 자기가 문자 메시지를 보낸 일이 역사적 사건이 될 것이라고는 상상하지 못했다고 했다. 그렇다. 세상의 모든 발견과 발명은 당사자가 그 엄청난 미래를 예측한 적이 거의 없다. 더러워진 세균 배양 접시를 비우려다 페니실린을 발견한 알렉산더 플레밍도 생전에 자기가 한 뜻밖의 발견(serendipity)을 두고 이렇게 말했다. "그 날(1928년 9월 28일) 나는 내가 박테리아 킬러를 발견해 의학 혁명을 불러올지 전혀 몰랐다. 그러나 어쨌든 그것이 내가 한 일이었다." 역사에서

　　　　　　　　　　　　　　　수집가의 철학

창대한 결말의 시작은 언제나 미미했다. 그래서 우리는 전체를 꿰기 위해 통사通史를 읽지만, 창대한 결말만을 연결해 기록한 통사에서 그치면 자칫 미미함에서 창대함을 이끌어낸 미시사微視史를 놓칠 수 있다.

가령 통사라면 이런 정도 이상은 기록되지 않는다. '1928년 플레밍이 곰팡이에게서 우연히 페니실린을 발견했다. 이 항생제는 제2차 세계대전 때 여러 사람의 목숨을 구했다. 윈스턴 처칠도 그중 한 사람이다. 플레밍은 1945년 노벨 생리의학상을 받았다.' 우리가 아는 것도 이 정도다. 그러나 사실을 알고 보면 그렇게 단순하지 않다. 더 많은 시간과 더 많은 사건과 더 많은 희생이 따르지 않았다면 페니실린이 인류에게 기적을 안길 수 있었을까? 최재천 교수가 쓴 '자연과 문화' 칼럼을 보면 이런 의문이 들지 않을 수 없다.

'1942년 보스턴의 나이트클럽에서 큰불이 나 492명이 목숨을 잃었다. … 이 사건은 뜻하지 않게 의학 발전에 큰 획을 그었다. 생명이 위태로운 화상 환자들에게 획기적 의료 시술이 이루어졌다. 1928년 플레밍이 발견했지만 아직 실험 단계에 머무르던 페니실린을 과감하게 임상에 투입한 일은 아직까지도 의학계의 큰 혁신으로 꼽힌다. 제약회사 메르크가 간간이 효험이 검증되던 페니실린 배양액 32리터를 보내왔다. 곰팡이가 세균의 공격을 막아내기 위해 분비하는 항생물질을 추출해 대량으로 배양한 다음 세균에 감염된 환자들에게 본격적으로 투여한 최초의 사례다. 결과는 대단히 성공적이어서 제2차 세계대전 당시 모든 야전병원에 공급

되어 수천 병사를 무사히 집으로 데려오는 데 기여했다. …'

플레밍은 1935년에 푸른곰팡이(Penicillium notatum) 샘플을 런던의 세인트 메리 병원에 보냈다. 그러나 페니실린은 7년이 지나도록 쓰이지 못했다. 곰팡이에서 나온 물질을 감히 사람에게 시험하지 못한 탓이다. 보스턴 화재가 아니었다면 페니실린은 언제 쓰였을지 모른다. 화재가 난 덕분(?)에 '이판 새판인데 곰팡이라도 써보자' '어차피 죽을 환자라면 이 참에 임상 시험을 해보자'는 의도로 페니실린을 썼으리라.

휴대전화 역사에서 문자 메시지 구간에는 코코아넛 그로브 Cocoanut Grove 나이트클럽 화재 같은 사건이 없다. 그저 팹워스가 별 생각 없이 처음 문자를 보냈다는 기록뿐이다. 문자 메시지 기술은 TPU-901에서부터 모토로라의 인터내셔널 3300을 거쳐 노키아 1011, 2110에 이르기까지 어떤 과정과 사건을 거쳤을까? 누가 휴대전화를 통해 처음 문자 메시지를 주고받았고, 그것은 어떤 내용이었을까? 그리고 어떤 휴대전화를 썼을까? (2017.12.13.)

박물관에서 부활한 맥슨전자

1989년…… 유럽에 처음 수출한 아날로그 폰 EPC-509E

1995년…… 유럽에 처음 수출한 디지털 폰 MX-3000

2014년이던가? 어느 날 박물관에 뜻밖의 손님이 왔다. 절대로 혼자서는 박물관에 올 리 없는 50대 남자가 시골 산속에 있는 박물관을 찾았으니 진객珍客이었다. 그는 해설도 마다하고 제 1 전시실을 대충 둘러보더니, 제2 전시실의 PDA폰 앞에 가서야 걸음을 멈추었다. 거기서 그는 팔짱을 낀 채 상념에 잠겼다. 살며시 곁눈질해 보니 울고 있었다.

한참 지나 그가 입을 열었다. 진열장 안에 있는 UBIQ-2000과 UBIQ-2500, 자기가 그 둘을 만든 세스컴 사장이었다고 했다. 럭시안Luxian이라는 이름이 붙은 그 폰들은 2001년에 나온 Pocket PC 폰이다. 그 둘을 하나에 20억원씩 들여 개발했다가 '쫄딱 망했다'.

"만든 폰을 가지고 있지 않은가 보죠? 여기까지 보러 오신 걸 보니."

"그때는 보는 것도 괴로워서 재고품을 다 버렸지요. 세월이 지나니까 보고 싶고… 볼 거라곤 기대하지 않았는데… 이렇게 깨끗이 보존된 걸 보니 너무 고맙습니다. 인생을 걸고 한 일이 아무 흔적도 없이 사라졌다고 생각했는데, 이렇게 … 참 … 감개무량하네요."

그가 띄엄띄엄 하는 말을 들으며 나까지 짠했다. 사업에 인생과 돈을 올인했다가 실패한 사람의 심정이 오죽했겠으며, 10년이 지나 박물관에 전시된 것을 보는 심정은 또 얼마나 착잡하겠는가. 그의 말 한마디 한마디가 심금心琴을 울렸다.

이 땅에 명멸한 휴대전화 제조업체는 생각 외로 많다. 갖가지 사연을 품고 사라진 업체들—기가텔레콤 대우전자 맥슨전자 모닷텔 벨웨이브 브이케이 세원텔레콤 세진전자 스탠더드텔레콤 어필텔레콤 이론테크 코오롱 큐리텔 태광산업 한화정보통신 해태전자 현대전자 화승전자 KTFT SCD SK텔레텍 SK텔레텍 모바일미디어테 모바일컴피아 모바일테크놀러지 블루버드소프트 세스컴 셀빅 싸이버뱅크 제이텔 지메이트 컴뮤웍스 캐치로드 텔레트로닉스 팜네트 한빛IT…. 모두 한국 정보통신 토양에 밑거름이 된 피땀 어린 제품을 산업 유산으로 남기고 사라졌다.

그 가운데 가장 안타까운 것은 맥슨전자이다. 맥슨은 나이든 사람들이 기억하듯이 가정용 전화기로 유명했다. 삼성·현대·LG와 함께 퀄컴으로부터 들여온 부호분할다중접속(CDMA) 방식 원천 기술을 상용화하는 데 참여했을 정도로 기술이 뛰어났다. 그러던 맥슨은 경영난으로 세원텔레콤에 넘어간 뒤 세원이 중국 시장에서 무너지자 영영 잊히고 말았다.

우리나라 중소기업들은 삐삐를 만들고 외국 업체의 휴대전화를 조립하거나 부품을 납품하면서 기술력을 키웠다. 노키아의 아날로그 포터블 폰이나 휴대전화에 '한국에서 만들었다(manufactured in Korea)'는 표시가 흔하던 시절 무림에는 고수가 많았다. 그들은 너도나도 기회를 잡으려고 기술 개발에 열정을 쏟았다. 어필텔레콤이 가장 작은 전화기 APC-1000으로 화제를

수집가의 철학

모으고, 브이케이는 지갑에 쏙 들어가는 얇고(0.8mm) 가벼운 (53g) VK-X100을 삼성의 울트라 슬림 에디션보다 1년 먼저 내놓아 세계의 탄성을 자아냈다. 그러나 그 치열한 경쟁 속에서 기술력을 키운 중소기업들은 노다지를 찾아 중국으로 갔다가 2004년에 거의 다 쓰러졌다. 중국 업체들이 한국 기술을 베껴 휴대전화를 마구 찍어낸 바람에 CDMA폰 재고가 7천만대나 되었다고 한다. 그 와중에 세원텔레콤도 무너지고 맥슨도 잊혔다.

한국 휴대전화 수출사를 말할 때 맥슨전자는 가장 우뚝한 존재이다. 맥슨은 아날로그 휴대전화 수출에서 삼성보다 빨랐으며, 디지털 수출에서도 삼성을 앞섰다. 서유럽에 치중했던 삼성과 달리 동유럽에도 많이 팔았다. 삼성이 SGH-600을 히트시키기 전까지 유럽에서 가장 많이 팔린 한국산 휴대전화는 맥슨의 GSM 방식 MX-3204**(아래 사진)**였다.

폰박물관 전시품 ⓒ

싸고 예뻐서 인기 끈 맥슨 폰
1999년 유럽에 수출된 MX-3204. 보다폰 통신에 납품된 뒤로
모델명이 MN 1으로 바뀌었다.

놀라운 일은, 삼성전자가 모토로라의 다이나택 8000X를 뜯어보고 만든 휴대전화를 국내 시장에 처음 내놓은 1989년에 맥슨전자는 영국에 EPC-509E(아래 사진)를 수출했다는 점이다. 물론 영국이 그때 쓰던 통신 방식은 우리가 쓰던 미국의 AMPS 방식을 약간 개량한 ETACS여서 기술적으로 큰 어려움은 없었을 것이다. 그렇다고 한들 맥슨이 유럽 시장에 맞춘 독특한 디자인과 기술력으로 삼성보다 5년이나 먼저 유럽 시장을 개척한 일은 참으로 대단하다. 뒤늦게 유럽 시장을 노크한 삼성은 그나마 새 제품이 아니라 그들이 국내에서 4년 전에 팔았던 SH-300을 모델 이름만 SH-310으로 바꾸어 팔았으니, 맥슨의 기술과 마케팅

폰박물관 전시품 ⓒ

국산 아날로그 폰 수출 1호
1989년 영국에 수출된
맥슨전자 EPC-509E와
유럽 잡지에 실린 광고.

수집가의 철학

능력이 한층 돋보인다.

맥슨은 아날로그 폰을 꽤 여러 종 유럽에 수출했다. 삼성은 ETACS 방식으로만 세 가지(SH-310, SH-710, SH-810)를 영국에 수출했는데, ETACS는 영국 이탈리아 오스트리아 스페인에서만 쓰는 통신 방식이었다. 그러나 맥슨은 ETACS 외에 NMT 방식도 만들어 특히 동유럽에 많이 수출했다. 내가 모은 맥슨 아날로그 제품 일곱 가지 중에서 불가리아나 루마니아에서 사들인 것만도 1993년에 수출한 NMT 450MHz 포터블 폰인 Carry Phone(아래 사진)을 비롯해 네 가지나 된다.

디지털에서도 맥슨은 삼성을 두 달 앞섰다. 영국에서 발간된

폰박물관 전시품 ⓒ

동유럽에 수출된 맥슨전자
Carry Phone
1993년 수출한 NMT 방식
450MHz 포터블폰은 모델
넘버 없이 그냥 Carry
Phone이다.

〈What Mobile〉1995년 7월호와 9월호에 실린 'News Brief'에 따르면, 맥슨이 GSM 통신 방식인 MX-3000(아래 사진)을 1995년 7월에 수출했고, 삼성은 그보다 두 달 늦은 9월에 SGH-100을 수출했다. 고백하건대 나는 EPC-509E와 MX-3000을 '모르고' 샀다. 국내에는 휴대전화에 관한 책이 없고 인터넷에도 기록이 없으니 최초로 수출된 국산 폰임을 알 리 없었다. 그저 유럽에 수출한 한국 제품이 국제 경매에 나왔으니 무조건 사고 보았다. 2년쯤 지나서 유럽에서 발간된 모바일 잡지들(〈What Cellphone〉〈What Mobile〉〈Mobile Choice〉)을 구해 꼼꼼히 살펴보다가 비로소 내력을 알게 되었다. 내가 휴대전화 수출 역사에 관심을 갖고 무엇보다 우선으로 수출품을 모으게 된 계기였다.

폰박물관 전시품 ⓒ

국산 디지털 폰 수출 1호
1995년 7월 유럽에 수출된 맥슨전자 MX-3000과 잡지에 실린 광고.

수집가의 철학

맥슨의 EPC-509E는 단군 이래 최초로 선진국에 수출된 첨단 기술 제품이다. 그 수출을 계기로 삼아 우리나라는 5천년 역사에서 가장 중요한 국면 전환을 이루어냈다. 그때는 우리가 수천 년 농업 국가를 산업 국가로 바꾸어 가던 전환기였다. 후진국이던 우리가 외환위기를 극복하고 2010년 무렵 세계 10위권 산업 국가로 올라선 것은 정보통신(IT)이 급속히 발전한 덕분이다. IT 산업을 맨 앞에서 이끈 것이 휴대전화 수출인데, 그 열매는 선봉장 맥슨이 뿌린 씨앗에서 말미암았다.

우리나라에는 박물관이 칠백 군데가 넘지만, 그 중에 산업기술 박물관은 매우 희소하다. 세계 10위권 산업 국가로서 부끄러운 일이다. 내가 희망하는 대로 언젠가 우리나라에도 산업 기술 분야 문화재가 지정된다면, 맥슨전자가 한국 최초로 유럽에 수출한 아날로그 폰 EPC-509E와 디지털 폰 MX-3000은 당연히 국보로 지정되어야 할 것이다. 그래서 나는 폰박물관 주제관의 수출 코너에 다음과 같은 섹션을 마련하고 EPC-509E와 MX-3000을 전시했다. '대한민국 미래의 산업기술 문화유산 The Future of Korea's Industrial & Technology Heritage'. (2017.11.2.)

삼성에 고한다

1994년······ 삼성전자가 처음 수출한 아날로그 폰 SH-310

1995년······ 삼성전자가 처음 수출한 디지털 폰 SGH-100

1997년······ 한국 최초로 수출한 CDMA 폰 SCH-1000

"이럴 줄 알았으면 버리지 말고 둘 걸." "그때 사두었더라면 좋았을 걸…"

내가 어떤 휴대전화를 특정해 지금 와서 얼마나 귀하고 가치가 높아졌는지 알려줄 때마다 사람들 입에서 제일 많이 나오는 말이다. 아쉽겠지만 사물의 미래 가치를 당대 사람이 어떻게 알겠는가. 심지어 어떤 물건은 만든 사람이 애초 생각했던 쓰임새와 전혀 달리 쓰이기도 하니, 자기 발명품이 역사에 어떻게 이바지할지조차 예측할 수 없는 것이 사람의 일이다.

과학 저술가 스티븐 존슨에 따르면, 토머스 에디슨의 축음기는 음성 편지를 보내는 데 쓰일 것을 염두에 둔 발명품이었다. 에디슨은 축음기로 밀랍 두루마리에 사람의 말을 기록해서 우편물로 보내면 받은 사람이 재생해 음성 편지를 들을 수 있어서 편하겠다고 생각했다. 알렉산더 벨은 전화기를 발명할 때 에디슨과 반대로 생각했다. 오케스트라나 가수가 연주하는 소리를 전화로 멀리 보내어 상대방이 음악을 감상할 수 있게 하려고 했다. 에디슨은 전화기를 생각하며 축음기를 발명했고, 벨은 축음기를 생각하며 전화기를 발명한 셈이다.

위대한 발명가도 이럴진대 하물며 보통 사람이 자기가 만든

수집가의 철학

물건이 이다음에 어떤 가치를 지닐지 미리 알기는 불가능하다. 안광眼光이 지배紙背를 철徹할 눈으로 현재를 꿰뚫어(洞) 살펴야 (察) 뚫린 구멍을 통해 또 다른 세상의 미래가 보이는 것이니, 미래를 예측하려면 예언자적 통찰력洞察力이 있어야 한다. 그래서 예전에 삼성전자가 역사적 가치가 높은 제품을 '감히 몰라보고' 보관하지 못한 것은 탓할 일이 아니다.

그러나 지금껏 자기네가 역사적 가치가 높은 것을 만들 었는지조차 모르는 것은 다른 문제다. 그것은 큰 흠결이다. 2008~2009년 인터넷에 노키아가 공개했던 화면에는 페이지마다 열 몇 개씩 칸을 만들고, 칸 아래에는 그 칸에 들어가야 할 노키아 휴대전화 모델이 적혀 있었다. 자기네가 구한 것은 제품 사진과 스펙을 올리고, 못 구했으면 빈 칸으로 두었다. 당시 세계 1위이던 노키아가 박물관을 만들려고 노키아 전제품을 모을 때였다.

예전에는 휴대전화가 이렇게 세상을 바꿀 줄 몰랐고, 삼성전자가 세계 1위를 할 줄도 예상하지 못했다. 그러나 모토로라 14년, 노키아 14년에 이어 세 번째 패자覇者로서 세계 1위 자리에 6년째 군림하고 있는 지금, 삼성은 역사를 써왔고 역사를 써 갈 기업이다. 자사 제품에 어떤 것이 있었으며 그 가치가 어떤지 알아야 하고, 중요한 것들을 구해서 보존해야 한다. 모바일 월드 콩그레스(MWC)에서 '역사' 코너를 만들고도 세계 최초 CDMA 폰 1호 수출품(SCH-1000) 등 정작 중요한 것들은 없이 기껏 12개밖에 전시하지 못한 것을 부끄러워해야 한다('수집가의 안목이 역사가 된다' 중 89쪽 참조).

폰박물관 전시품 ⓒ

**삼성전자가 처음 수출한
디지털 폰 광고**

SGH-100 광고는 두 가지나
되는데도 지금 삼성은
SGH-100을 자기네가
만들었는지 모른다.

제품 목록이 없거나 내용이 틀린 것도 반성해야 한다. 내가
휴대전화를 모을 때 부딪힌 제일 큰 난관은 제조업체 홈페이지
에 제품 목록이 없다는 점이었다. 휴대전화 판매점을 했던 사람
과 벼룩시장 상인의 기억을 되살려 만든 리스트를 가지고 수집
했으니 기막힐 노릇이다. 오래 전 내가 삼성전자 수출 폰을 검색
할 때, 인터넷에서 가까스로 찾아낸 자료에는 유럽에 처음 수출
한 GSM 디지털 폰이 SGH-200으로 나와 있었다. 왜 SGH-100
이 아니고 SGH-200부터인지 궁금했지만 100은커녕 200의 사진
조차 찾기가 어렵다 보니 SGH-100에 대한 생각은 흐지부지 사
라졌다. 물론 삼성에는 SGH-200도 보관되어 있지 않다.

몇 년 뒤 나는 영국 옛날 잡지 〈What Mobile〉을 뒤지다가 뜻

수집가의 철학

밖의 보물을 발견했다. 삼성이 낸 SGH-100 광고(**302쪽 사진**)였다. 앞서 발행된 책들을 더 뒤지니 디자인이 다른 광고가 또 있었다. 1995년 9월호에서는 SGH-100이 처음 수입되었다는 'News Brief' 기사를 찾아냈다. 삼성은 자기네가 만든 줄도 모르는데 판매 광고라니! 그때부터 몇 년을 나는 오로지 SGH-100(**아래쪽 사진**) 구하는 일에 빠져 지냈다. 그리고 마침내 구했다. 물론 SGH-200도 구했다.

폰박물관 전시품 ⓒ

덴마크에서 만든 삼성전자 SGH-100
삼성이 유럽에 처음 수출한 디지털 폰에는 'Made in Denmark'라고 적혀 있다
(원 안 사진 맨 아래 글자).

어떤 물건을 경매에서 따낸다 하더라도 그것이 내 손에 온전히 들어온다는 보장은 없다. 판매자가 취소할 수도 있고, 운송 과정에서 분실되는 경우도 있다. 파손되기도 하고, 액세서리나 부품이 빠진 채 오기도 한다. 사진으로 보았을 때보다 훨씬 낡고 더러운 것이 오는 일도 있다. SGH-100이 도착할 때까지 열흘 남짓은 피를 말리는 나날이었다.

SGH-100을 받은 날, 배터리 겸용 뒷뚜껑을 열어 보고 나는 잠시 어리둥절했다. 거기에는 덴마크에서 만들었다(Made in Denmark)고 쓰여 있었다. 어떤 의미일까. 장거리 운송을 피하려고 조립을 맡겼는지, GSM 기술이 완벽하지 않아 그쪽 신세를 졌는지, 무명 기업이어서 소비자를 안심시키려고 그랬는지. 설사 좀 창피한 이유였다 해도 그런 과정을 거쳐 1위가 되었다는 점이 자랑은 될지언정 약점은 아니었다. 어쨌든 SGH-100은 내 손에 들어왔다. 만지면 사랑스럽고, 생각하면 뿌듯했다. 그런데 그것은 끝이 아니라 시작이었다. 그 뒤로 나는 삼성 LG 현대가 수출한 폰들을 모으는 일에 6~7년을 바쳤다.

SGH-100에 이은 대박은 미국 쪽에서 터졌다. 한국 휴대전화 역사에서 CDMA를 상용화한 일은 첫머리에 놓아야 할 정도로 중요한 사건이다. 삼성은 CDMA 폰을 국내 시장에 LG보다 한 달쯤 늦게 내놓아 최초로 만들었다는 영예를 놓쳤다. 그러나 수출에서는 누구보다 먼저 CDMA 폰을 미국에 수출해 시장을 선점했다. 그 첫 수출품이 1997년 스프린트 통신을 통해 출시한 PCS폰 SCH-1000(**305쪽 사진**)이다. 그 폰을 구했다.

2014년 10월 부산에서 국제전기통신연합(ITU) 전권회의와

수집가의 철학

'5G Global summit'이 열렸다. 정보통신기술(ICT) 올림픽이라고 불릴 만큼 큰 행사였다. 대회 두 달 전쯤 미래창조과학부 직원 5명이 전시물을 빌리겠다며 찾아왔다. 그들은 박물관을 다 둘러본 뒤 만족한 웃음을 지었다. 그러더니 나와 마주앉자 먼저 사과할 것이 있다고 했다.

폰박물관 전시품 ⓒ

CDMA 디지털 폰 수출 1호

삼성전자는 SCH-1000을 1997년 미국에 출시했다. 역사 가치가 높은 이 폰을 전시한 곳은 폰박물관뿐이다.

삼성전자 아날로그 폰 수출 1호

1994년 유럽에 수출된 SH-310은 삼성에 매우 중요한 유물인데도 폰박물관에만
전시되어 있다.

"오는 길에 예정에 없던 에스아이엠(SIM : 삼성 이노베이션 뮤
지엄)에 들르느라 약속에 늦었습니다. 사실은 폰박물관 전시물
이 마땅치 않으면 거기로 가려고요. 산속에 있는 작은 사립 박
물관이라 못미더워서 그랬습니다. 솔직히 사과드립니다."

"아직 가보지 못했는데, 에스아이엠은 어떻든가요?"

"거기 전시물은 폰박물관과 게임이 안 됩니다."

만약 이것이 내가 꾸민 글이고 명예 훼손이라고 삼성측이 항
의한다면 나는 그때 그들을 증인으로 세울 수 있다. 그 분들 명
함은 다 보관하고 있다. 아무튼 나는 궁금증을 못 이겨 SIM을

수집가의 철학

찾아갔다. 미리 들은 말이 있는데도 실망이 컸다. 전시한 휴대전화가 적고, 설명 틀린 것이 여럿 있었다. 무엇보다 꼭 있어야 하는 폰들이 없어서 맥이 빠졌다.

워낙 귀한 물건인 경우 수집가는 하나를 구하고 나서도 또 하나를 보면 당장 필요가 없어도 산다. 수집가의 공통된 욕심이다. 나도 삼성 수출품 중 그렇게 구한 것들이 있다. 가령 삼성이 유럽에 처음 수출한 아날로그 폰 SH-310(306쪽 사진)이 그런 경우이다. 필요하다고 하면 기증할 수도 있다고 생각했는데 SIM을 다녀오고는 그런 마음이 사라졌다. 삼성에 고한다. 그대는 이제 국내 시장에 의존하는 기업이 아니고 글로벌 1위 기업이다. 언제까지나 국내 판매용 폰들만 전시하려는가. 이제는 제발 그대의 현재를 말해줄 역사에 관심을 가지시게. (2017.11.3.)

6장

휴대전화
하나에
다 담았다

융합을 시작하다, 휴대전화+컴퓨터

1994년…… 최초 스마트폰 사이먼 퍼스널 커뮤니케이터

1996년…… CPU · 쿼티 자판 탑재 노키아 9000

2000년…… 범용 운영체제(OS) 탑재 R380

미래학자만이 아니라 생태학자와 경제학자도 인류의 미래를 두고 의견이 갈린다. 1981년에는 둘 사이에 1천 달러 내기가 벌어진 적이 있다. 인구 증가로 자원이 고갈되리라는 비관론과 시장경제가 수요에 부응해 끊임없이 대체품을 찾아내리라는 낙관론의 대결. 광물 가격의 10년 뒤를 예측한 이 내기에서 경제학자가 이겼다. 그것이 다수 학자의 견해를 대변한 것은 아니지만, 어쨌든 미래를 내다보는 일에서 학자(생태학자)의 예측이 종교인(경제학자)의 예언을 대체한 것은 바람직해 보인다. 서기 2000년은 최후의 심판이나 휴거 없이 잘 지나갔으니까.

미래를 예측한 사람은 또 있다. 공상과학소설(SF) 작가들이다. 지금까지 나온 SF들의 내용은 거의가 실현되었거나 실현을 눈앞에 두고 있다. 그들만이 미래를 정확하게 예측했다. 만화에서도 그렇다. 1959년에 나온 〈라이파이〉는 한국 최초 SF만화이다. 세계를 무대로 삼은 정의의 기사 이야기. 인기몰이를 한 그 대하大河 만화를 나는 제1부 제1권부터 보았다는 자부심을 가지고 있다. 그래서 그렇게 멋있는 라이파이가 제일 첫 권에서는 촌스럽고 꾀죄했음을 아는 이가 많지 않다는 것도 만화 얘기가 나올 때면 내가 늘 우려먹는 대목이다.

수집가의 철학

태백산 어느 봉우리, 바위 문이 열리면서 날렵한 비행체가 튀어나온다. 순식간에 목적지로 날아간 제비호에서 라이파이는 끄트머리가 타원형 추로 된 밧줄을 한손으로 잡고 점프 하강해 지상의 악당들에게 돌진한다. 윤박사가 제비호를 비롯해 최신 무기를 만들어 주는데, 백미는 허리에 차는 무선호출기 모양 연락기이다. 라이파이가 버튼을 조작하면 제비호가 광속光速으로 수천 km를 날아와 밧줄을 내려준다. 영화 007시리즈가 나오기 훨씬 전에 같은 콘셉트로 이런 만화가 나온 것은 참으로 놀랍다. 라이파이는 슈퍼맨처럼 비현실적인 초능력이 아니라 작은 기기를 조작해 문제를 해결한다. 라이파이의 웨어러블 만능 기기. 그것은 모든 디지털 기기들을 원격 조종하는 오늘날의 스마트폰 같은 존재이다.

스마트폰은 휴대전화와 컴퓨터가 만나 탄생했다. 최초의 전자계산기 에니악은 30t. 집채만큼 컸다. 그것이 책상 위(desk-top) 개인용 컴퓨터로 작아지고, 다시 손바닥 위(palm-top) 휴대 컴퓨터로 변신했다. 1984년 영국 사이언이 만든 오가나이저 II이다. 1993년에는 애플이 뉴턴이라는 휴대용 컴퓨터를 만들고 PDA(Personal Digital Assistant)라고 불렀다. 디지털 비서라고 할 PDA에 안테나를 단 것, 즉 휴대 컴퓨터와 휴대전화를 합친 것이 PDA폰이고, 스마트폰의 원래 명칭이다.

최초 PDA폰은 1994년 IBM이 만든 사이먼 퍼스널 커뮤니케이터Simon Personal Communicator이다. 사이먼은 그러나 시대를 잘못 만난 천재였다. 데이터 전송 네트워크와 웹 브라우저 같은 정보통신 인프라를 아직 갖추지 못한 세상에서 사상 최초의 스마트

스마트폰이 걸어온 발자취

휴대용 컴퓨터(Organiser II)→ 휴대용 컴퓨터에 'PDA' 명칭(Newton)→
'PDA+Phone'(Simon)→ '386 CPU+쿼티 자판' PDA폰(노키아 9000)→
'범용 OS' PDA폰(R380 스마트폰)

시대를 잘못 만난 불운한 천재 사이먼Simon

1994년 9월 휴대용 컴퓨터(PDA)와
휴대전화(Phone)를 결합한 PDA폰이 나왔으나
이런 혁신적 제품이 나올 것에 대비하지 못한
통신쪽 사정으로 얼마 못가 사라졌다.

수집가의 철학

폰은 자기 능력을 펼쳐 보일 기회를 갖지 못한 채 1년여 만에 자취를 감추고 말았다.

1996년 노키아가 두 번째 PDA폰인 9000 커뮤니케이터를 만들었다. 처음으로 쿼티 자판을 얹고 인텔 386 중앙처리장치(CPU)를 탑재한 노키아 9000은 유럽에 PDA폰 사용을 확산했다. 2000년이 되자 에릭손이 심비안Symbian이라는 범용汎用 OS를 탑재한 R 380을 내놓고 스마트폰이라는 별명을 붙였다. 비로소 스마트폰다운 스마트폰이 탄생했다.

2009년에 나는 오가나이저 II · 뉴턴 · 사이먼 · 노키아 9000 · R 380을 한 군데 모아 전시하기로 마음먹었다. 전세계를 통틀어 사이먼 하나를 전시한 곳조차 없을 때였다. 다섯 가지 유물 7개를 모으는 데 5년이 걸려(오가나이저 II, 노키아 9000, R 380은 열린 상태도 보여주려고 2개씩 구했다) 2013년 마침내 '스마트폰의 발자취'(**312쪽 위 사진**)를 전시했다. 이듬해 10월이 되어서야 영국의 런던 사이언스 뮤지엄이 통신관을 새로 열면서 사이먼을 전시했고, 그 1년 뒤 삼성 이노베이션 뮤지엄(SIM)이 전시했다. 지금도 사이먼은 전세계에서 세 곳만이 전시하고 있다.

■ 사이먼 퍼스널 커뮤니케이터
최초 터치스크린, 최초 쿼티 자판 사용, 최초 스마트폰 기능

통신 역사에서 가장 중요한 시조始祖 2개는 모두 벽돌이다. 최초 휴대전화의 프로토 타입은 흰 벽돌(White Brick)이고 최초 스마트폰인 사이먼(**312쪽 아래 사진**)은 검은 벽돌(Black Brick)이다. 사실 화이트 브릭은 몸집이 워낙 커서 그렇게 불렸을 뿐 모양은 벽돌과 달랐다. 그러나 사이먼은 모서리가 직각을 이룬 20×6.4×3.8cm 직육면체여서 무게(510g)만 벽돌보다 가벼울 뿐 모양과 크기는 아주 흡사하다. 안테나가 살짝 달린 벽돌.

1992년 11월23일 라스베이거스 컴퓨터 전시회(COMDEX)에서 IBM이 선보인 검은 벽돌은 모양부터가 특이했다. 시커먼 벽돌 전면에는 키패드나 버튼 없이 4.6인치 터치스크린만 있었다. 전원을 켜면 흑백 아이콘·배경 패턴·네모꼴 상자 들이 화면에 떴다. 15년 뒤 애플의 아이폰이 흉내 낸 인터페이스이다. 또한 호출과 통화 외에 주소록·세계 시각·계산기·메모·e-mail·팩스 기능을 갖추었다. 뿐만 아니라 컴퓨터 자판과 알파벳 배열이 같은 쿼티 자판이 스크린에 뜨고, 문자 자동완성 기능도 있는 최첨단 기기였다. 판매를 맡은 벨사우스 통신사가 선전한 대로 이동 사무실(mobile office)과 다름없었다.

그러나 시장의 반응은 달랐다. 사이먼은 1994년 8월16일부터 1995년 2월까지 겨우 5만대 팔렸다. 가격도 2년 약정 899달러(약정 없이는 1,099 달러)에서 599달러로 떨어졌다. 정보통신 인프라가 구축되기 전에 나온 탓이 크지만, 휴대전화도 널리 보급되기 전이었으니 스마트폰 시장이 형성되기에는 일렀다. 게다가 사이먼은 아날로그 휴대전화처럼 크고 무거우면서 배터리 용량까지 적었다(1시간 통화, 8시간 대기).

이동통신은 세대(G)로 구분된다. 2세대는 데이터 전송 속도가 14.4~153.6 킬로비트(kbps)이다. 영화를 내려받을 수 있었다고 가정한다면 2세대는 영화 한 편을 12시간에 내려받았다. 3세대는 2.4~14.4 메가비트(Mbps)이니 영화를 8~45분에 내려받

수집가의 철학

는 속도였다. 4세대(LTE)는 75∼300메가비트, 22초∼1분30초에 내려받는다. 곧 상용화할 5세대는 어떨까? 20기가비트Gbps 속도로 영화 한 편을 1초 이내에 다운로드할 것이다. 이처럼 속도가 빨라지는 것은 전파의 쓰임새가 통신 영역을 초월하기 때문이다. 디지털 기기를 스마트폰이 컨트롤하는 디지털 컨버전스 세상에서는 통신에서 '지연 시간'을 줄여 발신과 수신 양쪽이 실시간(real time)에 가깝게 전파를 주고받는 것이 관건이다. 예를 들자면, 자율주행차가 장애물을 인지하고 급정거하도록 지시하기(통신)까지 걸리는 시간(지연 시간)이 길수록 사고가 날 확률이 높다.

스마트폰이 사물을 통제하는 시대. 25년 전 우리에게 이처럼 놀라운 세상으로 가는 문을 처음 열어 준 것은 1메가바이트 메모리와 16비트 CPU에 불과한 검은 벽돌이었다. 또한 휴대전화와 컴퓨터가 융합된 이 벽돌폰은 휴대전화와 다른 분야의 융합, 즉 모바일 컨버전스 시초로서 오늘날 디지털 컨버전스를 이루는 첫 단계였다.

■ 노키아 9000 커뮤니케이터
최초 쿼티 자판, 최초 인텔 386 CPU

PDA폰이 널리 쓰이게 된 것은 1996년 8월에 나온 노키아 9000부터이다. 인텔 386 중앙처리장치와 시스템 플랫폼 지오스Geos를 탑재한 데다 통신사들이 사이먼 충격 이후 인프라를 늘린 덕분에 인터넷에 접속하게 된 것은 노키아 9000의 최대 강점이었다. 길쭉한 세로형 폴더 폰의 덮개를 열면 가로형 컴퓨터로 변신! 덮개 안쪽은 LCD 스크린이고 본체는 PC 자판과 배열이

'주머니 속의 사무실' 노키아 9000

PDA폰 기능을 쓸 통신 기반이 갖추어진 1996년 쿼티 자판과 인텔 386 CPU를 탑재한 노키아 9000이 나왔다.

같은 쿼티 자판이다. 직장인들은 밖에서도 노키아 9000(위 사진) 과 사무실 데이터 네트워크를 연결해 업무를 보게 되었다. 노키 아가 내세운 콘셉트 또한 '주머니 속의 사무실'. 전화 통화를 하 면서 그와 연관된 다른 기능을 사용하게 한 스피커폰 기능과 영 화 〈세인트〉에서 변신의 귀재 발 킬머가 노키아 9000을 들고 나 온 것도 확산에 한몫을 했다.

뜻밖의 사실 하나. LG전자도 1996년 GPA-1000N 멀티X를 국내 시장에 내놓았다. 생소하게 통신형 PDA라고 광고했는데, 통화·데이터 통신·인터넷·전자수첩·메모·계산·단축 다이얼· 호출·팩스 기능을 갖추고, 대형 스크린에 한글 자판을 띄워 스 타일러스 펜으로 찍어 쓰니 영락없는 PDA폰이다. 노키아 9000

수집가의 철학

과 같은 해 같은 달(8월)에 나왔으니, 널리 알려지지 않았을 뿐 노키아 9000과 어깨를 나란히 하는 세계 두 번째 스마트폰이다.

■ 에릭손 R 380 스마트폰

최초 범용 OS 탑재, 최초 스마트폰 명칭 사용(305쪽 위 사진)

에릭손은 1997년 GS-88 페넬로페를 내놓았다. 터치스크린에 쿼티 자판을 띄워 스타일러스 펜으로 쓰는데, 디자인은 노키아 9000을 닮았다. e-mail, 문자 메시지, 세계 시각, 웹 브라우저, 스피커폰, 통합 모뎀, 적외선 포트 기능에 16비트 GEOS 오퍼레이팅 시스템을 갖추었다. R 380을 내놓기 3년 전 일이다.

에릭손은 GS-88을 약 200개 만들었는데, 출시하지 않고 대부분 폐기했다. 너무 무거운 데다 배터리 불량이 심각했기 때문으로 알려졌다. 경영진은 예전에 자기 회사에서 일했던 토르 비외른 민데를 다시 불러들여 GS-88을 개선하게 했다. 그는 GS-88을 아주 작고 가볍게 개조하고 심비안 OS를 탑재해 3년 뒤 R 380(318쪽 위 사진)을 내놓았다. 에릭손이 GS-88을 만들었을 때 제품 포장 상자에는 'smart phone'이라는 일반명사 두 단어가 씌어 있었다. 2000년 R 380은 'Smartphone'이라는 고유명사 한 단어를 달고 시장에 나왔다. 이때부터 스마트폰이라는 말이 쓰였다(공교롭게 이번에도 LG전자는 R 380이 나오기 전인 1999년에 내놓은 PDA폰 LGi-2100에 스마트 폰이라는 이름을 붙였다)(318쪽 아래 사진).

스마트폰은 OS(운영체제)가 똑똑한 폰이라는 뜻이다. OS란 사용자가 컴퓨터 하드웨어와 응용 프로그램(app)을 쉽게 동작시

폰박물관 전시품 ⓒ

진정한 스마트폰 R380

2000년 에릭손이 여러 가지 응용
프로그램(app)을 쓰게끔 범용
OS를 갖춘 PDA폰을 내놓으며
'스마트폰'이라는 이름을 붙였다.

폰박물관 전시품 ⓒ

'스마트폰' 명칭은 LG 폰이 세계 최초

R380 스마트폰보다 1년 앞선
1999년 LG전자는 LGi-2100에
스마트폰이라는 이름을 붙였다.

수집가의 철학

키도록 돕는 시스템인데, R 380이 탑재한 심비안은 범용汎用 OS여서 여러 가지 응용 프로그램을 내려받아 쓸 수 있었다. 그러자 멍청한 폰(dumb phone)이라는 상대 개념이 생기면서 그때까지 써온 휴대전화를 피처폰이라고 불렀다. 특화特化(feature)한 전용專用 OS에 맞추어 개발된 앱만 쓸 수 있다는 뜻이다.

윈도모바일·iOS·안드로이드처럼 수많은 앱을 내려받아 쓰거나 삭제할 수 있는 범용 OS를 탑재한 덕분에 오늘날의 스마트폰은 모든 디지털 기기를 원격 조종하며 컨트롤 타워 노릇을 한다. 그것을 '똑똑하다'고 표현하는 것은 그 위상에 걸맞지 않다. 한국 기업이 현재의 스마트폰을 뛰어넘는 새 모델에 디지털 컨버전스 주역이라는 존재감에 어울리는 이름을 새로 지어서 5G 시대를 선도하면 좋겠다.

2003년 경매 시장에서 처음 풀박스 사이먼을 보았을 때 내 심장은 그대로 멎을 것 같았다. 잠시 후 가격을 보았을 때는 숨이 목에 턱 걸렸다. 일단 물건을 잡아놓고 급히 은행을 찾았다. 그렇게 해서 꿈에도 그리던 사이먼을 샀다. 당장은 돈 걱정보다 그것을 손에 넣었다는 사실이 나를 들뜨게 했다.

사이먼을 받기까지 몇 주일은 1초가 3년인 양 마음을 졸였고, 받아든 날부터 또 몇 주일은 구름 위에 올라앉은 듯 몽롱했다. 세월이 지났는데도 여전히 그 느낌인 것은, 그때나 지금이나 사이먼을 구하기가 하늘의 별따기인 까닭이다. R 380도 구하기 쉽지 않다. 출시한 지 얼마 안 되어 후속 모델 R 380S가 나온 바람에 팔린 개수가 워낙 적다. 하지만 사이먼에 비할 바는 아니다. 노키아 9000도 그렇다. (2017.12.20.)

e메일 중독자를 쏟아낸 블랙베리

1996년 …… e-mail 송수신기 BlackBerry 850

1996년 장차 미국인을 e메일 중독자로 만들 통신기기가 탄생했다. 캐나다의 리서치 인 모션(RIM)이 개발한 블랙베리 BlackBerry 최초 모델 850**(321쪽 사진)**이었다. 무선호출기처럼 생긴 블랙베리 850은, 앞면에 쿼티 자판을 얹은 e메일 송수신기이다. 블랙베리 상표는 나중에 회사 이름을 대체할 정도로 유명해졌다. 버락 오바마가 미국 대통령이 되어서도 블랙베리로 지인들과 e 메일을 주고받았음은 잘 알려진 사실이다. 우리나라가 문자 메시지 일색인 데 비해 미국이 e 메일을 선호하는 것은 블랙베리 850에서 비롯되었다.

최초 PDA폰 사이먼이 탄생한 때가 1994년이지만, 통신 기반시설이 미비해 곧 사라지고 말았다. CPU를 장착한 노키아 9000이 나온 때는 1996년이지만 유럽에서만 조금씩 알려지고 있었다. 아직 무선호출기를 많이 쓰던 당시에 그것 못지않게 작고 가벼운 기기로 e메일을 주고받는다는 것은 참신하고 혁신적인 발상이었다.

RIM의 타깃은 직장인이었다. 그 무렵 미국과 캐나다 직장인들은 업무의 대부분을 e메일로 처리했다. 그러다 보니 PC에서 멀리 떨어지면 자기에게 어떤 메일이 왔는지 확인해야 한다는 강박관념에 시달렸다. RIM은 이 점을 파고들었다. 그들이 개발한 e메일 자동 수신 장치는 메일이 오면 자동으로 그 사실을 알

수집가의 철학

폰박물관 전시품 ⓒ

북미 대륙 주름잡은 블랙베리 첫 주자

아직 무선호출기가 쓰이던 1996년 데뷔한 블랙베리 850은 e메일과 WAP 기능으로
미국과 캐나다를 석권했다.

려주었다. 블랙베리를 휴대하면 회사에 자주 전화를 걸어 메일
이 왔는지 확인할 필요가 없었다. 2000년 에릭손이 범용 OS를
갖춘 스마트폰 R380을 내놓자 여러 제조사가 스마트폰을 대중
화하는 일에 뛰어들었지만, RIM은 아랑곳하지 않고 e메일 기능
을 개선하는 데만 몰두했다.

2001년 미국에서 9·11 테러가 벌어지자 미국 행정부는 블
랙베리를 비상연락용으로 지정했다. 무선 인터넷을 사용하므로
대규모 정전 같은 비상 상황에서 상호 연락이 가능한 유일한 수
단이었기 때문이다. 과연 2003년 엄청난 정전 사태로 유선 인터
넷이 다운되고 나라가 마비되다시피 했을 때 블랙베리만이 정상

으로 작동되었다. 블랙베리 판매가 100만 대를 돌파했고, 갈수록 기하급수로 늘어났다.

때와 장소를 가리지 않고 e메일을 하는 블랙베리 중독자가 많아지자 블랙베리에 크랙베리라는 별명이 붙었다. 크랙crack은 코카인을 말한다. 한국에 엄지족이 있듯 미국과 캐나다에서도 블랙베리 엄지족이 생겼다. 블랙베리 엄지(BlackBerry thumb)라는 직업병이 생기니까 엄지와 손목을 마사지해 주는 휴식처인 블랙베리 밤BlackBerry balm까지 생겨났다. 초창기 작은 무선호출기 모양은 곧 엄지족을 위한 블랙베리 특유의 판대기 모양으로 바뀌었다. 2003년에는 블랙베리 OS를 탑재한 블랙베리 스마트폰 6210(**323쪽 위 사진**)이 탄생했다.

블랙베리가 북미 대륙을 휩쓸자 삼성전자가 2007년 i607 '블랙 잭' 스마트폰(국내용은 SCH-M620 울트라 메시징) (**323쪽 아래 사진**)을 만들었다. 판대기 위쪽 절반은 액정, 아래 절반의 글자 버튼은 스트로베리 열매가 주렁주렁 달린 것 같은 디자인. 블랙베리를 빼닮았다. 당시 2세 수업을 받던 이재용씨가 의욕을 보인 폰이어서 세간에는 JY폰으로 알려졌다. 하지만 '원조'를 이기기는 힘든 법. 삼성전자가 새로 나온 아이폰에 대항하느라 옴니아에 올인한 사이 블랙잭은 슬그머니 사라졌다. 아이폰 등장은 블랙베리에도 치명적이었다. 스마트폰이 터치스크린 시대로 빠르게 재편되면서 주렁주렁 글자 버튼으로 한 시대를 풍미했던 블랙베리는 가파른 내리막길을 걷고 말았다. (2017.9.13.)

수집가의 철학

첫 번째 블랙베리 스마트폰

e메일 기능에만 몰두했던 RIM은
2003년 블랙베리 OS를 탑재한
6210으로 스마트폰 시장에
뛰어들었다.

원조元祖에 밀리고, 아이폰에 차이고

2007년 삼성전자가 블랙베리를 본떠
만든 블랙잭은 눈길 끌 겨를도 없이
아이폰 돌풍에 휩쓸렸다.

'듀얼'도 혁신에 한몫 했다

1996년······ 최초 듀얼 밴드 폰 Dual-Com 738

2000년······ 최초 듀얼 SIM 폰 TWIN DS

2011년······ 최초 듀얼 카메라폰 Optimus 3D

바야흐로 듀얼 카메라 폰 시대이다. 예전에는 휴대전화 앞면에 일반 카메라, 뒷면에 셀카용 카메라가 있는 것을 듀얼 카메라라고 했다. 그러나 2011년 2월 LG전자가 세계 최초로 듀얼 카메라를 장착한 옵티머스 3D 폰(325쪽 사진)을 내놓으면서 듀얼 카메라의 개념이 바뀌었다. 지금은 카메라 하나에 렌즈가 둘(One camera, Two separate lenses), 즉 듀얼 렌즈를 가리킨다. 렌즈가 둘이면 빛을 더 많이 받아들이므로 어두워도 선명한 사진을 얻을 수 있고 입체감이 난다. 거기에 더해 렌즈를 조합하는 데 따라 기능과 효과가 확 달라진다.

옵티머스 3D 듀얼 카메라 폰은 일반 렌즈 2개를 한 카메라에 넣어 3D 효과를 구현했다. 아이폰 7 Plus나 최근(2017년 9월) 갤럭시 노트 8 뒷면에 장착된 듀얼 카메라의 렌즈는 광각 렌즈와 망원 렌즈이다. 광각 렌즈로는 피사체를 찍고 망원 렌즈로는 먼 배경을 찍어 두 가지를 합침으로써 더 좋은 사진을 얻을 수 있다. 갤럭시 노트 8과 비슷한 시기에 나온 LG전자의 V 30에 장착된 듀얼 카메라는 광각 렌즈와 일반 렌즈이다. 상황에 따라 일반 렌즈와 광각 렌즈를 바꾸어 가며 쓸 수 있다. 화웨이가 만든 P 10은 한 렌즈로 색상을 감지하고 다른 렌즈로 명암을 감지하므

수집가의 철학

첫 듀얼 카메라폰 옵티머스 3D
2011년에 나온 이 스마트폰은 카메라
하나에 일반 렌즈 2개로 3D 효과를
구현했다.

로 화질이 섬세하다.

'듀얼'이 휴대전화에서 혁신을 이룬 것은 카메라가 처음이 아
니다. 1996년 보쉬가 만든 듀얼 밴드 휴대전화는 통신의 범위를
엄청나게 확장했다. 무선 통화는 밴드band, 즉 전파의 주파수대
역周波數帶域이 서로 맞아야 이루어진다. 밴드가 다르다는 것은,
지름이 다른 파이프를 서로 연결할 수 없다는 말과 같다. 그런데
어떻게 예전에 주파수대역이 800 MHz(메가헤르츠)인 SK텔레콤
과 1800 MHz인 KTF 간에, 즉 011과 016 사이에 통화가 되었을
까? 바로 보쉬가 개발한 듀얼 밴드 덕분이다.

1996년까지 유럽에서는 싱글 밴드 휴대전화밖에 없었으므로
900 MHz를 쓰는 통신사에 가입한 사람과 1800 MHz를 쓰는 통

신사 가입자는 서로 통화할 수 없었다. 보쉬가 그 둘 사이에 통화가 가능한 듀얼 밴드 폰 Dual-Com 738(327쪽 위 사진)을 내놓자 세상이 달라졌다. 2년 뒤, 이번에는 유럽의 900 MHz와 미국의 1900 MHz 간에 통화가 가능한 World 718(327쪽 아래 사진)을 내놓았다. 세계를 유럽과 미국 중심으로 보는 서양인의 패러다임으로는 가히 월드폰이라 할 만하다.

당시 보쉬가 내놓은 광고는 영국의 유니언잭과 미국의 성조기를 등장시킴으로써 대서양을 건너 유럽과 아메리카 대륙을 연결한 기술을 개발한 그들의 사부심을 한껏 드러냈다(아래 사진). 유선 전화가 아닌 휴대전화로 통화할 수 있게 된 후로 유럽과 미국 간의 비즈니스 환경은 그들이 또 다른 산업혁명이라고 불렀을 정도로 변했다.

Finally a mobile phone which flies the flag both sides of the Atlantic.

대서양 너머를 잇다
유럽(900MHz)과
북아메리카(1900MHz)를 World
738이 연결했음을 상징하는 보쉬 광고.

수집가의 철학

**"주파수 달라도 통화할 수
있어요"**

1996년 듀얼 밴드 폰
Dual-Com 738이 유럽에서
900MHz와 1800MHz를
연결했다.

비즈니스 혁명을 이룬 듀얼 밴드

1998년에는 World 738이 휴대전화로
통화할 수 없었던 미국과 유럽을 연결했다.

2000년에는 모토로라가 L 7089 트라이 밴드tri-band 폰(아래 사진)을 내놓아 800, 900, 1800 MHz를 다 쓸 수 있게 되었다. 물론 지금은 여덟 가지 주파수대역도 수용하는 멀티 밴드 시대이다. 1990년대 후반에 휴대전화를 쓴 사람이라면 전화기에 Dual Band라고 표시되어 있었음을 기억할 것이다. 글 쓰는 일을 업으로 삼았던 나는 그것이 무엇인지 몰랐다. '듀얼 밴드가 뭐지?'에서 출발해 어렵사리 그 역사를 안 뒤로 내 더듬이는 온통 세계 최초의 듀얼 밴드 폰을 탐색하는 데 쏠렸다.

역사에 한 획을 그은 폰들은 거의 많이 만들지 않거나 널리 쓰이지 않아 희소하다. 구하는 데 보통 몇 년이 걸린다. 내 경우는 10년이 더 걸린 것도 있다. 그런데 묘하게도 수집을 하다 보면

폰박물관 전시품 ⓒ

더 확장된 트리플 밴드

2000년 모토로라 L7089는
유럽(900/1800MHz)
미국(1900MHz)의 세 주파수대역을
연결했다.

수집가의 철학

번번이 비슷한 일을 겪는데, 일단 하나를 구하고 나면 두 번째 것을 찾아내는 데는 그리 오래 걸리지 않는다. Dual-Com 738과 World 718은 매일 몇 시간씩 검색하기를 5년쯤 지속한 끝에 결국 구했다. 두 번째 발견은 1년 뒤. 그래서 지금 폰박물관에는 주제가 다른 각각의 섹션에 하나씩 전시하고 있다.

이렇게 유물을 구하는 데 오랜 시간이 걸리면 한 가지 좋은 점도 있다. 탐색 과정에서 자료를 많이 찾게 되고 더 많이 알게 된다는 점이다. 듀얼 밴드 기술을 보쉬가 처음 개발한 것이 아님도 그래서 알게 되었다. 듀얼 밴드는 보쉬가 네덜란드의 댄콜로부터 넘겨받은 기술인데, 댄콜은 이것을 암스테드로부터 받았다. 암스테드는 기술을 개발했고, 댄콜은 폰을 만들었다. 그런데 댄콜의 듀얼 밴드 폰 디자인을 보쉬의 듀얼컴 738이 그대로 썼다. 로고만 다르다. 20년이 넘도록 댄콜의 듀얼 밴드 폰을 구하고 있는 내가 추측키로는, 댄콜이 듀얼 밴드 폰을 판매하기 직전에 보쉬로 넘긴 것 같다.

세계 최초의 듀얼심(SIM) 폰인 베네폰의 TWIN DS(330쪽 사진)를 2016년에 구한 것도 무려 5년에 걸쳐 끈질기게 검색한 결과이다. 듀얼 SIM이란 SIM 카드를 2개 꽂아서 단말기 하나로 두 가지 번호를 쓰는 것을 말한다. 개인용과 업무용 등 각기 다른 용도로 두 가지 번호가 필요한 사람에게 유용하다. 또 통신망을 빈틈없이 깔기 어려운 나라에서 많이 쓰이는데, A통신사가 잘 터지는 지역과 B통신사가 잘 터지는 지역을 자주 오갈 때 A·B 두 가지 카드를 쓰면 매우 편리하다. 통신망이 촘촘한 서유럽에

한 전화기로 두 번호를

2000년 베네폰이 만든 TWIN DS. 원 안 사진
위아래에 SIM 1, SIM 2라는 표시가 보인다.

서 베네폰의 TWIN DS를 구하기 어려웠던 것이 아마도 이 때문
이 아닌가 한다. 베네폰은 핀란드 제조사인데 노키아 못지않게
기술이 뛰어나 세계적 히트작이 많다. 눈이 많이 오고 삼림지대
가 넓어서 조난 사고가 많은 스칸디나비아 반도에서 특히 유용
했던 세계 최초 GPS 폰 ESC도 베네폰 작품이다.

　우리나라는 2002년이 되어서야 3세대 광대역 코드분할다
중접속, 즉 WCDMA(Wideband Code Division Multiple Access) 방
식이 서비스되면서 유심(USIM) 카드를 쓰게 되었다. USIM이
란, 3세대를 맞아 전세계가 WCDMA 방식을 쓰게 되자 유럽
에서만 쓰던 SIM(개인 식별 모듈) 앞에 범세계적이라는 뜻으로
U(Universal)를 붙인 것이다.

　　　　　　　　　　　　　　　　　　　수집가의 철학

개인 식별 모듈(SIM) **카드 변천사**

명함 크기였던 SIM 카드(위 사진 아래 왼쪽)는 3세대 USIM 카드(위 사진 위쪽)부터 작아졌다. IC 칩 크기도 점점 줄어들었다.

유럽이 1991년 아날로그 말기부터 명함 크기 SIM 카드를 쓰고, 그뒤 지금처럼 작은 것을 쓰다가 2000년에 듀얼 SIM을 썼으니 우리나라 이동통신 가입자는 무려 11년이나 불편함을 떠안고 산 셈이다. SIM 카드에 고유번호를 부여하는 유럽의 GSM 통신 방식과, 단말기에 고유번호를 부여하는 한국의 CDMA 통신 방식이 서로 달라서 생긴 일이다.

대한민국 히트작 듀얼 폴더
SCH-A2000은 예쁘기도 하려니와 형태(form factor)에서
이룬 대혁신이었다.

　　듀얼이 세계적으로 히트한 예로 2003년 삼성전자가 만든 듀
얼 LCD 폰(국내에서는 듀얼 폴더라고 잘못 부른다) SCH-A2000
(위 사진)을 빼놓을 수 없다. 한국산 휴대전화에서 형태(form
factor)가 세계 최초인 것으로는 가로본능, 초콜릿, 프라다보다
앞선다. 내 사견으로 내로라 하는 명품 폰보다 더 아름다운
SCH-A2000은 듀얼 카메라나 듀얼 밴드처럼 기술 진보가 이루
어낸 성과가 아니라 소비자의 제안에서 아이디어를 얻었다.

　　삼성전자가 모토로라의 스타택을 따라잡으려고 애쓴 끝
에 폴더 폰(SCH-800)을 만드는 데 성공했고, 그것을 더욱 작게
만든 것이 냉장고폰 혹은 깍두기폰이라고 불린 은회색 SCH-

　　　　　　　　　　　　　　　　수집가의 철학

폰박물관 전시품 ⓒ

**폴더가 마이크로 폴더를 낳고
마이크로 폴더가 듀얼 폴더를 낳고**
SCH-800 폴더를 만들면서
작게 만드는 기술을 터득해
SCH-6900 냉장고폰(왼쪽)을
만들고 거기에 아이디어를 보태
SCH-A2000 듀얼 폴더가 탄생했다.

6900(위 사진)이다. 거기에 이르러 삼성전자의 작고 가볍게 만드는 기술은 어느덧 모토로라를 넘어선 것 같았다. 의기양양해진 삼성전자가 소비자들에게 물었다. 혹시 불편한 것 없으시냐고. 돌아온 답은 '바bar형과 달리 덮개를 열어야만 액정을 볼 수 있다'였다. 삼성은 재빨리 해결책을 다음 모델에 적용했다. 그것이 SCH-A2000이다.

삼성이 듀얼을 세계 최초로 디자인에 적용한 예로는 2006년에 만든 SPH-B6550(334쪽 위 사진)도 있다. 외국에서 듀얼 힌지dual hinge라고 불린 이 폰은, 경첩(hinge)이 두 방향으로 작동해 폴더폰의 덮개가 위로도 열리고 옆으로도 열린다. 이것을 국내에서

이중인격 폰 SPH-B6550

경첩 작용으로 덮개가 두 방향으로 열린다.
위로 열면 통화, 옆으로 열면 DMB 기능.

두뇌가 2개!

2011년에 출시된 옵티머스 2X는 중앙처리장치(CPU)가 2개인 듀얼 코어 폰이다.

수집가의 철학

는 이중인격 폰이라고 불렀으니, 작명의 기발함에 밥을 먹다가 분반噴飯할 지경이었다. 그냥 재미로 그렇게 만든 것은 아니고, 위로 열면 통화 기능이고, 옆으로 열면 DMB 기능이다. 중앙처리장치(CPU)가 2개인 듀얼 코어core 스마트폰은 LG전자가 2011년에 만든 옵티머스 2X**(334쪽 아래 사진)**가 세계 최초이다. 아주 많이 팔리지는 않았지만, 스마트폰 역사에서 당당히 한자리를 차지하고 있는 기술 혁신 폰이다.

순서가 바뀌었지만, 우리나라 휴대전화 역사에서 가장 먼저 듀얼이 적용된 폰은 삼성전자가 1993년 11월에 내놓은 아날로그 폰 SH-700이다. 무엇보다 전파 수신 능력이 탁월해 한국 시장을 지배하던 모토로라의 마이크로택 시리즈와 겨루어볼 만했다. 그러나 SH-700은 많이 팔리지 않았다. 기업 지명도에서 삼성이 세계 1위 모토로라를 이길 수는 없었다. 그러자 삼성이 내놓은 전략이 브랜드 마케팅이다. 삼성은 SH-700의 판박이나 다름없는 SH-770을 만들어 애니콜Anycall이라는 브랜드를 붙였다. 홍보의 핵심은 '어디서나 터진다'였다. 2년여 만에 한국 시장은 국산품 차지가 되었다. SH-770 애니콜이 그토록 자신 있게 내세운 통화 품질은 SH-700에서 그대로 가져온 것이나 다름없다. SH-700이 전파를 잘 수신한 비결은 본체에 내장한 '더블 안테나'였다. (2017.9.28.)

"칙칙한 검정 폰 지겹지 않으세요?"

1998년……　최초 럭셔리 폰 노키아 8810
　　　　　　최초 패션 폰 노키아 5110

　여성 패션 역사에서는 오랜 고정관념을 깨는 일이 일어나 충격을 주었다가 곧 일상日常이 되는 일이 다반사이다. 여성이 바지를 입게 된 것이 그렇고, 세상이 무너져도 여성의 바지에서 지퍼가 정면에 달리는 일은 절대로 없을 것이라던 호언 장담도 쉽게 무너졌다(1970년대 초 판탈롱이 유행하기 전까지 여성 바지의 지퍼는 옆구리에 달려 있었고, 그 전에는 뒤에 달려 있었다는 것이 내 기억이다).

　남성 패션에서 그런 예로는 모자가 꼽힌다. 모자는 인류가 사회를 이룬 때부터 권위와 신분을 상징하고 의식儀式과 예절과 패션의 중심에 있어 왔다. 서양에서는 1940년대까지 여성도 반드시 모자를 썼다(337쪽 사진). 19세기 말 타이피스트와 전화교환원이라는 직업이 생기기 전 도시 여성이 가질 수 있는 적절한 직업은 모자 부띠끄를 경영하는 일밖에 없었다. 샤넬도 디자이너로 성공하기 전 작은 가게에서 모자를 팔았다.

　남성은 모자를 써야 한다는 고정관념을 단숨에 무너뜨린 사람은 존 F. 케네디이다. 그는 사상 처음 치러진 대통령 후보 TV 토론에서 젊음(43세)과 외모로 관록의 정치인 닉슨을 무너뜨렸다. 이미지 정치에 능했던 그는 1961년 대통령이 되자 모자를 쓰지 않았다. 윈저공의 패션을 당시 영국인들이 따라했듯이 미국

　　　　　　　　　　　　　　수집가의 철학

"모자 안 쓰면 외출할 수 없어요"

1910년 런던 교외에서 야외 파티에 모인 사람들. 남녀노소가 하나같이 모자를 썼다.

대통령이 모자를 내던지자 전세계 남자들의 머리에서 하루아침에 모자가 자취를 감추었다. 모자를 쓰는 것이 패션이라면 모자를 쓰지 않는 것도 패션이었다.

1998년 10월 세빗 국제 박람회. 막 모토로라에게서 1위 자리를 빼앗은 노키아가 난데없이 색색 휴대전화를 출품했다. 휴대전화는 여유 있고 점잖은 계층이 써온 터여서 거의가 검정색이던 때였다. 빨강 주황 노랑 초록 파랑 휴대전화를 본 사람들은 뜨악했다. 밝은 원색은 어린이 장난감에나 쓰인다는 고정관념이었다. 그러나 노키아의 '패션 폰 5110'(**338쪽 사진**)은 머지않아 휴대전화가 문화적 센스를 필요로 할 것임을 간파한 선수先手였다. 휴대전화가 점차 젊은이에게까지 확산되기 시작하던 시기였으니 타이밍도 적절했다. 노란 레인코트를 입은 여성에게 노란 휴대전화를! '어떤 옷차림, 어떤 스타일, 어떤 경우에도 그것을 지닌 사람과 어울릴 수 있다'는 노키아의 캠페인은 휴대전화가 패션 아이템이 되었다는 혁신적 선언이었다.

유행은 빠르고 강렬했다. '칙칙한 검정 폰을 보는 게 지겹지 않으세요? 왜 더 컬러풀한 것으로 바꾸지 않습니까? (Tired of looking at a sombre black handset? Why not change it into something more colourful?)' 노키아가 3f(fun·fashionable·funky)를 내세워 더 다양한 색깔과 무늬를 잇달아 내놓자 다른 업체들도 따랐다. 에릭손의 회청색 폰 PF-768 라인업에 빨강 노랑 파랑 초록 폰이 더해졌고, 모토로라는 알록달록한 스타택 레인보를 내놓았다**(339쪽 위 사진)**. 2000년 10월 휴대전화를 목에 걸고 다니는 유행이 시작될 무렵 세원텔레콤이 내놓은 카이코코KhaiCoCo 시리즈는 그야말로 깜찍한 액세서리였다. 세계에서 가장 작고 가벼운 데다 보석을 세공한 듯한 디자인과 열두 가지 감각적인 색상이 젊은 여성의 마음을 사로잡았다**(339쪽 아래 사진)**.

어린이 장난감 같은 이 원색 폰이 휴대전화 패션화의 효시였다.
위 사진은 자료 사진이고, 폰 박물관에는 위와 다른 모양으로 전시되어 있다.

수집가의 철학

스타택, 너도!

패션화라는 도도한 흐름에
합류할 수밖에 없었던
자존심의 화신 스타택.
알록달록 패션 폰 스타택
레인보우를 선보였다.
(왼쪽 사진 오른쪽)

목에 걸고 다니던 시절의 깜찍한 액세서리

세계에서 가장 작은 카이코코는 길이가 6.8cm여서 전화를
받으려면 귀와 입 사이를 왔다갔다했다(?)고 한다.

2003년에는 지멘스가 동그라미, 표주박 등 모양을 달리한 여덟 가지 패션 폰을 내놓았다. 한때 세계 3위이던 지멘스가 떠오르는 삼성전자와 절대 강자 노키아에 끼여 고전하는 와중에 야심작으로 내놓은 보석들 이름은 젤리브리Xelibri(**아래 사진**). 당대 톱클라스 디자이너들이 참여하고 엄청난 가격표가 붙은 럭셔리 패션 아이템이었다. 그러나 패션 광시곡(Fashion Extravaganza)이라고 불리며 센세이션을 일으킨 젤리브리도 2005년 지멘스가 타이완의 벤큐에 넘어가는 사태를 막지는 못했다.

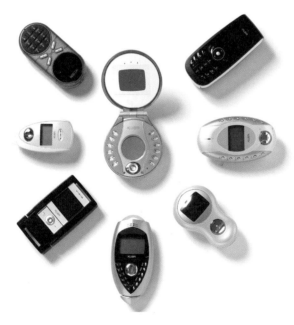

폰박물관 전시품 ⓒ

'패션 광시곡'이라고 불렸다
젤리브리 시리즈 중 거울 기능이 있는 콤팩트 모양(가운데)이 제일 인기 있었다.

수집가의 철학

2004년에는 모토로라가 세계적 히트작 V3 레이저 폰을 열 가지 색상으로 내놓았다. 얇은 데다 메탈 재질을 쓴 레이저 폰 디자인은 엄청나게 인기를 끌었다(**아래 사진**). 그러자 삼성전자가 존재감을 드러냈다. '고아라 폰'이라고 불린 SCH-W270(**342쪽 사진**). 폴더형 가운데 그만큼 심플한 생김새와 슬림한 바디라인은 없었다. 게다가 무려 스물네 가지 색상! 세계 최다 기록일 뿐만 아니라 색깔 하나하나의 세련미가 그동안 나온 패션 폰들을 압도했다. 미술 전문가들의 감탄을 자아내리만큼 완벽한 '色의 향연'이었다. 고아라 폰으로 하여금 2007년을 질풍노도같이 휩쓸게 한 구매자의 심리를 조사했더니 이렇게 대답한 사람이 뜻밖에 많았다. '특별한 기능은 없지만 너무 예뻐서 샀다'.

폰박물관 전시품 ⓒ

세계를 휩쓴 베스트셀러였지만
V3 레이저는 한국에 네 가지 색상(사진 오른쪽부터)만 출시되었다.

"예뻐서 샀다"

가장 심플하고 가장 슬림한 폰으로 소비자에게 어필하며
2007년을 휩쓴 고아라폰.

패션 폰에는 또 다른 갈래가 있다. 우리나라가 강세를 보인
대중 명품 폰이다. 삼성전자는 2004년 패션 디자이너와 콜라보
레이션으로 수출용 다이앤 폰 포스텐버그 폰(2004년)을 내놓았
다. 안나 수이(2005년), 베르수스(2006년), 아르마니(2007년), 아
르마니 II(2009년), 휴고 보스(2008년) 폰이 뒤를 이었다. LG전자
는 프라다(2007년), 프라다 II(2009년)를 히트시켰다. 모토로라
는 돌체&가바나 금장金裝(2005년)을, 스카이도 뒤퐁(2009년)을
출시했다. 스와로브스키 큐빅으로 장식한 폰과 실제 다이아몬

수집가의 철학

드가 박힌 폰(한화정보통신 Micro i-S88M)도 나왔지만 대중 명품 폰의 으뜸으로는 세계 최초 터치스크린 폰인 프라다가 꼽힌다. 프라다 II와 오늘날 스마트 워치의 효시가 된 프라다 링크 세트는 우리나라 휴대전화 판매 사상 가장 비싼 기록(180만원)을 아직도 가지고 있다.

어느 날 경매 사이트에 들어갔더니, 세상에! 영국에서 안나 수이 풀박스가 나와 있었다. 즉구로 즉구했다. 안나 수이 새 것을 이렇게 구했다고 하면 사람들은 우연이나 행운을 떠올리겠지만, 그렇지 않다. 나는 안나 수이 폰의 존재를 처음 안 날부터 하루도 검색을 거르지 않았다. 3년이 지나 몇 달에 한 번씩 띄엄띄엄 하던 것마저 지쳐서 거의 잊고 지내다가 문득 어떤 예감이 들어 경매 사이트에 들어갔다가 구했다. 되묻고 싶다. 오랜 세월 쏟아 부은 3집(집착, 집념, 집중)의 공력 없이도 '문득'이나 '예감'이 작동할까? 안나 수이의 상징은 보라색. 휴대전화도, 거기 달린 나비 모양 액세서리도, 가죽 케이스도, 보라색 상자 안에 든 것은 모두 보라였다. 그리고 기막힌 서비스 하나 더. 보라색 원통형 물건의 장미 조각을 살짝 잡아 뺐더니 안에서 입술 연지가 비쭉 모습을 드러냈다. '넘버 371' 초콜릿 핑크.

명품 콜라보레이션이 다 성공한 것은 아니다. 삼성의 벳시 존슨(2005년), LG의 질 샌더(2011년), 노키아의 지암바티스타 발리(2006년), 지멘스의 에스카다(2004년)는 명품 콜라보레이션이 아닌 삼성 세레나타(2005년)와 세린(2007년), 그리고 흑청색 blueblack을 전세계에 유행시킨 삼성 SGH-D600 블루투스 폰(2004년)의 유명세에 한참 못 미친다.

폰박물관 전시품 ⓒ

럭셔리의 끝판왕

핵심은 반짝반짝 빛나는 크롬이다. 노키아 8810은 진짜 크롬은 아니었지만,
고급스러움이라는 문화적 심리적 사치를 더하는 데 부족함이 없었다.

　　명품을 대중화했다는 맥럭셔리Mcluxury라는 말에서 알 수 있
듯이 대중 명품 폰의 뿌리를 찾으면 휴대전화 디자인에 럭셔리
라는 개념을 처음 도입한 노키아 8810(**위 사진**)에 닿게 된다. 패션
폰 5110보다 반 년 앞선다. 8810 럭셔리의 핵심은 반짝반짝 빛
나는 크롬이다. 금속이 전파 수신을 방해하므로 진짜 크롬으로
만들지는 못했지만, 얇고(1.8mm) 가벼우며(110g) 안테나 내장형
인 8810은 실용적인 기계에 고급스러움이라는 문화적 심리적 사
치를 더하는 데 부족함이 없는 럭셔리 폰이었다.
　　아마도 노키아는 보통 휴대전화 값의 6~15배나 하는 500 달

러짜리 8810이 날개 돋친 듯이 팔리는 것을 보고 사치품 사업에 뛰어들 생각을 했으리라(노키아 5110과 소니 CMD-Z1 Plus가 32달러, 최초 슬라이드 폰인 지멘스 SL-10이 80 달러였다). 노키아는 수석 디자이너 프랭크 누보를 시켜 초고가超高價 휴대전화 전문 자회사 베르투VERTU를 만들었다.

베르투 휴대전화 평균가는 8천 달러. 카메라는 없지만 티타늄과 강철 소재를 손으로 직접 다듬어 만드는데, 스크린은 사파이어 크리스털을 갈아서, 자판은 루비 베어링으로, 케이스는 금으로 만들었다. 여기에 백금 키패드, 8캐럿 다이아, 루비를 박은 8만8천300달러(9천200만원)짜리도 만들었다. 가장 비싼 시그너처 코브라는 3억9천200만원이었다.

이같은 호사豪奢의 수요자는 아랍 왕족과 러시아·중국 신흥 부자였다. 보석상이 취급한 베르투 폰은 2015년까지 45만대가 넘게 팔렸다고 한다. 고급 자재와 정교한 세공, 그리고 3천 달러 연회비를 내면 9개국어에 능통한 직원이 식당 예약과 생일 선물 배달 등 고객의 온갖 요구에 응하는 대행 서비스가 슈퍼리치super-rich들로 하여금 기꺼이 지갑을 열게 했다.

럭셔리·패션·호사. 1998년은 노키아가 휴대전화에 세 가지 '마케팅 감성'을 입힌 해로 기억된다. (2017.12.24.)

모자 안 쓰는 패션의 후유증을 케네디와 일면식도 없는 한국 노인들이 겪고 있다. 체열을 제일 많이 발산하는 정수리를 따뜻하게 덮어줄 모자를 왜 쓰지 않는지를 아는지 모르는지 머리숱 적은 그들은 이 겨울의 엄혹함을 그저… 견뎌내려 할 뿐이다.

우리 디자인, 저들을 사로잡다

1998년······ 미국 시장 1위의 발판 SCH-3500

1998년······ 처음 선보인 프리미엄 폰 SGH-600

2005년······ 기계에 입힌 명품 이미지 KV-5900

우리나라 디자인 수준이 변변치 못하던 시절에 디자인으로 히트한 휴대전화가 제법 된다면 의아할 것이다. 그러나 사실이다. 더구나 그 제품들은 삼성전자나 LG전자를 세계 일류 업체로 발돋움하게 했다. 삼성 제품으로는 미국 시장에서 1위를 차지하는 발판이 된 SCH-3500(국내용은 SCH-700)과 유럽 시장에서 처음 천만 대 가까이 팔려 삼성을 세계 4위로 올려놓은 SGH-600이 있다. 또 국산 휴대전화로는 처음 1000만대를 수출한 타원형 SGH-T100(347쪽 사진)도 있다. LG에는 세계 휴대전화 디자인 역사에서 손꼽히는 KV-5900 초콜릿폰, 메탈 소재로 세계적 히트작이 된 SV-420 샤인폰, 세계 최초의 터치스크린에 명품 디자인으로 유명한 SB-310 프라다폰이 있다. 초콜릿폰은 LG가 배출한 첫 번째 텐밀리언 셀러이며, LG를 글로벌 일류 제조업체로 도약시킨 폰이다.

손에 쥐는 기계라면 일반적으로 납작하고 길쭉한 직사각형을 떠올린다. 이른바 캔디 바 스타일이다. 그런데 부품이 커서 날렵하게 만들 수 없었던 첫 휴대전화 다이나택 8000X는 캔디 바가 아니다. 몸통은 벽돌을 세워놓고 가운데를 세로로 잘라낸 듯 두툼한데, 밑부분을 조금 넓혀 세워 놓을 수 있게끔 했다. 큰

수집가의 철학

세계 최초 디지털 컬러 폰 광고

국내에선 이건희폰, 유럽에선 UFO폰으로 불린 SGH-T100은 한국의 첫 번째
텐밀리언 셀러이다.

부품들을 용케도 잘 배열해 한손으로 쥐게 했을 뿐만 아니라 크
고 무거워서 늘 들고 있을 수 없는 폰을 세워놓게 만든 덕분에
디자인 상도 받았다.

다이나택 8000X 이후로 휴대전화 형태(form factor)의 기본이
된 캔디 바·플립·폴더·슬라이드·스위블 폰은 모두 미국과 유

립이 처음 만들었지만, 이를 다양하게 응용한 나라는 한국이다. 디자인이 천편일률이어서 차별화할 것이 없어 보이는 스마트폰 시대에 들어서도 삼성은 엣지 타입이라는 새로운 디자인을 선보였다. 그리고 조만간 폴더형 스마트폰까지 세계 최초로 내놓을 태세이다. 세계에서 한국과 일본을 빼고는 이렇게 여러 형태로 휴대전화 디자인을 구현한 나라가 없다. 일본은 금형 기술이 앞선 나라답게 정교하고, 한국은 거칠지만 아이디어가 다양하다.

수집가의 철학

튼튼하고 다루기 쉽고 값싼 것을 선호하는 유럽인들이 쓰는 휴대전화는 거의가 바bar 형이다. 폴더나 슬라이드는 어쩌다 드문드문. 그에 비해 우리나라 휴대전화 형태는 서른 가지가 넘는다(아래 사진). 바, 플립flip, 플립 업up, 폴더folder(혹은 clamshell), 듀얼 폴더(듀얼 액정), 슬라이드slide, 슬라이드 다운, 반자동 슬라이드, 업다운 슬라이드, 스윙swing, 360° 스위블swivel, 트위스트 twist 로테이션, 스윙 스타일 바bar, T스타일 가로보기, T 슬라이

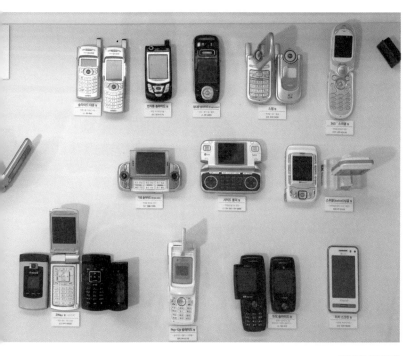

폰박물관 전시품 ⓒ

한국의 휴대전화 디자인은 이렇게 다양하다

캔디 바에서 터치스크린 폰에 이르기까지 우리나라에서 제조된 휴대전화 형태.
미국이나 유럽이 만든 기본형을 여러 가지로 응용했다.

드, 카드 형, 360° 회전 폴더, 가로 슬라이드, 사이드 폴더, 스위블 싱글, '가로 보기' 폴더, 스트레치stretch, 캠코더 스타일, 듀얼 슬라이드, 양방향(2way) 폴더, pop-up 슬라이드, 듀오 슬라이드, 터치스크린. 이밖에 원형 폰(PH-S3500)과 세계 최초 투명 키패드 폰(GD-900)도 있다. 휴대전화의 다양한 형태는 소비자로 하여금 놀잇감인 양 만지작거리다가, 밀고 세우고 비틀고 꺾게 했고, 업체는 거기에 맞추려고 기발한 디자인을 자꾸 개발하는 선순환이었다.

한국형 디자인은 거의가 서양에서 만늘어진 기본형을 변형한 것이다. 슬라이드를 예로 들자면, 슬라이드 다운, 반자동 슬라이드, 업다운 슬라이드, T 슬라이드, 가로 슬라이드, 듀얼 슬라이드, 팝업 슬라이드, 듀오 슬라이드로 변형했다. 폴더를 변형한 양방향 폴더는 미국에서 히트했으며, 플립을 변형한 플립업 SCH-3500과 미니멀 디자인으로 어필한 플립형 SGH-600은 한국 휴대전화 수출 역사에서 도약대가 되었다.

■ 미국 시장 1위의 발판이 된 SCH-3500

2G와 3G 시절 우리나라 기업들은 디자인이 돋보이는 폰을 만들려고 여러 가지 시도를 했다. 동그란 폰(팬택 PH-S3500), 기아자동차의 1987년형 프라이드처럼 절반이 뚝 잘린 듯한 정사각형 폰(팬택 PH-K2500V), 배터리를 옆에 끼우는 폰(삼성 SCH-650), 화장품 콤팩트 모양 폰(삼성 SPH-X4500 드라마폰)…. 이처럼 디자인이 유별났던 폰 중에 SCH-700이 있다. 플립 형 중에서 유일하게 숫자판 덮개가 위로 젖혀지는 폰이다.

1998년 국내에 선보인 SCH-700은 플립 업 스타일 외에도 짧아진 세로 길이, 근육질 몸매로 눈길을 끌었다. 전체가 두툼하고 액정 옆부분이 탄탄하게 불룩하면서도 모서리를 둥글린 모습이 현대자동차의 2000년형 SUV 산타페를 연상시킨다. 근육질 볼륨감 탓인지 국내용 SCH-700과 유럽에 수출한 SGH-500은 많이 팔리지 않았는데 미국에 수출한 SCH- 3500(**352쪽 위 사진**)은 엄청나게 인기를 끌어 500만대나 팔렸다.

유럽과 미국의 반응이 왜 이렇게 달랐을까. 미국 수출형이 인터넷 무선 접속 기능이 있었다는 점을 간과할 수 없지만 주된 원인은 디자인에 있었던 것으로 조사되었다. 지금도 그렇지만 그때 미국인들은 우리나라와 달리 휴대전화를 쓸 만큼 여유 있고 점잖은 사람까지도 청바지를 즐겨 입었다. 그들 대다수가 각이 지고 커다란 휴대전화를 청바지 뒷주머니에 찔러 넣고 다녔다. 그러자니 몸에 꼭 맞는 청바지를 입은 여성들로서는 뒷주머니에 넣은 휴대전화가 몹시 불편했을 터. 그런데 SCH-3500은 그렇지 않았다. 다른 휴대전화들보다 더 두텁고 불룩한데도 막상 뒷주머니에 넣으면 도드라지지 않았다.

그 까닭은 길이가 짧고 몸체가 둥그스름한 데 있었다. 마치 현대자동차의 1995년형 아반떼를 위에서 내려다보면 전체가 둥그렇게 보이듯이 SCH-3500은 모서리가 둥글고 가운데가 불룩해서 여성의 뒤태를 망칠 염려가 없었다. 미국인들이 남녀 가리지 않고 이 디자인을 좋아했다는 사실은, 모토로라가 1년 뒤 세계 최초로 내놓은 아이덴iDEN 방식(휴대전화＋무전기＋무선호출기) 휴대전화 i1000 Plus의 디자인을 SCH- 3500과 거의 흡사하

근육질이면서도 둥그스럼 부드러운

SCH-3500은 덮개가 위로 열리는
플립형인데 미국에서 500만 대 팔렸다.

미니멀 아트처럼 깔끔한

SGH-600은 삼성이 유럽 프리미엄
폰 시장에 처음 도전한 폰이다.
940만 대나 팔았다.

수집가의 철학

게 한 것을 보아도 짐작할 수 있다.

1997년 CDMA 휴대전화로 미국 시장에 진출한 삼성전자는 그 해 43만대를 수출했다. 그리고 3년 만에 SCH-3500을 무려 450만대 팔았다. 여기서 추진 동력을 얻은 삼성은 2008년 마침내 휴대전화 누적 판매 1억5천만 대를 넘어섬과 동시에 세계 최대 시장인 미국에서 모토로라와 노키아를 누르고 시장 점유율 1위(22.4%)를 기록했다.

■ 세계에 선보인 첫 번째 프리미엄 폰 SGH-600

SCH-3500이 미국에서 히트하던 그 해 유럽에서는 삼성전자가 디지털 폰 중 네 번째로 수출한 SGH-600(352쪽 아래 사진)이 히트할 조짐을 보이고 있었다. 1994년부터 수출한 아날로그 폰 3종과 디지털 폰 3종이 브랜드 파워에서 밀려 미국·유럽 제품보다 훨씬 싸게 내놓아도 별로 팔리지 않던 때였다. SGH-600은 삼성이 국내 시장에 숱하게 내놓은 캔디 바 타입 플립 폰 중에서 가장 가볍고 심플한 SPH-A1100과 디자인이 같다(나도 A1100을 썼다).

〈What Cellphone〉(1998년 12월호)이 '경이로운 미니어처'라고 했듯이 1998년 10월 출시된 SGH-600은 정말 가볍고 (120g) 작았다(107×45×20mm). 다른 폰들의 무게는 거의가 135~170g이었다. 디자인은 더없이 깔끔해 그야말로 미니멀 아트였다. 차량전화 이후 처음으로 보이스 다이얼링 기능도 장착했다. 삼성은 자신이 있었다. 가격을 모토로라·노키아 제품보다 높게 책정했다. 100파운드! 모토로라와 노키아를 비롯해 일본의 일반 폰들이 10~30 파운드 할 때였다. 삼성이 그 전에 내놓은 SGH-250은 49파운드, 맥슨전자가 수출한 베스트셀러 MX-3204가 20파운드였다. 마침내 대한민국도 유럽 시장에 프리미엄 폰을 내놓았다.

좀더 소개하자면, 당시 유럽에서 프리미엄 폰 가격은 50~100 파운드였다. 세계 최초 컬러 디스플레이 폰인 S10(지멘스), 사상 최초로 두 가지 주파수대역을 쓰게 한 Dual-Com 738(보쉬), 매트릭스 폰이라고 불리며 인기를 끌던 8110 바나나폰(노키아)이 50파운드였고, 세계 최초 크롬 메탈 소재인 ML-808(몬디알)이 99파운드, 사상 최초로 유럽과 미국 간에 휴대전화 통화를 가능케 한 듀얼 밴드 폰 World 718(보쉬)이 100파운드였다.

예상은 적중했다. SGH-600은 9개월 만에 200만대가 팔렸다. 광고가 처음 두 가지는 촌스러웠으나 고급 이미지가 확산됨에 따라 나중 두 가지는 커리어 우먼을 등장시킨 세련된 광고 **(355쪽 사진)**로 바뀌었다. 하나의 폰에 네 가지 광고 디자인이 동원된 사례이다. 힘을 얻은 삼성은 2000년 시드니 올림픽 공식 후원사가 되어 이 폰에 오륜 마크를 닮으로써 더욱 유명해졌다. 그리고 2001년 결정적인 스토리텔링이 덧씌워졌다.

SGH-600을 쓰던 프랑스 남성이 산속 낭떠러지에서 추락해 급류에 휩쓸렸다. 거센 물살에 떠내려가던 그가 바위에 걸려 가까스로 살아났는데, 구조를 요청할 방법이 없었다. 그는 혹시나 하는 마음으로 물에 잠겼던 진흙 범벅 휴대전화로 전화를 해보았는데 뜻밖에 통화가 이루어져 목숨을 건졌다. 이 사건이 보도를 통해 널리 알려지자 '기적의 폰' 판매에 날개가 돋쳤다. 결국

수집가의 철학

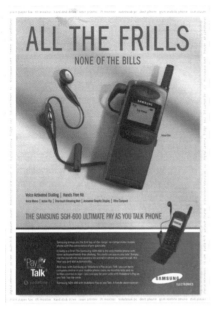

폰박물관 전시품 ⓒ

촌스러운 검정색 SGH-600

첫 번째 광고(위)와 두 번째
광고(왼쪽)는 지나치게 평범했다.

폰박물관 전시품 ⓒ

은은한 금빛 SGH-600

세 번째 광고(위)와 네 번째
광고(왼쪽)에서는 세련미가
느껴진다.

940만대나 팔린 SGH-600은 등외等外이던 삼성을 세계 랭킹 4위로 올려놓았다. 삼성은 2002년에는 SGH-T100을 텐밀리언 셀러로 만들어 휴대전화 전체 수출 4천230만대로 세계 3위에 올랐고, 2005년에는 1억대를 돌파하며 승승장구했다.

■ 기계에 명품 이미지를 입힌 KV-5900 초콜릿폰

한국이 만든 공산품 소비재 중에 초콜릿폰**(357쪽 사진)**만큼 디자인 면에서 세계로부터 찬사를 받은 사례는 없었다. 초콜릿폰에 관한 여러 평판을 요약하자면 이렇다. ○ 기계에 감성感性을 입혔다 ○국내외에서 디자인 상을 제일 많이 받았다 ○ 세계 최초 터치폰인 프라다폰의 디자인을 이끌어냈다. ○ 하드웨어 완성도가 높아 얇고(14mm) 가볍고(81g) 손안에 쏙 들어오는 크기였다(그때 얇은 폰의 대명사이던 모토로라의 V3 레이저폰은 13.9mm 두께에 95g이었다) ○ 외국 폰의 무덤인 일본 시장에서도 통했다 ○ 크게 성공한 만큼 후유증도 컸다.

2005년 말 어느 여성이 초콜릿폰을 들고 있는 것을 처음 보았을 때 나는 그것을 예쁜 화장품 케이스로 알았다. 이를테면 눈썹 화장용품 케이스라든가, 네모난 콤팩트라든가. 그것이 휴대전화임을 알았을 때 정말로 놀랐다. 그런 경험 때문이었는지 나는 박물관 쇼케이스에 초콜릿폰을 소개하는 글의 첫마디를 이렇게 썼다. '그냥 들고 있으면 휴대전화인지 모를 만큼 군더더기 없고 심플한 디자인'.

보통 두 쪽으로 나뉘는 슬라이드 폰은 위쪽이 디스플레이(액정 화면)와 조작 버튼이고, 아래쪽이 숫자판으로 구성된다. 조작

버튼 사라지고 스크린만
휴대전화 역사에서 처음 선보인 이
디자인은 터치스크린 폰으로 가는
전 단계였다.

버튼은 전원, 통화, 통화 종료, 문자 메시지 등 5~10개에 달한
다. 그런데 2005년 11월 버튼이 하나도 없는(?) 검정 일색 폰이
등장했다(핑크색은 2006년 4월에 출시). 홈버튼의 은빛 테두리를
빼고는 옻칠처럼 새까맣고 반짝거리는 칠흑漆黑이었다. 홈버튼

옆에 보일락 말락 붉게 표시된 조작 버튼은 '누름'이 아니라 '터치'였다. 블랙 라벨의 신호탄이고, 앞면이 디스플레이와 홈버튼만으로 된 터치폰 디자인의 시초였다.

패션 업계에서 쓰이던 '블랙 라벨'을 공산품에 끌어들인 아이디어와, 달콤한 초콜릿의 이미지를 살릴 특유의 검은 색깔을 내려고 샘플을 200개 넘게 만든 데 대한 보답일까. KV-5900(SV-590)은 세계를 평정했다. 모토로라의 V3 레이저폰조차 발을 못 붙인 일본에서까지 날개 돋친 듯이 팔려 LG전자 최초의 텐밀리언 셀러가 되었다. 그전까지 LG 휴대폰은 시장을 선도한 적이 없었다. 2000년에 LG가 Cion(귀공자)이라는 브랜드를 Cyon(Cyber On ;사이버 세상에 접속하다)으로 바꾸면서 내놓은 사이버 폴더 슬림 iBook이 삼성전자와 판매 공동 1위를 한 것이 유일한 기록이었다. 그랬던 LG가 단숨에 세계 일류 회사로 올라섰다. 하루아침에 이루어진 도약이고 비상이었다.

명품 이미지와 달콤함을 내세운 감성 마케팅. 초콜릿폰의 성공은 성능과 가격 경쟁으로 일관했던 업계로서는 패러다임을 바꿔야 하는 충격이었다. 사실 '블랙 라벨'을 가져다 쓴 행위는 Me too였다. 마케팅 분야에서 오래 전부터 써온 이 말은 요즘 사회적 이슈가 된 성추문 고발 용어가 아니라, 유사類似 마케팅, 즉 남이 잘한 것을 따라 하는 행위를 말한다. 패션 업계에서 '한정판 명품'이라는 뜻으로 써온 말을 LG가 Me too했는데, 이미지는 그대로 살리면서도 '대중大衆 명품'(Masstige) 전략으로 바꾸어 블랙 라벨 시리즈를 연거푸 텐밀리언 셀러로 만들었다(대중 명품 전략은 프라다폰에서 절정을 이루었다).

수집가의 철학

그러나 마치 스타택처럼, 레이저폰처럼, 초콜릿폰도 히트가 오히려 발목을 잡았다. 디자인에서 엄청난 효과를 본 뒤로 당연하게도 디자인 파트는 LG전자에서 발언권이 강한 부서로 올라섰다. 그들은 초콜릿 2를 만들고 이어서 2006년에는 메탈 폰인 블랙 라벨 II 샤인(SV-420)을 만들었다. 샤인 이전에도 메탈 폰이 있었다. 1998년 몬디알이 만든 크롬 소재 ML-808이 세계 최초 메탈 폰이다. 그러나 샤인의 디자인이 훨씬 뛰어나고 메탈 느낌이 매우 고급스러웠다. 이 역시 대히트하자 LG는 2008년 7월 블랙 라벨 III 시크릿폰(SU-600)을 내놓았다. 그러나 그때 LG는 세상 돌아가는 형편을 눈여겨보았어야 했다. 2007년 아이폰을 처음 내놓은 애플이 2008년에 앱 장터를 개설한 아이폰 3G를 내놓아 붐을 일으켰는데도 LG는 이를 간과했다. 삼성은 2008년 11월 재빨리 대항마 옴니아(SCH-M490)를 내놓았으나 LG는 오불관언吾不關焉, 자기와 상관없는 일이라는 듯이 고가高價 풀터치 피처폰에 전념했다.

스마트폰 세상으로 변할 조짐을 알아차린 삼성은 풀터치 피처폰이라는 난파선을 탈출했고, LG는 배에 남았다. 그리하여 애플이 아이폰 3G S를 내놓은 2009년에 LG는 블랙 라벨 시리즈 4탄 뉴초콜릿(SU-630) (360쪽 사진에서 세로로 길쭉한 폰)을 냈고, 아이폰 4가 나온 2010년에는 풀터치 피처폰 MAXX(LU-9400)를 출시했다. 삼성이 갤럭시 A와 갤럭시 S를 내놓고 아이폰 따라잡기에 전력을 투구할 때였다.

뉴초콜릿, 일명 소녀시대폰은 광고와 마케팅에 돈을 많이 들이고도 참담한 성적을 거두었다. 초기 스마트폰 시장에 전혀 대

화려하게 등장하고 쓸쓸히 퇴장하다

맨위 왼쪽부터 시계방향으로. 블랙 라벨 I (초콜릿, 초콜릿 II),
블랙 라벨 IV(뉴초콜릿), 블랙 라벨 III(시크릿), 블랙 라벨 II(샤인).

　　　　　　　　　　　　　　　　　수집가의 철학

응하지 못한 후유증이 너무 커서 LG는 한때 휴대전화 사업에서 철수할 뻔했다. 초콜릿은 첫 맛은 씁쓰름하지만 뒷맛은 달콤하다. 초콜릿폰은 첫 맛은 달콤했으나 뒷맛은 씁쓰름했다. 그렇다고 해서 휴대전화 디자인 역사에서 스타택과 쌍벽을 이루는 걸작으로 한국의 위상을 높인 초콜릿폰의 역사가 부정될 수는 없다. 지금도 '역사에서 손꼽히는 휴대전화'를 소재로 한 글들에는 LG의 초콜릿폰이 자주 등장한다. 초콜릿폰은 레전드다. (2018.5.3.)

융합을 확장하다, MP3 ·TV·카메라

1999년······ 최초 MP3 뮤직 폰 SPH-M2100

1999년······ 최초 TV 폰 SCH-M220

2000년······ 최초 카메라 폰 SCH-V200

엄청나게 컸다. 전문가만 다루었다. 국책 사업이나 대규모 프로젝트에 국한해 쓰였다. 그랬던 전자계산기가 어떻게 개인용 컴퓨터(PC)로 탈바꿈했을까. 그것은 미국의 수학자이자 여성 최초로 해군 제독을 지낸 그레이스 호퍼가 전자계산기의 난해한 이진법 코딩을 인간의 언어에 대응시켜 컴파일러compiler 프로그램을 만든 데서 비롯되었다. 컴파일러가 전자계산기의 언어로 하여금 사람의 언어를 해석하게 함으로써 누구나 쉽게 다루는 PC로 거듭났다.

인간의 생활 영역 전체를 지배하다시피 하던 PC가 요즘은 스마트폰에 밀리고 있다. PC 쇠퇴는 아이러니컬하게도 휴대용 컴퓨터(PDA)와 휴대전화의 융합에서 말미암았다. 바로 1994년에 나온 최초 PDA폰(스마트폰) 사이먼이다. 그러나 사이먼 이후 휴대전화와 다른 기기 간의 융합(convergence)은 한동안 없었다. 그러다가 봇물이 터졌다. 2007년 〈USA Today〉가 그때까지 25년간 인류의 생활을 크게 변화시킨 발명품을 조사했을 때 1위로 꼽힌 휴대전화 외에 노트북, e메일 전송기, 직불카드, 발신자표시장치, MP3, 디지털 카메라 등 스물네 가지의 대부분이 1999년부터 피처폰에 흡수되었다. 그 시작은 삼성전자가 잇달아 내놓은

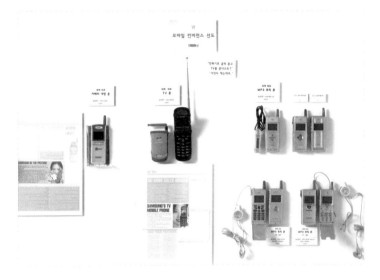

우리나라가 앞장선 모바일 컨버전스

휴대전화와 다른 분야의 융합은 1994년 PDA폰이 처음이지만, 1999년부터 삼성전자가
MP3폰(오른쪽), TV폰(가운데), 카메라폰(왼쪽)을 내놓으면서 본격화했다.

MP3 뮤직폰, TV폰, 카메라폰이다(**위 사진**).

휴대전화가 짧은 기간에 다른 기기들을 블랙홀처럼 빨아들
인 것은 메모리·비메모리 반도체 사양이 폭발적으로 향상되고
다기능 칩이 널리 쓰이게 된 덕분이다. 반도체 용량이 엄청나게
확장된 예를 들어보자. 1994년 출시된 삼성 SH-770 아날로그
폰은 애니콜 상표를 단 지 2년 만에 외국 폰 일색이던 국내 시장
을 석권했다. 그러나 이 레전드의 ROM(고정기억장치, 읽기 기능)
은 1MB(메가바이트), RAM(주기억장치, 읽기와 쓰기 기능)은 수십
KB(킬로바이트)였으니 겨우 전화번호 100여 개를 저장할 수준이

었다. 스마트폰 메모리 사양이 256GB(기가바이트)인 지금 볼 때는 어이가 없을 지경이다(1GB는 1000MB, 1MB는 1000KB).

한 가지 더. 1988년 8월 시스템공학연구소가 우리나라에 처음 들여온 슈퍼 컴퓨터 1호기 Cray-2S는 커다란 캐비닛 크기에 연산演算 능력은 2기가 플롭스Flops(초당 20억 회)이고, 중앙처리장치(CPU) 4개에 주기억용량 128MW(10억 字)였다. 값은 물경 2천500만 달러(약 270억원)! 정부가 결단해 어렵사리 미국에서 사온 이 슈퍼 컴퓨터를 국공립 연구소와 대학교, 기업 60여 곳이 알뜰살뜰 활용했다. 기상 예보, 대륙붕 석유 탐사, 첨단 산업기술과 신제품 개발 등등. 특히 국산 자동차 설계와 충돌실험 때 시뮬레이션을 적용해 시간과 비용을 절약하고 정확성을 높이는 데 크게 이바지했다.

내가 얼마 전 국립중앙과학관 과학유산 심의에 참석했을 때 일이다. 심의위원 각자가 전문 분야 별로 맡은 과학유산 후보를 설명한 뒤 전원이 토론해 평가하는 방식이었는데, Cray-2S를 들여와 직접 다루었던 분이 이 슈퍼컴을 설명하고 마지막으로 한 말에 모두가 툭 터져 나오는 웃음을 참지 못했다.

"그때는 세계를 통틀어 몇 나라밖에 보유하지 못한 이 슈퍼 컴퓨터가 우리나라 과학과 산업 분야 발전에 중요한 구실을 했는데, 성능은 지금 스마트폰의 몇십 분의 일도 안 되었어요. 메모리 용량은 일(1) 기가바이트, 디스크 용량은 사십(40) 기가바이트였습니다."

수집가의 철학

■ SPH-M2100, SPH-M2500

세계 최초 MP3 플레이어 복합형 휴대전화인 SPH-M2100과 M2500은 수집 과정에서 나에게 좌절과 환희를 다 맛보게 했다. 2007년 충주시 앙성면 탄산온천 근처 한 식당. 계산대 위 작은 여물통 안에 바형 전화기 10여 개가 가지런히 놓여 있었다. 그중 리모컨 꽂힌 플립형 하나. SPH-M2100! '저건 내꺼다'라는 생각이 퍼뜩 스쳤다. 일단 내 눈에 띈 폰을 손에 넣지 못한 적은 없었다. 그러나 욕심만 앞선 희망사항이었다. 바깥양반은 박물관에 전시하겠다는 점과 제시한 조건에 호감을 보였으나 안주인은 일언지하에 거절했다. 30분쯤 설득하다가 내가 화를 못 이겨 큰소리를 내기까지 했으나 꿈쩍도 하지 않았다.

1년쯤 흘러 참담했던 기억이 가물가물할 무렵 경기도가 불우 이웃을 돕겠다며 경기도민 천만 명을 대상으로 폐휴대폰 모으기 운동을 대대적으로 벌였다. 담당자와 통화해 박물관에서 필요한 것을 얻기로 했다. 나는 부관장인 큰딸과 함께 수원 못미처에 있는 '도시 광산' 업체로 갔다. 정문을 들어서니 마당에 쌓인 휴대전화를 굴착기가 공장 안으로 옮기고 있었다. 휴대전화 노다지! 그렇게 많은 휴대전화는 처음 보았다. 평생 잊지 못할 장관壯觀이었다. 휴대전화 수집가 앞에 휴대전화가 산더미를 이룬 광경을 상상해 보라.

노다지라는 말은 구한말 금광에서 미국인 광산주가 조선인 일꾼들에게 노터치no touch!('금맥에 손대지 마라')라고 외친 데서 유래했다. 다행히 휴대전화 노다지 관리자 입에서 나온 말은 '노터치'가 아니었다. 자기네도 돈 주고 산 것이니 조금만 가져가시라고 했다. 노다지 동산에 오르니 가슴이 벌렁벌렁했다. "어휴-수십만 개는 되겠다!" 연신 감탄하면서 우리는 매의 눈을 번뜩였다. 20여 분 만에 150개쯤 골라낸 뒤 그곳을 나섰다(인터넷에는 경기도가 폰박물관에 500개를 기증한 것으로 잘못 올라 있다).

내가 시동을 걸려고 할 때 딸아이가 "아빠, 이거" 하면서 뭔가를 내밀었다. M2500! '세계 최초 ♪♬ ♪♪ MP3'라는 선전용 금박 라벨이 깨끗했다. "새 거잖아! 이게… 어떻게 여기서… " 말을 더듬을 정도로 대미大尾였다(**367쪽 아래 사진**). 영원히 사라질 뻔한 이 보물은 나중에 넉 달 먼저 태어난 형님(SPH-M2100)과도 상봉했다.

영국 모바일 잡지 〈What Cellphone〉 1999년 11월호에는 '삼성전자가 세계 최초 MP3폰 SPH-M2100을 한국에서만 판다'고 소개되어 있다. 8월에 출시된 SPH-M2100은 내장 메모리 16MB PCS 버전인데 액정 윗부분이 노란색이고, 12월에 출시된 SPH-M2500은 32MB에 액정 윗부분이 연두색이다(셀룰러 버전인 SCH-M210은 2000년 1월 출시)(**367쪽 위 사진**).

2001년 독일 지멘스가 세계 최초로 슬롯에 메모리 카드를 꽂아서 쓸 수 있는 메모리 외부 확장 폰 SL-45를 내놓았다. 45MB 메모리 카드에 음악도 3곡 저장해 들을 수 있었는데, 지멘스가 욕심이 지나쳐서 최초 음악 폰이라고 선전했다. MP3 플레이어를 내장한 SPH-M2100과 M2500이 2년 전에 나왔는데도 그런 억지를 썼다. 어쨌거나 전문가나 마니아 들이 세계 휴대전화 역사에 길이 남는 폰들을 꼽을 때 'World's first mobile phone with a built-in MP3 player'가 빠지지 않으니 속상할 것 없다. 그런데 주

수집가의 철학

세계 최초 MP3폰 삼형제

위 왼쪽부터 SPH-M2100, SPH-M2500, SCH-M210.

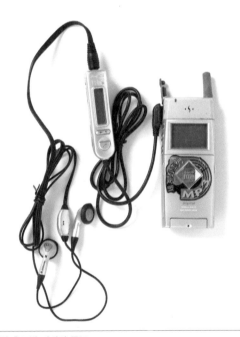

노다지 동산에서 출토된 미래의 국보

'세계 최초 MP3'라는 글자가 뚜렷한 SPH-M2500

의할 것 한 가지. 그들이 꼽는 것은 M2100이 아니라 우리가 들은 적 없는 M100이다. ??? !

삼성전자는 1999년 MP3폰을 국내에서 판 뒤 2000년 미국과 유럽에도 수출했다. 그때 미국 수출형이 SPH-M100이고 유럽 수출형이 SGH-M100(아래 사진)이다. 둘은 폴더 덮개 디자인이 국내용과 다르다. 또 리모컨이 길쭉한 국내용과 달리 미국형은 동그랗고 유럽형은 마름모꼴이다. 외국인이 한국 국내용 M2100을 알 리 없다. 자기네가 쓴 M100밖에 모른다. 그래서 글로벌 차원 일을 할 때는 국내용보다 수출용 휴대전화가 더 중요하다. 내가 다른 수집가나 제조사가 가지고 있지 못한 수출용 휴대전화를 수집하는 데 정성을 쏟은 것도 한국 휴대전화의 위상이 글로벌 1위이기 때문이다. (2017.10.20.)

폰박물관 전시품 ⓒ

다 모인 MP3폰 가족
윗줄은 국내용 SPH-M2100, SPH-M2500, SCH-M210(왼쪽부터)이고, 아랫줄은 유럽 수출형 SGH-M100(왼쪽)과 미국 수출형 SGH-M100 Uprore.

수집가의 철학

■ SCH-M220

'듣고' '보는' 즐거움에 대한 어린 시절 추억 두 가지.

1. 한국전쟁 때 부산 피란지에서 아버지가 미군부대에 다닌 덕에 우리집에는 미제 할리크래프터스 진공관 라디오가 있었다(!) 1950년대 중반에서 1960년대 초까지 살았던 서울 중구 남학동 적산가옥. 대청 반질반질한 마룻바닥에 저녁이면 우리 라디오를 가져다 놓고 집주인과 세입자 등 네 가구의 여인네와 아이들이 바글바글 모여앉아 연속극을 들었다. 1956년 처음 선보인 멜로 드라마 〈청실홍실〉부터 시작해서 〈현해탄은 알고 있다〉 〈장희빈〉 〈검은 꽃잎이 질 때〉 〈안시성의 꽃송이〉 …. 어른용 연속극이 내가 가장 재미있었다고 기억하는 만화 〈칠성이와 깨막이〉만큼이나 재미있었다. 특히 어른들과 섞여서 같은 것을 즐긴다는 데 묘한 스릴이 있었다. 남녀 간의 애정 표현 대목에서 특히 그랬다.

2. 나는 덕혜 옹주의 초등학교 후배이다. 서울 퇴계로에 있었던 일신日新 국민학교인데 지금은 그 자리에 극동빌딩이 들어서 있다. 그때는 여름마다 잊을 만하면 나팔꽃 확성기를 단 차가 동네방네 돌아다니면서 저녁에 영화를 상영한다고 알렸다. 일찌감치 저녁을 먹고 학교로 몰려가면, 광목으로 만든 스크린을 운동장 한가운데에 세운 야외 영화관이 차려졌다. 이름하여 '시민 위안의 밤'. 낮에는 미국산 가루우유(분유)를 배급하고 밤이면 영화를 틀면서 전후 피폐한 민심을 달래던 시기였다. 뒤쪽에도 영상이 비쳤기에 사람들은 스크린의 앞뒤를 가리지 않고 땅바닥에 신문지를 깔고 앉았다. 부채질을 하면서 '홀쭉이와 뚱뚱

이'(양훈 & 양석천), 합죽이 김희갑과 후라이 보이 곽규석, 만담가인 장소팔 & 고춘자의 우스갯짓거리를 보노라면 왁자하게 웃음보가 터졌다. 그렇게들 더위를 식히고 가난을 달래는 사이 세월은 갔다.

1962년인가 그 다음해인가 잘 기억하지 못하겠는데 하여간 어느 날 보니 동네 부잣집 담장에 아이들이 여럿 매달려 있었다. 마당을 가로질러 양옥의 반쯤 열린 창틈으로 무슨 상자 같은 것 속에서 아메리카 들소가 달리는 모습이 보였다. 아이들은 그게 '테레비'리고 하면서 서마다 한마디씩 떠들어댔다. 나 같으면 창문을 활짝 열어놓았을 텐데라고 아쉬워했던 것이 지금도 어제 일처럼 되살아난다.

세월이 흘러 1970년, 우리집이 마침내 19인치 흑백 텔레비전을 장만했다. 부잣집 빼고는 거실과 응접세트(소파)가 없던 시절이어서 허리가 아파도 그냥 방바닥에 앉아서 보았다. 나도 남들처럼 일일 연속극 〈아씨〉 〈마부〉 〈여로〉가 재미있었다. 그러나 대학생이던 나는 드라마보다는 '주말의 명화'와 '명화 극장'에 더 빠졌다. 비록 흑백 화면이었지만, 그렇게 잘 번역하고 그렇게 천의무봉天衣無縫하게 더빙한 명작들을 많이 본 것은 내게 크나큰 무형의 자산이 되었다.

이제 망팔望八(71세)을 저만치 둔 나는 요 깔고 누워서 베개를 높이고 TV를 본다. 이리저리 허리를 들썩이고 엉덩이를 옮겨가면서 5.7인치 스마트폰으로 편하게 본다. 167g밖에 안 되니 오래 들고 있어도 무겁지 않고 화면은 선명하다. 나도 모르게 '참 좋아졌어'라는 말이 새어나온다. 1980년대 말 손바닥만한 흑백

수집가의 철학

폰박물관 전시품 ©

세계 최초 TV폰 SCH-M220
화면이 작고(1.8인치), 아날로그 지상파를
수신했기에 튜너를 집어넣느라 너무
두꺼웠다(3.6cm).

TV를 놓은 포장마차에서 소줏잔 기울이며 허구연과 하일성이
해설하는 MBC 청룡의 프로 야구 중계를 보던 시절이 저절로 떠
오르니 왜 안 그러겠는가. 퇴근해서 집에 가면 게임이 거의 끝나
니 아예 포장마차에서 야구 경기를 보던 시절과 제시간에 퇴근
하면서 전철에 앉아 스마트폰으로 야구를 보는 지금 사이의 한
지점에서 SCH-M220(위 사진)이 탄생했다. 1999년 12월2일, 세계
최초의 TV폰이 조선호텔에서 제품 발표회를 연 날이다.

　SCH-M220은 이동용 디지털 멀티미디어 방송인 DMB(Digital Multimedia Broadcasting)와 달리 아날로그 지상파 방송을 수신하게 만든 폰이다. DMB처럼 위성으로부터 전파를 수신하는 것이 아니므로 일반 TV같이 방송국에서 보내는 신호를 수신할 튜너를 휴대전화에 집어넣었다. 그 때문에 휴대전화와 TV 튜너를 아주 작게 만드는 어려운 기술이 적용되고도 두께가 무려 3.6cm나 되었다. 안테나도 예전 TV에 달렸던 안테나와 똑같은 고성능 슬라이드 안테나이다.

삼성은 고선명 TFT-LCD 디스플레이, 최장 3시간 20분간 연속 시청할 수 있는 배터리, TV를 보다가 전화를 받을 수 있는 기능 등 첨단 기술을 동원했다. TV를 보는 데 따로 통신비가 들지 않는 것도 장점이었다. 그러나 폴더형이어서 화면이 너무 작고 (1.8인치), 소리는 이어폰을 사용해야 들을 수 있었다. 또 고층 빌딩이 많은 도심에서 수신 품질이 떨어지는 최대 약점을 극복하기에 아날로그 방송과 튜너 방식은 역부족이었다. (아날로그 지상파 방송은 2012년 말로 종료되어 이 폰으로는 이제 TV 방송을 볼 수 없다)

SCH-M220은 희귀 폰 중에서는 그래도 수월하게 구한 편이다. 그동안 5개가 내 손을 거쳐 갔다. (2017.10.27.)

■ SCH-V200

고종 때 우리나라에서 최초로 전화기가 쓰였는데, 자석식 벽걸이 전화기라는 점 말고는 사진이나 문헌 근거가 없어서 누구도 그 전화기가 어떻게 생겼는지 아는 사람이 없었다. 그러나 내 보기에는 L.M.에릭손 전화기를 쓴 것이 확실했다. 19세기 말 세

수집가의 철학

계 전화기 시장을 미국과 스웨덴(L.M.에릭손)이 양분했다는 점과 L.M.에릭손 모스와 교환기를 쓰는 사진이 전해지는 점이 그 근거이다. 전화기와 교환기는 같은 회사 것을 썼기 때문이다.

나는 '고종이 썼던 전화기와 같은 모델로 추정된다'는 설명을 달아 L.M.에릭손의 자석식 벽걸이 전화기를 폰박물관에 전시했다. 그 자신감은 내가 1886, 1892, 1911년 L.M.에릭손이 발간한 카탈로그를 가지고 있기 때문이다. 흔히 카탈로그라고 하면 이미지에 간단한 설명이 붙은 리플릿이나 팜플렛을 생각하지만, 이 회사의 카탈로그는 그렇지 않다. 모두가 A4용지 크기로 200쪽이 넘고, 전화기는 물론 배선도까지 곁들인 두툼한 해설집이다(**210, 211쪽 사진**). 몇 년 전 TV 방송의 〈진품명품〉 프로그램에 옛날 전화기 가격을 감정해준 적이 있다. 그 인연으로 담당자가 나중에 에펠탑 전화기에 대해 물어왔다. 그 분은 내가 상세히 설명했더니, 자기가 여러 경로를 거쳐 에릭손 사에 물었는데 그 쪽 답변이 내 말과 똑같았다고 했다. 그때 박물관장의 체면을 세운 것은 L.M.에릭손 카탈로그를 열심히 공부한 덕이었다.

무언가를 수집할 때 물건뿐 아니라 그와 관련된 자료를 곁들여 모으는 것은 매우 중요하다. 나는 미국에서 발행된 〈Radio News〉 1930~1960년대 것 전부와 유럽에서 발간된 휴대전화 잡지 3종을 창간호부터 모두 모으느라 어지간히 힘들었다. 그러나 무슨 일이 생길 때마다 참으로 잘했다는 생각을 하곤 한다. 카메라폰을 누가 처음 만들었는가 하는 문제는 한국과 일본 간에 지금도 논쟁이 되고 있는데, 이것도 내 자료를 보면 너무 간단하게 풀린다. 영국에서 발간된 모바일 잡지 〈What Cellphone〉 2000

년 9월호에 SCH-V200 카메라폰**(375쪽 위 사진)** 사진과 함께 실린 기사의 맨 앞과 맨 뒤 문장은 이렇다.

'삼성이 한국에서 세계 최초 디지털 카메라 폰을 개발했다. … 삼성은 이미 MP3폰, 시계폰, TV폰을 개발했다. (Samsung has developed the world's first digital camera mobile phone in Korea. … Samsung has already developed MP3, Watch, TV phones.)'

일본이 세계 최초로 만들었다고 주장한 샤프의 J-SH04는 2000년 11월에 나왔다. 삼성전자가 만든 SCH-V200은 2000년 4월 KIECO 2000 전시회에서 처음 공개되고 7월에 출시되었다. 우리 쪽 자료를 못 믿는다고 해도, 영국 잡지에 실린 것이 2000년 9월호이니 J-SH04보다 두 달이 빠르다.

삼성이 먼저 만든 것이 확실하자 일본은 다시 교세라京セら가 1999년 5월에 출시한 VP-210**(375쪽 아래 사진)**을 세계 최초 카메라폰이라고 우긴다. 카메라가 내장되었으니 그 주장이 맞는다고 할 수도 있지만, 엄밀히 말하자면 화상 통화를 위해 카메라를 내장한 폰일 뿐 우리가 일반적으로 생각하는 카메라폰은 아니다.

VP-210은 보통 카메라폰과 달리 앞면에 렌즈가 있다. 발신자가 VP 버튼과 통화 버튼을 차례로 누르면 이 렌즈가 발신자를 찍어 상대 전화기 화면에 얼굴을 띄운다. 이 기능은 같은 단말기(VP-210)를 가진 사람과 800m 이내에서만 작동된다. 그것은 영상 통화가 안 되는 2G 네트워크를 쓸 수 없어 워키토키에 쓰이는 PHS 시스템을 이용했기 때문이다. 원시적이고 제한적이지만 어쨌든 화상 통화의 시초이다.

교세라가 이 제품을 'VisualPhone VP-210'이라고 내세운 것

최초 카메라폰 삼성전자 SCH-V200

성능이 보잘것없어도 돈 주고 사서 쓴 소비자가 있었다. 왜 세계 최초
카메라폰이라고 당당히 말하지 못하는가?

최초 화상통화폰 교세라 VP-210

카메라를 내장했지만 비주얼 폰이다. 전면 카메라로 자기 얼굴을 찍어 정지 영상을
보내는 것 외에 일반 카메라 기능은 없다.

은, 화상 통화 외의 카메라 기능은 쓸모가 없었기 때문이다. 렌즈가 앞에 있으니 자기 얼굴은 찍지만 그밖의 것은 화면에 안 잡힌다. 다른 사물을 찍고자 해도 화면에 잡히는지 확인할 길이 없고, 촬영 버튼마저 앞면에 있어 누르기가 어렵다. 이런 기능으로 스틸 사진을 즐겁게 찍을 사람은 없다.

일본이 처음에 세계 최초 카메라폰을 J-SH04라고 주장했던 점이나, 교세라가 자기 제품을 카메라폰이라고 하지 않고 비주얼폰이라고 한 점을 보면 VP-210은 애초에 화상 통화 폰을 목적으로 태어났다. 다만 1초에 전송할 수 있는 화면이 2 프레임밖에 안 되니 실시간 화상 통화(동영상)라기보다는 정지 영상을 빠르게 보내는 슬라이드 쇼나 다름없다. 그동안은 2003년 일본 NEC와 소니에릭슨이 3세대 WCDMA 폰으로 처음 내놓은 e606과 Z 1010이 세계 최초 화상 통화(video call) 폰이라고 알려졌는데, 지극히 원시적이기는 하지만 1999년에 나온 VP-210을 그 자리에 앉히고 최초 카메라폰은 삼성의 SCH-V200이라고 인정하는 것이 이치에 맞다고 본다.

그러나 외국 사람들은 거의가 한국이 세계 최초로 카메라폰을 만들었는지 모른다. 인터넷에는 세계 최초 카메라폰이 VP-210이라고 올라 있다. 미국 사람들이 언제나 10대 휴대전화로 꼽는 것도 카메라를 내장한 폰 중 미국에서 처음 팔린 일본 산요三洋의 SCP-5300이다. SCH-V200을 국내에서만 판 것이 이런 결과를 초래했다. 여기에는 세 가지 궁금함이 따른다. □ 왜 수출을 못 했을까. □ 왜 똑같이 자국 내에서만 쓰였는데 일본 것이 더 널리 알려졌을까. □ 왜 카메라를 본체에 내장한

수집가의 철학

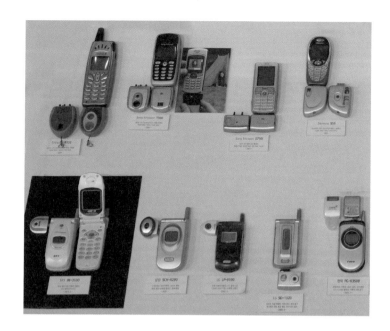

카메라폰 초창기의 10만 화소급 외장형 카메라폰

윗줄 왼쪽부터 에릭손 R 520(2001년), 소니에릭슨 T 300(2002년), 소니에릭슨 D 750i(2005년), 지멘스 S 55(2002년).
아랫줄 왼쪽부터 스카이 IM-3100(2001년), 삼성전자 SCH-X290(2001년), LG전자 LP-9100(2002년), LG전자 SD-1020(2002년), 팬택&큐리텔 PG-K3500(외장형 플래시·2003년).

SCH-V200을 2000년에 만들고도 다음해에 만든 두 번째 카메라폰 SCH-X290은 밖에서 카메라를 꽂아 쓰는 외장형으로 만들었을까. 기술이 진보하기는커녕 후퇴할 수도 있단 말인가.

어쨌든 SCH-V200은 우리나라에서 출시된 휴대전화 중 수집가들이 가장 구하기 어렵다고 알려져 있다. 나도 중요한 휴대전화 중에서는 가장 늦게 구했다. 여기에도 사연이라면 사연이라고 할 것이 있다. 2008년 폰박물관에 20대 젊은이와 고등학생이 서울에서 찾아왔다. 휴대전화에 대한 그들의 지식은 놀라웠다. 모델명을 아는 것은 물론 언제 몇 개 출시되었는지도 꿰니 그야말로 달인의 경지였다. 젊은이는 일본에서 새로 나올 제품의 목업을 사다가 우리나라 제조업체 디자인 파트에 파는 일을 하고, 고등학생은 모토로라 마니아였다. 그 뒤로 젊은이는 나에게 일본의 최신 목업을 많이 구해주었다. 다른 나라 제품을 볼 기회가 없던 그 시절 관람객에게 디자인이 우리와 달리 아기자기하면서도 화려한 일본 휴대전화는 좋은 볼거리였다. 또 박물관을 찾아온 일본 단체 관람객에게도 좋은 인상을 주었다.

고등학생은 혼자서도 가끔 왔다. 물론 관람료를 받지 않았고 언젠가 친구와 같이 왔을 때는 저녁을 먹여 보내기도 했다. 한동안 발길이 뜸했던 학생이 1년쯤 지나 대학생이 되어 찾아왔는데 뜻밖에도 SCH-V200을 가지고 왔다. 초창기부터 휴대전화 판매점을 한 사람을 여러 번 졸라서 재고품을 샀다고 했다. 여러 정황을 보건대 한 20만원쯤 들었을 것 같았다. 휴대전화의 가치를 잘 모르고 팔았을 테니 그것이 정상 가격이었다. 나는 200만원에다 모토로라 전화기 귀한 것 몇 가지를 얹어 주겠다고 제안했다. 그때로서는 정말 큰돈이고 모토로라 전화기만도 수십만원 값어치였다. 나는 그만한 대접을 받을 폰이라고 생각했다. 힘들게 구한 데 대한 보상도 하고 싶었다. 나중에 연락하겠다고 한 그가 1주일 지나 전화로 부른 돈은 700만원이었다. 내가 그 근거가 무어냐고 물었더니 그가 이렇게 답했다. "우리 부모님이 폰박물관에 없는 것이니 그 값을 받으라고 했어요."

수집가의 철학

그 말을 전하자 우리 식구들은 모두 분개했다. 적자를 보면서도 힘들게 모아서 이다음에 나라에 기증하겠다는 박물관이니 그냥 기증하라고 권했다면 얼마나 좋았을까. 그렇게 해도 내가 제시한 돈은 다 주었을 텐데…. 우리 가족은 카메라폰 없다고 박물관 못 하는 것 아니니 인연 없는 것에 연연해 끌탕하지 말자고 결론을 내렸다. 그 뒤로 무려 9년이 지나서 결국 나는 얘깃거리도 만들지 못하고 손쉽게 이 폰을 구했다. (2017.10.26.)

J-SH04와 SCH-V200, 서양은 어떻게 보는가

2014년 5월18일 미국의 기술 미디어 웹사이트 CNET에 '41년 휴대전화 역사에서 지각을 바꾼 제품 12개'라는 기사가 올랐다. 여기에 선정된 카메라폰은 일본 샤프의 J-SH04였다. '오늘날 셀카는 일본 내에서만 판매된 J-SH04에 크게 빚지고 있다. 이 카메라는 10만 화소였고, 사용자는 사진을 친구들과 전자적電子的으로 공유했다.' 거기에 이렇게 덧붙였다. '그렇지만 카메라가 장착된 삼성 SCH-V200이 J-SH04에 앞서 나왔다는 점에 한번쯤 주목할 필요는 있다. 이 휴대전화는 오늘날 우리가 생각하는 카메라폰은 아니었다. 카메라를 장착했지만 컴퓨터로 내려받기만 할 수 있었다. 단지 카메라가 달린 휴대전화일 뿐이었다.'

이보다 뒤에 나온 GSM.Com의 'History of GSM'에는 훨씬 가혹한 평이 실려 있다.

'샤프 J-SH04는 모바일 기능에 카메라가 완전히 통합된 세계 최초의 휴대전화이다. … 사진의 해상도가 낮은데도 J-SH04가 인기를 끈 까닭은, 멀리 떨어진 친구나 가족과의 경험을 시각적으로 공유하도록 혁신했다는 점이다. 삼성은 SCH-V200이 최초로 카메라와 휴대전화를 통합했다고 주장하지만 그것은 반쪽 통합이다. 텔레폰에서 'tele'란 네트워크의 한끝에서 반대쪽에 재생할 수 있는 정보를 만들어내기를 요구한다는 뜻이다. 삼성 V200은 이것을 할 수 없다. 사진을 유선을 통해 PC에서 받는다. 그러므로 그것은 오늘날 말하는 카메라폰이 아니다. 빈약한 카메라가 부착된 그저 반쪽짜리 카메라폰의 처음이자 마지막이다.'

똑같은 11만 화소 카메라를 썼는데도 삼성 것만 조악한(poor quality) 카메라라고 썼다. 그렇지만 이런 글에 휘둘릴 필요는 없다. 인터넷에서 권위를 인정받는다고 해서 나도 그렇게 생각하지는 않는다. GSM.Com에는 편파와 왜곡과 오류가 꽤 많음을 알기 때문이다. 가령 세계 최초 시계폰인 삼성의 SPH-WP10 소개에 엉뚱한 사진을 쓰고도 몇 년째 모르고 있다. 세계 최초 빔 프로젝터 폰은 삼성의 i7410인데 두 번째 모델인 i8520으로 틀리게 올렸다. 또 1999년에 나온 세계 최초 TV폰(삼성 SCH-M220)과 2005년 1월에 나온 DMB폰(삼성 SCH-B100)은 빼고 2005년 11월에 나온 노키아의 DVB-H폰(N92)을 소개했다.

그 밖에도 미국이나 유럽에서 나오는 휴대전화 관련 글들이 모두 자기네 위주로 쓰여 있지만, 나는 카메라폰에 관한 글에서는 한 가지 팩트에만 주목한다. 아무튼 J-SH04보다 SCH-V200이 먼저 나온 점만은 다 인정한다는 사실이다. 그러니 우리는 샤프가 삼성보다 더 잘 만들었다는 점을 흔쾌히 인정하고, 어쨌거나 처음 만든 것은 삼성이라고 쿨하게 생각할 필요가 있다. 그런데 막상 당사자인 삼성은 자꾸만 자신감을 잃어가고 있다.

수집가의 철학

예전에 우리나라 제조업체들이 흔히 써먹었던 '세계 최초 ○○○폰'이라는 말은 알고 보면 '세계 최초 CDMA ○○○폰'인 경우가 많았다. CDMA 방식 폰 가운데 최초인 것을 GSM까지 포함한 세계 최초인 것으로 착각하도록 선전했다. 나는 숱한 수업료를 지불하고 시행착오를 겪으며 헛심을 쓴 뒤에야 그런 함정에 빠지지 않게 되었다. 그러나 삼성이 V200을 '세계 최초 카메라폰'이라고 선전한 것은 그런 경우가 아니다. 세계 최초가 맞다. 성능이 보잘것없었어도 2000년 7월에는 그것도 신기하고 대단한 제품이었다. 그런데 카메라폰이 급격히 발전하자 사람들이 그 눈높이로 최초 카메라폰을 평가하려 든다. 그러다 보니 V200을 깎아내리고 J-SH04를 띄웠다. 하나가 그렇게 올리니 죄다 베껴서 따라 하고 있다.

그렇다고 해서 '최초'가 변하지는 않는다. 19세기 말에 발명된 수동식 나무통 세탁기(아래 사진)는 건조 기능까지 갖춘 드럼 세탁

기능이 원시적이어도 한번 최초는 영원히 최초다
19세기 말에 처음 발명된 나무통 세탁기가 드럼 세탁기보다 못하다고 해서 '최초 세탁기'가 아닌 것은 아니다.

기가 쓰이는 세상이어도 여전히 '세계 최초' 세탁기이다. 그런데도 삼성은 '세계 최초 카메라폰'에서 '최초 CDMA 카메라폰'으로 슬그머니 말을 바꾸더니 이제는 아예 '국내 최초 카메라폰'이라고 한다. V200은 휴대전화와 카메라를 합치는 컨버전스 아이디어를 처음 제품화한 것이다. 그런 자긍심마저 버리는 자기 비하는 하지 말기를 간곡히 바란다. (2017.10.26.)

수집가의 철학

'세계 최초'는 테스트용?

1999년······ 최초 2세대 손목시계형 폰 SPH-WP10

2003년······ 최초 2.5세대 손목시계형 폰 TWC-1030

세상에 처음 나오는 기계는 소비자에게 전달되기 전에 여러 가지 테스트를 거친다. 그 중에는 사람의 목숨을 걸고 하는 테스트도 있다.

'··· 1952년 어느 화창한 봄날. 내가 미스테르 IV를 몰고 1만 2,200m 상공에서 급강하를 시도했다가 기체가 빙글빙글 돌면서 곤두박질하는 바람에 죽을 뻔한 지 1주일이 지나서였다. 사무실에 있자니 제트기 나는 소리가 들렸는데 예감이 이상했다. 내가 창밖으로 고개를 돌리자마자 비행기가 폭발했다. 기체가 불길에 휩싸이더니 검은 연기가 뭉클뭉클 치솟았다. 내가 처음 시험비행사가 되었을 때 나를 맞아 주었던 동료 일곱 사람 가운데 네 사람째 죽음이었다. 그들은 모두 서른이 넘고 가정이 있는 베테랑 조종사였다. ···'

프랑스 대통령 며느리로서 시험비행사(test pilot)가 되어 프로펠러 비행기로 시속 817km 비행 신기록을 세우는 등 16년간 세계 톱 클래스 시험비행사로 이름을 날린 자클린 오리올의 자서전 〈I live to fly〉에 나오는 대목이다.

휴대전화의 기계적 결함은 항공기 테스트처럼 사람의 목숨이 걸린 일은 아니지만 갤럭시 노트 7 배터리 발화 사건처럼 대량 리콜에 따른 경제적 손실과 이미지 추락으로 기업에 엄청난 부담이 될 수도 있다. 최악까지 상황을 설정하고 테스트해도 소비자 손에 들어가면 또 어떤 결함이 드러날지 모른다. 그래서 패러다임을 바꿀 정도로 새로운 기능을 장착해 휴대전화 역사에 한 획을 긋게 될 제품, 즉 검증되지 않은 기술이나 기능을 처음 적용한 휴대전화는 선뜻 대량 생산을 할 수가 없다. 신중한 제조사는 시장의 수요를 떠보는 한편 내구耐久와 안전에 별 탈 없음이 검증되어야 두 번째 모델부터 대량 생산을 한다. 첫 번째 모델은 어느새 구하기 힘든 희소 폰이 되고 만다.

반대 경우로 자신감이 넘쳐서 적게 만들기도 한다. 시장 여건(수요)이 무르익지 않았는데도 앞선 기술력을 과시하려고 만든 세계 최초 1000만 화소 카메라폰, 특수 기술을 적용한 점을 내세워 제조사 이미지를 높이려고 '한정판'을 만들어 특정 지역에만 판 매트릭스 폰이 그런 경우이다. 신중해서든 자신 만만해서든 이같은 소량 생산은 세계 최초 기능을 가진 폰을 구해 연대표에 한 획씩 그어 가며 휴대전화 발전 역사를 기록하는 박물관으로서는 수집에 걸림돌이 된다고 할 수밖에 없다.

2000년 세계 최초로 카메라를 내장한 SCH-V200은, 삼성전자가 밝힌 적은 없지만 알음알음해 보니 200개가 시장에 나왔다. 그 전 해에 나온 세계 최초 2세대 손목시계형 휴대전화 SPH-WP10(385쪽 위 사진)도 마찬가지다. 최경량(39g, 배터리 포함 50g), 최소형(67×58×20mm)에 스피커폰과 조그셔틀 스위치 기능. 사람들의 눈길을 끌 신기한 상품인 데다 삼성의 기술력을 과시했으니 100만 개쯤 만들 법한데도 200개만 내놓았다. 300개 만들어 리콜용으로 100개를 남겼다고 하니, 결함 발생에 대비해

수집가의 철학

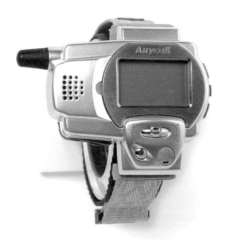

웨어러블 폰의 효시 SPH-WP10

이 2세대 시계폰은 300개 만들어 200개만 판 탓에 구하기 너무 어려웠다.

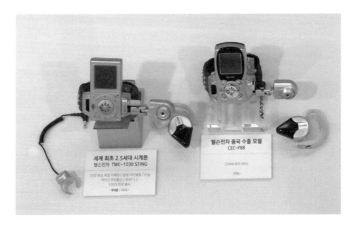

외장형 카메라를 장착한 2.5세대 시계폰 STING

위 왼쪽이 100개만 만들어 판 국내용이고, 그 옆은 디자인을 살짝 바꾸어
중국·인도에 수출한 것이다.

적게 만든 전형적인 사례이다. 시계폰을 삼성보다 먼저 개발하고도 배터리를 작게 못 만들어 상용화하지 못했다고 알려진 미국 일본의 사례를 감안한 듯하다.

2003년에는 텔슨전자가 차세대 폭풍(STING: Storm In Next Generation)이라는 별명을 붙여 세계 최초로 2.5세대 손목시계형 폰 TWC-1030**(385쪽 아래 사진)**을 론칭했다. 무게 93g, 256 컬러에 33만 화소 외장형 카메라와 반지 모양 송화기를 이용한 적외선 무선통신(아직 블루투스가 없었다) 기능을 갖추었다. 그러나 출시된 제품은 겨우 100개. 거창한 별명과 달리 찻잔 속의 태풍이었다.

SPH-WP10 시계폰 구하기는 모래밭에서 바늘 찾기였다. 그런 것을 구했으니 사람들은 거기에 뭔가 그럴듯한 이야깃거리가 있을 것이라고 지레짐작하지만, 사실 희귀 폰을 구한 일은 내가 생각하기에도 싱겁게 이루어진 경우가 많다. 시계 폰도 그랬다. 하지만 극적 요소는 없어도, 물건을 가진 사람이 나를 찾아오게 하려고 박물관을 일찍 연 내 작전이 성공한 결과이니 나름 이야깃거리는 될 만하다.

2008년 어느 날 수더분하게 생긴 30대 초반 남녀가 박물관에 왔다. 그들은 좀처럼 보기 드물게 모델명을 들먹이며 얘기를 나누었다. 다 둘러보고 나서 남자 손님이 나에게 머뭇머뭇 무슨 말인가를 꺼낼 듯했다. 그러다가 그의 입에서 나온 말은 "더블유 피 텐이 안 보이던데요"였다. 느닷없이 약점을 찔린 나는 천천히 고개를 끄덕이고는 심드렁하게 되물었다. "혹시 구할 데를 아십니까?" 남자는 한참 뜸을 들이더니 큰 결심을 한 듯이 입을 열었다. "사실 의향이 있으세요?"

퍼뜩 정신이 들었다. 나는 반색을 하며 값을 물었다. 그러자 이번에는 그가 심드렁했다. 내가 네댓 번 채근하고 무려 10분이 지나서야 입을 열었다. 그도 그럴 것이 그가 부른 값은 백만 단위였다. 휴대전화 수집가가 별로 없던 그 시절로서는 쉽게 입 밖으로 낼 금액이 아니었다. 나는 망설이지 않았다. "사지요!" 그는 내가 값을 깎지 않자 오히려 당황한 표정이더니 주섬주섬 시계폰을 꺼냈다.

내가 시계폰을 살펴보는 동안 그가 뭔가를 하나 더 꺼내더니 '이건 그냥 드릴게요'라면서 내밀었다. 와! 버튼에 숫자만 새겨진 바bar형 아날로그! LG전자의 GSP-100이었다. 행운은 그렇게 찾아왔다. 김재학. 휴대전화 대리점을 했었다는 그는 중고 휴대전화를 수선해 새 케이스를 씌워서 중국에 수출하는 일을 하고 있었다. 그는 지금까지 나에게 휴대전화를 가장 많이 구해준 사람이다. 내 컬렉션이 우리 후손에게 귀한 문화유산이 된 공功의 꽤 큰 부분은 그에게 돌리고 싶다.

텔슨전자의 카메라 외장형 시계폰 STING은 100개만 만들었다고 하니 아예 구할 엄두를 못 내었다. 그런데 2009년 우연히 통신사에 다니는 사람을 만나 이런저런 얘기를 하다가 STING에 대한 정보를 얻었다. 그 사람 말이 STING은 자기네 통신망을 쓰는데 전국에서 두 사람이 아직 그 폰을 쓰고 있다고 했다. 나는 그 중 한 사람의 연락처를 인터넷에서 알아냈다. 전화를 걸어 박물관에 그 폰이 필요하다는 사실을 정중하게 설명하고 가격

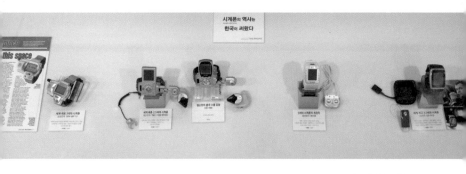

시계폰의 역사는 한국이 써 왔다

위 사진 왼쪽부터 2세대(심싱진자 SPH-WP10), 2.5세대(텔슨전지 TWC 1030 STING), 3세대(현대전자 W100), 3.5세대(LG전자 GD-910).

을 제시했다. 뜻밖에 상대는 흔쾌히 승낙했다. 돈보다는 자기가 쓰던 물건이 박물관에 전시된다는 사실이 기쁘다고 했다. 당사자보다 그 말을 들은 내가 더 뿌듯했다.

텔슨전자는 STING의 모양을 조금 달리해 중국과 인도에 수출했다. 특히 2004년 중국 차이나 텔레콤에 수출한 CEC-88 모델의 인기가 높았는데, 그 뒤로 중국 업자들이 싸구려 시계폰을 많이 만들었다. 중국 경매를 통해 CEC-88도 구했다. 하나 더 구하려고 했지만 그 뒤로 다시는 구할 수 없었다. (2017.10.13.)

블루투스, 기계끼리 대화하다

2000년…… 최초 블루투스 폰 T 36

　　2005년 문근영 폰을 히트시킨 '어깨로 눌러 받기' 광고. 문근영이 강의실에서 음료 컵을 두 손에 든 채 춤추고 있는데 멀찍이 책상 위에 놓아둔 휴대전화에서 벨이 울린다. 한껏 고조되던 흥이 깨어질 상황. 그런데 이 깜찍한 아가씨는 춤을 멈추지 않은 채 고개를 살짝 옆으로 숙이면서 한쪽 어깨를 슬쩍 들어올렸다. 귀에 꽂힌 작은 헤드폰을 어깨로 누름과 동시에 "여보세요"하고 상대를 부른다. 이어지는 광고 헤드라인. '손 떼고 즐기자!' 블루투스의 원리와 편리함을 국민 여동생의 귀여운 몸짓으로 잘 전달한 SPH-V6900 광고이다.

　　블루투스 폰은 우리나라가 다른 나라보다 2년 늦었다. 휴대전화보다는 다른 전자기기 쪽의 블루투스 인프라가 정비되지 않은 탓이다. 2002년 10월 SPH-X7700 블루투스 폰이 처음 선보였는데 반응이 신통치 않았다. 그러다가 3년이 더 지나서야 문근영 폰이 블루투스 대중화의 기폭제가 되었다. SPH-V6900(390쪽 아래 사진)은 또한 휴대전화에서 그때까지 기피되던 검은색 계열의 흑청색(BlueBlack)을 유행시켰는데, 심지어 젊은 여성들이 머리를 블루블랙 컬러로 염색하는 유행이 일기도 했다.

　　흑청색은 유럽에서도 환영 받았다. 삼성은 그때까지 관행과 달리 국내에서 SPH-V6900을 팔기 전에 먼저 유럽에 팔았

"손 떼고 즐기자!"

블루투스 폰이 빠르게 보급된 데는 국민 여동생이 출연한 '어깨로 눌러 받기' 광고가
단단히 영향을 미쳤다.

전세계에 흑청색을 유행시킨 SPH-V6900

한국에서는 블루투스를 유행시켜 유명하지만, 이 폰이 텐밀리언셀러가 된 요인은
아름다운 디자인과 블루블랙 컬러였다.

수집가의 철학

다. 모델명 SGH-D600인데, 〈Mobile Choice〉(2004.12.) 〈What Mobile〉(2004.12.) 같은 유럽 잡지들이 앞다투어 베스트 폰으로 뽑거나 찬사를 보냈다. 프랑스 패션지 〈STUFF〉(2005.1.)는 '아름답고 세련된 검정 드레스를 걸친 여성의 완벽한 몸매를 연상케 한다. 결점을 찾아볼 수 없는 진정한 보석 같은 제품'이라고 극찬했고, 영국의 남성 패션지 〈Esquire〉(2005.2.)는 '영감을 주는 기술'에 선정했다. 유럽에서 블루블랙 폰이라고 불린 SGH-D600은 이건희폰(SGH-T100), 벤츠폰(SGH-E700)에 이어 삼성전자의 세 번째 텐밀리언 셀러가 되었다.

블루투스가 '근거리 무선 통신'인지 모르는 사람에게 이 말은 참 아리송하다. 블루blue는 푸른색이고 투스tooth는 이〔齒〕인데, 푸른 이라니 도대체 어떤 짐승의 이빨인가? 짐승 이빨이 아니라 사람의 이다. 10세기 덴마크 군주 하랄드 1세의 별명이다. 어려서부터 블루베리를 너무 좋아한 그가 늘그막에 이가 모두 파랗게 변해 하랄 블루투스라고 불린 데서 유래했다. 그 늙은이의 파란 이가 어쩌다 근거리 무선 통신이 되었을까.

블루투스는 전자 기기와 기기 사이에 100m 이내에서 이루어지는 무선 통신이다. 여러 가지 전자 제품을 쓸 때 전선이 복잡하게 얽히지 않게끔 기기와 기기가 서로 선 없이 통신하도록 동기화同期化하는 기술이다. 특공대가 작전에 투입되기 전 모두 시계를 맞춘다. 똑같은 시각에 여기저기서 동시다발로 공격하기 위해서다. 영화에서 자주 본 이 장면이 바로 동기화이다. 동시에 일어나는 사건이 의도한 목적을 달성하도록 조정한다는 뜻이다. 이것을 처음 개발한 스웨덴 사람이 수많은 전자 제품을 하나의 기술 규격으로 통일한 것이 하랄드 블루투스 왕이 여러 지역을 통합해 강력한 왕권을 확립한 치적과 비슷하다고 생각해서 블루투스라는 명칭을 붙였다. 블루투스를 나타내는 로고도 하랄드 왕의 머리글자에서 땄다.

블루투스는 무선으로 사진과 음악을 주고받거나 무전기처럼 쓸 수도 있다. 휴대전화 말고도 여러 분야에서 쓰이고 응용되지만 그 쓰임새가 우리 생활에서 가장 빛을 본 것은 역시 휴대전화이다. 휴대전화가 모든 디지털 기기의 중심이 되고, 휴대전화로 다른 디지털 기기를 조종하는 디지털 컨버전스 시대이기 때문이다. 그런데도 용어가 생소하고 전문 분야 기술이라는 선입견이 있었다. 그것을 '어깨로 눌러 받기'가 단칼에 해소했다.

블루투스 전파는 차폐물을 통과하므로 휴대전화를 가방이나 주머니에 넣은 채로도 다른 기기와 통신을 주고받을 수 있다. 문근영은 전화기를 멀찍이 떨어진 곳에 놓아두었지만, 만원 전철 안에서 옴쭉달싹 못 할 때 핸드백 깊숙이 넣어둔 휴대전화에서 벨이 울려도 블루투스라면 문근영처럼 손가락 하나 까딱하지 않고도 통화할 수 있다. 핸드백 속의 휴대전화와 블루투스 헤드폰 사이에 무선 통신이 이루어지기 때문이다.

1994년 개발된 블루투스가 처음 적용된 휴대전화는 T 36(393쪽 사진)이다. 지구를 통틀어 몇 개 있을까 말까한 것을 나는 아주 쉽게 손에 넣었다. 2010년 처음 인터넷에 올라온 T 36을 보고 나는 기연가미연가했다. 믿을 수 없었다. 영영 놓칠 수도 있다는 불안감이 있었지만 꾸욱 억누르고 지켜보았다. 그러기를 무려 1주일. T 36은 변함없이 그 자리에 있었다. 결국 내가 샀다. 왜 안 팔렸을까. 너무 비싸서? (정말 비쌌다.) 몰라서? (그럴 만한 사연이 있다. 다이나택 8000X 같은 유명한 폰에만 관심을 가지는 대다수 수집가는 T 36이 어떤 폰인지 모를 수 있다) 어쨌든 물건에는 임자가 있는 법이고, T 36의 임자는 나였다.

T 36에 얽힌 그럴 만한 사연이란 뭘까. 에릭손은 2000년 6월 싱가포르 정보통신 전시(CommunicAsia)에서 T 36을 처음 공개했다. 전화기는 평범했지만 블루투스 헤드셋이 사람들 눈길을 사로잡았다. 저걸 귀에 꽂을 수 있을까 할 정도로 휴대전화보다도 길었다. 더 놀라운 것은 휴대전화와 헤드셋을 잇는 선이 없었다. 새로운 기능도 꽤 있었다. 버튼만 누르면 헤드셋이 사람의 음

폰박물관 전시품 ⓒ

블루투스 폰의 원형 T 36
에릭손이 T 36을 1994년 처음 공개했을 때 사람들은 무선으로 작동되는
어마무시한 헤드셋에 더 놀랐다.

성 명령을 휴대전화에 전달했다. 노트북과 휴대전화를 연결하고, 휴대전화끼리 게임도 할 수 있었다. 사람들의 기대치가 높아졌다.

그런데 돌발 사태가 일어났다. 2000년 10월 에릭손이 이미 만든 T 36을 판매하지 않겠다고 발표했다. 왜 그랬을까. 내막은 모르지만, 제조사에서 흔히 벌어지는 일을 참고할 수는 있다. X 프로젝트를 첫 번째 모델부터 후속 모델까지 순서에 따라 여러 파트가 분담한다. A파트가 X-A를 개발해 미디어에 보노(어나운스)되고 판매점에 출시(론칭) 날짜도 통보했다. 그런데 B파트가 X-A를 개량한 후속 모델 X-B를 예정보다 빨리 개발하게 되자 제조사는 X-A 출시를 포기하고 조금 기다렸다가 X-B를 시장에 내놓는다. 과연 T36을 포기한 지 얼마 지나지 않아서 T 39와 R 520이 나왔다. 에릭손이 말한 '더 나은' 블루투스 폰이다.

최초 범용 OS를 탑재한 R 380과 후속 R 380S의 경우는 조금 다르다. X-A를 포기하지 않고 예정대로 출시했다. 그리고 곧바로 X-B를 내놓았다. 그 때문에 R 380은 무척 귀하다. 그밖에 모델명의 번호가 뒷자리인 제품이 앞 번호 제품보다 먼저 출시된 사례도 많다.

전혀 다른 이유도 있다. 삼성이 전면부가 360도 회전하는 슬라이드 폰을 만들었다. 정식 모델명(SCH-V530)을 부여하고 보도 자료를 냈다. 판매점들은 고객에게 예약을 받았다. 그런데 출시하기 며칠 전 일본에서 360도 회전하는 슬라이드 폰이 출시되었다. 삼성은 제품 출시를 포기했다. 사연은 다르겠지만 현대전자의 HPS-153B, LG전자의 KT-1000도 '제품 발표는 되었지만 출하되지 않은' 폰, 즉 베이퍼웨어vaporware이고, 흔히 드롭 폰이라고 불린다.

다이나택 8000X가 태어나기 10년 전 화이트 브릭이 시험 통화에 성공했다. 다이나택 8000X의 원형原型(prototype)이다. 베이퍼웨어 T 36은 결과적으로 T 39와 R 502의 원형이 되었다. 화이트 브릭처럼 엄청나게 희귀한 유물이라는 뜻이다. T 36 못지않게 희귀한 것이 또 있다. 바로 HBH-10 헤드셋(**393쪽 사진**)이다. 무지막지한 80근 청룡언월도가 있어야 관운장이 관운장이듯 어마무시한 HBH-10이 있어야 T 36이다. 그것을 4년 걸려 구했다. 헤드셋과 열 가지 액세서리가 25.5×24×9.5cm 금속 통에 들어있는 거창한 세트다. (2017.12.6.)

아이폰이 세상을 바꿨다고?

2007년······스마트폰 시대를 연 iPhone 2G

2007년에 아이폰iPhone 2G를 미국에서 사들였다. 우리나라가 아이폰을 쓴 것은 2009년 11월 3G부터이니 2G는 미국에서 사올 수밖에 없었다. 아이폰이 처음부터 미국 소비자에게 인기를 끈 것은 아니다(2G는 겨우 139만대 팔렸다). 그러나 나는 박물관인으로서 스마트폰 생태계에 불어닥칠 태풍의 전조라고 여겼던 것 같다. 당시는 꽤 큰돈인 150만원을 선뜻 썼다.

6년이 지난 2013년, 스마트폰 역사를 정리하자니 아이폰 2G가 더 필요했다. 며칠을 검색한 끝에 겨우 e-bay에 나온 '미개봉' 아이폰 2G를 찾아냈다. 1만 달러, 원화로 1천100만 원이었다. 다시 4년이 지나 2017년 3월에 인터넷을 검색하니 2천500만원이었다. 비닐 포장을 뜯지 않은 아이폰 2G는 세계에 10개도 안 남았다는 것이 내 추측이다. 그렇다고 해도 겨우 10년 전에 나온 대량 생산 공산품이 어떻게 명나라 도자기처럼 부르는 게 값이란 말인가. 그것은 절대 모르는 사람이 무턱대고 하는 짓이 아니었다. 시대의 흐름을 읽고, 문명의 역사를 알고, 골동품과 문화유산에 해박한 이들의 정당한 행위였다. 아이폰이 세상을 바꾸었다는 것과, 통신의 역사가 아이폰 이전과 이후로 나뉘게 되었음을 아는 사람들이다.

아이폰의 공을 한마디로 말하라면 '스마트폰 시대를 열었다'이다. 이 말이 정말이라면 아이폰에 대한 찬사는 과장이 아니다.

21세기는 스마트폰이 주도하는 디지털 컨버전스 세상이기 때문이다. 유인원 시절부터 오늘에 이르기까지 인류의 삶을 단 몇 년 만에 이렇게 크게 바꾼 물건은 없었다. 내 사견이지만, 2000년에 인류가 멸망할 것이라며 휴거를 예언한 사이비 종교인을 비롯해 인류의 미래를 내다본 말들은 아직 들어맞지 않았다. 그러나 공상과학(SF) 작가들이 쓴 소설은 이미 거의가 실현되고 있다. 우리는 스마트폰을 통해 옛날에 만화책이나 공상과학 소설에서만 읽었던 세계에 들어섰다. 무엇이든 할 수 있게 해주는 공상과학 소설 속의 휴대용 슈퍼 만능 기계가 바로 스마트폰 아닌가.

이제 궁금한 것은 하나다. 아이폰이 스마트폰 시대를 열었다고 하니, 아이폰이 인류가 만든 첫 번째 스마트폰인가? 답은 '아니오'이다. 아이폰이 나오기 14년 전, 1994년에 미국 IBM이 최초 스마트폰인 사이먼 퍼스널 커뮤니케이터를 세상에 내어놓았다. 2년이 지나 CPU를 장착한 노키아 9000이, 또 4년이 지나 범용 OS를 내장한 완전한 스마트폰 에릭슨 R 380이 나왔다. 그 뒤로 휴대전화 업체들은 너도나도 스마트폰을 만들었다. 우리나라에서도 20여 업체가 주로 포켓 PC라고 불린 윈도 모바일 OS 폰을 생산했다. 사정이 이러한데, 왜 최초 스마트폰보다 14년이나 뒤늦게 나온 아이폰이 스마트폰 시대를 열었다고 하는가.

2017년 6월29일은 아이폰이 탄생한 지 10년째 되는 날이었다. 이 때를 전후해 세계, 특히 미국은 온통 '아이폰 10년'을 재조명한답시고 난리법석이었다. 여기서 제일 많이 등장한 말이 '변화와 혁신의 아이콘'이었다. 아이폰이 변화를 모색하고 혁신을 주도했다는 것이다. 그에 대한 내 생각은 이렇다. 그 말은 세상에

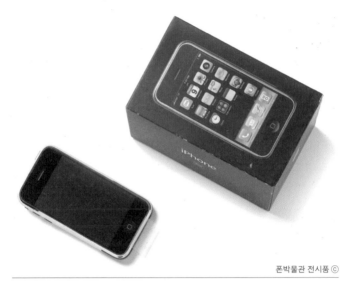

인류 전체의 문화유산이 된 아이폰 2G

2007년 아이폰 2G가 나온 지 3년 만에 지구촌은 스마트폰 세상이 되었다.

"우리는 역사를 만들 것이다"

아이폰을 처음 소개할 때 스티브 잡스가 한 이 말은 들어맞았다. 그러나 아이폰이
혁신의 아이콘은 아니었다. 14년 전 이미 선보인 최초 스마트폰을 모방하면서 좀더
쓰기 편하게 만들었을 뿐이다.

수집가의 철학

처음 나온 스마트폰인 사이먼에게 헌정되어야 한다. 그동안 애플은 삼성을 폄하할 때 자기들은 선도자(first mover)인데 삼성은 남의 혁신 제품을 하드웨어 기술로 조금 더 잘 만들어 재미를 보는 빠른 추격자(fast follower)라고 했다. 우리나라에서도 그렇게 생각하는 사람이 많다. 그러나 엄격히 따지자면 아이폰이야말로 먼저 나온 스마트폰들보다 조금 더 잘 만들어 성공한 추격자일 뿐이다.

더 구체적으로 말하자면, 아이폰보다 14년 먼저 세상에 없던 스마트폰이 탄생했으니 사이먼이야말로 혁신이요, 변화의 첫 번째이다. 사이먼은 스타일러스 펜을 쓴 최초 터치스크린 폰이기도 하다(손가락을 쓰는 터치스크린도 LG전자의 프라다 폰이 아이폰보다 먼저다). 아이콘과 쿼티 자판을 화면에 처음 띄운 것도 사이먼이다. 앱은 아이폰이 나오기 훨씬 전부터 쓰였다. 우리나라에서 신용카드를 휴대폰 내장형 칩에 접목해 모바일 뱅킹이 시작된 것은 2001년이고, 음주측정 폰, 동작인식 폰, 비행기 탑승 모드, 모바일 하이패스 등 갖가지 앱이 2004년 무렵부터 쏟아져 나왔다. 이처럼 아이폰은 '최초'랍시고 내세울 것이 없다. 그런데 왜 아이폰이 스마트폰 세상을 열었다고 할까?

아이폰이 나오기 몇 년 전 보통 사람들은 스마트폰(그때는 PDA폰이라고 불렀다)이 있는 줄도 몰랐다. 우편집배원이 "등기우편물 왔습니다. 여기 사인하세요" 하면 그가 내미는 손바닥만한 기계의 액정에 사인하면서도 그것이 PDA폰인 줄 몰랐다. 오죽하면 휴대전화 수집가들조차 극소수 전문 분야 종사자와 일부 젊은이들이나 쓰는 다루기 복잡한 기계라며 PDA폰을 외면했을까. 덕분에 나는 PDA폰을 온전히 수집한 극소수에 들었다.

왜 그랬을까? PDA폰은 인터페이스interface가 까다로웠지만 아이폰은 너무 편했다. 인터페이스란 두 물체가 서로 연결되기 위해 맞닿는 접점면이다. 여기서 사람과 기기 사이에 첫 만남이 이루어진다. 이때 인터페이스가 편한지 불편한지가 호好와 불호 不好를 가른다. 아이폰 인터페이스는 PDA처럼 단계마다 버튼을 누르는 복잡한 과정을 거치지 않고 손가락으로 아이콘 하나를 터치하면 바로 원하는 앱이 떴다. 이이폰의 OS(iOS)는 진정 요즘 IT 분야에서 정의된 대로 '사용자가 기기를 쉽게 동작시키도록 돕는 시스템'이었다.

또 하나, PDA폰은 일반인에게 필요한 앱이 거의 없었지만, 아이폰 3G가 시도한 앱 장터는 스마트폰을 생활 도우미로 만든 공신이었다(사실 앱 장터 아이디어는 노키아 연구진이 훨씬 앞서 내놓았지만 경영진이 채택하지 않았다). 중학생이든 프로그래머이든 누구나 생활에 필요한 아이디어를 앱으로 만들면 사고 팔 수 있었다. 우리나라에서도 아이폰 3G 초창기에 한 대학생이 다음 버스가 언제 올지 알려주는 앱을 만들어 화제가 되면서 앱에 대한 관심이 높아졌다(2017년 현재 애플의 앱스토어에 오른 앱은 220만 개다. 사람들이 스마트폰에 설치한 앱은 2018년 기준 미국인 71개, 일본인 80개인데, 스마트폰 사랑이 각별한 한국인은 102개이다). 이렇듯 획기적으로 개선한 인터페이스와 풍부한 앱을 갖춘 아이폰은 겨우 2~3년 만인 2010년께 지구촌에 스마트폰 붐을 일으켰고, 그것이 또 연관 분야에까지 영향을 미쳐 이 시대를 디지털 컨버전스 세상으로 바꾸어 놓았다.

　　　　　　　　　　　　　　　수집가의 철학

남이 해놓은 것을 더 잘 만든 것인지 변화와 혁신의 아이콘인지는 읽은 이가 판단할 문제지만, 아이폰이 스마트폰 세상을 열었다는 사실은 의심할 여지가 없다. 스티브 잡스는 처음 아이폰 2G를 소개할 때 "우리는 역사를 만들 것이다"라고 말했다. 그 말은 맞았다. 그렇다면 아이폰이 열어젖뜨린 스마트폰 세상은 어떤 역사를 만들고 있나?

인류에게는 오랜 세월 환경에 적응하며 발전시킨 생활 방식이 있다. 글을 읽고 깊이 생각하고 여럿이 의논해 행동으로 옮기는 삶이었다. 그것이 터치 한 번으로 정보를 얻어 터치 한 번으로 실행에 옮기는 삶으로 바뀌고 있다. 우리는 어떤 쪽을 지향해야 할까. 이에 대해 임마누엘 페스트라이쉬 지구경영연구원장이 〈중앙일보〉에 쓴 칼럼은 새겨들을 만하다. 그는 인터넷과 스마트폰이 우리 뇌를 재再 프로그래밍하고 신경계의 빠른 반응을 부추기지만 사색과 깊은 사고를 어렵게 만드는 패턴에 뇌가 익숙해지게 한다는 과학적 증거가 있음을 소개하고, '생각하지 않는 사람들'이 주류가 되어 한국 사회를 운영하게 될까 경계했다. 그의 말은 벼리고 또 벼린 비수 같았다.

'전철에서 거의 모든 한국인이 스마트폰에 빠져 있음을 본다. 이 시대의 심각한 문제를 다룬 책을 읽는 사람은 찾기 어렵다. 그들은 중요한 사회 문제에 대응하는 방법에 관심을 보이지 않는다. … 그들이 자기와 깊이 관련된 문제의 원인을 규명하지 못하는 모습을 보면서 충격과 고통을 느낀다. 사회 현상이 마치 페이스북에 실리는 '잡글'처럼 개별 요소로 분해되어 복잡한 현상을 분석하는 능력이 머릿속에서 형성되지 않는 것으로 느껴진

다. …'

한때 마이크로소프트에 항복하지 않은 유일한 소프트웨어 회사였던 한글과컴퓨터(한컴)를 인수해 이끌고 있는 김상철 회장이 제2의 전성기를 맞아 〈조선일보〉와 인터뷰한 말도 페스트라이쉬의 말과 다르지 않다. 소프트웨어 기업의 대표가 인터넷도 되지 않는 옛날 폴더 폰을 쓰는 이유가 뭐냐고 기자가 묻자 그는 이렇게 대답했다. "하루에 신문을 여섯 가지씩 보면서 경제와 산업을 공부합니다. 컴퓨터를 잘 다뤄야 미래 산업을 잘 아는 건 아니죠. 미래 먹을거리에 투자하는 과감함과 미래를 내다보는 시각이 중요한 거죠. 그게 진짜 IT사업가라고 생각합니다."

오랜 세월 인류가 DNA에 입력해온 생활 방식과, 그것을 바꾸어 새롭게 역사를 만들어 가려는 스마트폰을 어떻게 조화시켜야 할까? (2017.10.1.)

수집가의 철학

인용/참고 문헌

〈감과 겨울과 한국인〉 by Edward W. Poitras, 汎曙出版社, 1972

〈개척과 보람의 10년 -한국 이동통신 略史-〉 한국이동통신, 1994

〈거래존당去來存檔〉 제3책 광무2년 1월18일조, 1898

〈경성부사京城府史〉 京城府, 1934

〈금아문선琴兒文選〉 피천득, 一潮閣, 1980

〈대항해 시대〉 주경철, 서울대학교 출판문화원, 2008

〈로마인 이야기〉 시오노 나나미, 한길사, 1995

〈리 컬렉션〉 이종선, 김영사, 2016

〈모바일 일상 다반사〉 대한민국 모바일 30년을 함께한 사람들, MAYDAY
    BOOKS, 2014

〈살아 돌아왔다 生きた, 還つた〉 Reinhold Messner, 東京新聞出版局, 1987

〈새의 선물〉 은희경, 문학동네, 1995

〈석주명〉 이병철, 東泉社, 1985

〈셀룰라 이동전화 시스템〉 성태경·차균형, 生能, 1993

〈알렉산더 그레이엄 벨〉 다인, 다산 어린이, 2015

〈오래된 미래 -라다크에서 배우다- Ancient Futures; Learning from Ladakh〉
    헬레나 호지, 1991

〈외아문일기外衙門日記〉 1898

〈우리는 어떻게 여기까지 왔을까 How we got to now〉 by Steven Johnson, 프런
    티어, 2015

〈우리 휴대폰 딩크숏 쏘다〉 정금애, 수채화, 1999

〈2000년대 通信部門 發展展望 -VISION 2000-〉 공성현 외, 한국전기통신
    공사, 1983

〈일본어의 비극〉 박병식, 평민사, 1987

〈電話〉편집부, Jinhan M&B, 2012

〈총, 균, 쇠 Guns, Germs and Steel〉 by Jared Diamond, 문학사상사, 1998

〈퍼스널 미디어〉현대원·박창신, 디지털미디어 리서치, 2004

〈한국의 이동통신, 추격에서 선도의 시대로〉송위진, 삼성경제연구소, 2005

〈한국인 당신은 누구인가〉구로다 가쓰히로, 모음사, 1982

〈韓國電氣通信100年史〉체신부, 1985

〈함께한 여정, 한국 정보통신 1세대 이야기> 이인학, 희망사업단, 2018

〈핸드폰 연대기〉오진욱, 비즈북스, 2014

〈호모 모빌리언스, 휴대폰으로 세상을 열나〉심원석, 지성사, 2008

〈휴대폰이 말하다〉김찬호, 지식의날개, 2008

〈IT 신화는 계속된다〉류현성, 휴먼비즈니스, 2008

〈Aktiebolaget L.M.Ericsson & Co.〉 L.M.Ericsson, 1911

〈Catalogue from L.M.Ericsson & Co.〉L.M.Ericsson & Co., 1892

〈I live to fly〉by Jacqueline Auriol, E.P.Dutton & Co, 1970

〈Information Age〉Tilly Blyth, Science Museum, London, 2014

〈Prisforteckning a diverse apparater L.M.Ericsson & Co.〉L.M.Ericsson, 1886

〈Science Museum souvenir guide〉SCMG Enterprises Ltd., Carlton Books Ltd.,

〈Telephone –The first hundred years-〉John Brooks, HARPER & ROW, 1975

〈Telephones〉Kate E. Dooner, Schiffer

〈100 years of Bell telephones〉Richard Mountjoy, Schiffer, 1995

〈130ans d'innovatians Telephones〉Thierry Deplanche·Claude Weill, Du May,
    2007

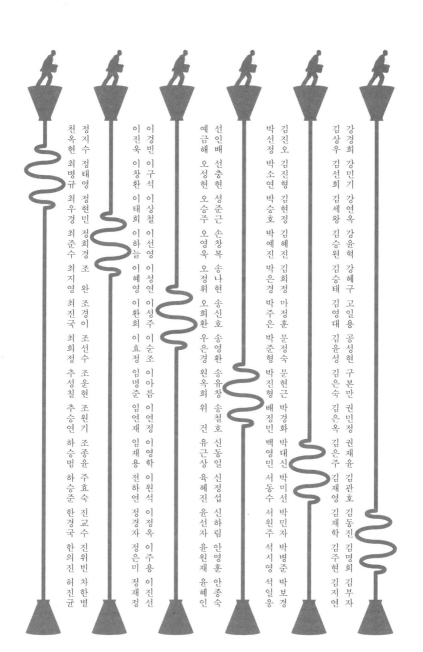

강경희 강민기 강연옥 강윤혁 강혜구 고일용 공성현 구본만 권민정 권재윤 권관호 김동진 김명회 김부자

강상우 김선희 김세왕 김승원 김승태 김영대 김윤성 김은숙 김은옥 김은주 김재영 김재학 김주현 김지연

김진오 김진형 김현정 김혜진 김희정 마정훈 문정숙 문현근 박경화 박대신 박미선 박민자 박병준 박보경

박선정 박소연 박승호 박예진 박은경 박주은 박준형 박진형 배정민 백영민 서동수 서원주 석시영 석일웅

선인배 선충헌 성준근 손창복 송나현 송신호 송영환 송유창 송철호 신동일 신정섭 신하림 안영훈 안종숙

예금해 오성현 오승주 오영욱 오정휘 오희환 우은경 원옥희 위 건 유근상 육혜진 윤선자 윤원재 윤혜인

이경빈 이구석 이상철 이선영 이성연 이성주 이순조 이아름 이연정 이영학 이원석 이정옥 이주용 이진선

이진욱 이창환 이태희 이하늘 이혜영 이환희 이효정 임명준 임연재 임재용 전하연 정경자 정은미 정재정

정지수 정태영 정현민 정희경 조 완 조경이 조선수 조운현 조원기 조종윤 주효숙 진교수 진위빈 차한별

천옥현 최병규 최우경 최준수 최지영 최진국 최희정 추성칠 추승연 하승범 하승준 한경국 한의진 허진균

이 책은 알라딘 서점 독자 북펀드에 참여해준 분들의 도움으로 출간되었습니다.

수집가의 철학

휴대전화 컬렉터가 세계 유일의 폰박물관을 만들기까지

지은이 　　　이병철 　　　　　　　　　2019년 8월 5일 초판 1쇄 발행

기획·편집 　　선완규·안혜련·홍보람
디자인 　　　포페이퍼
펴낸이 　　　선완규
펴낸곳 　　　천년의상상
등록 　　　　2012년 2월 14일 제2012-000291호
주소 　　　　(03983) 서울시 마포구 동교로45길 26 101호
전화 　　　　(02) 739-9377
팩스 　　　　(02) 739-9379
이메일 　　　imagine1000@naver.com
블로그 　　　blog.naver.com/imagine1000

이 도서의 국립중앙도서관 출판예정도서목록(CIP)은 서지정보유통지원시스템
홈페이지(http://seoji.nl.go.kr)와 국가자료종합목록구축시스템
(http://kolis-net.nl.go.kr)에서 이용하실 수 있습니다.
(CIP제어번호 : CIP2019027960)

이 책의 원고를 먼저 읽고, 편집부에 다양한 의견을 제시해주신 분들

　　　강민재 곽지은 김도우 김동섭 김중관 김지연 김현지 김효윤
　　　박소연 박은서 박주은 석대건 양윤혁
　　　유서형 육혜진 윤영은 윤정빈 윤혜인A 윤혜인B 이건명 이경은
　　　이사라 이소윤 이주현 이혜임 임담비
　　　전하연 정소연 조성빈 천옥현 한석준 홍설아 최선혜
　　　김경훈 김재영 마정훈 이신지 최지영 한의진
　　　박병준 송지은 이다솔 전상미 조현정 최은애